ENCORE TRICOLORE 3

nouvelle édition

COPYMASTERS & ASSESSMENT

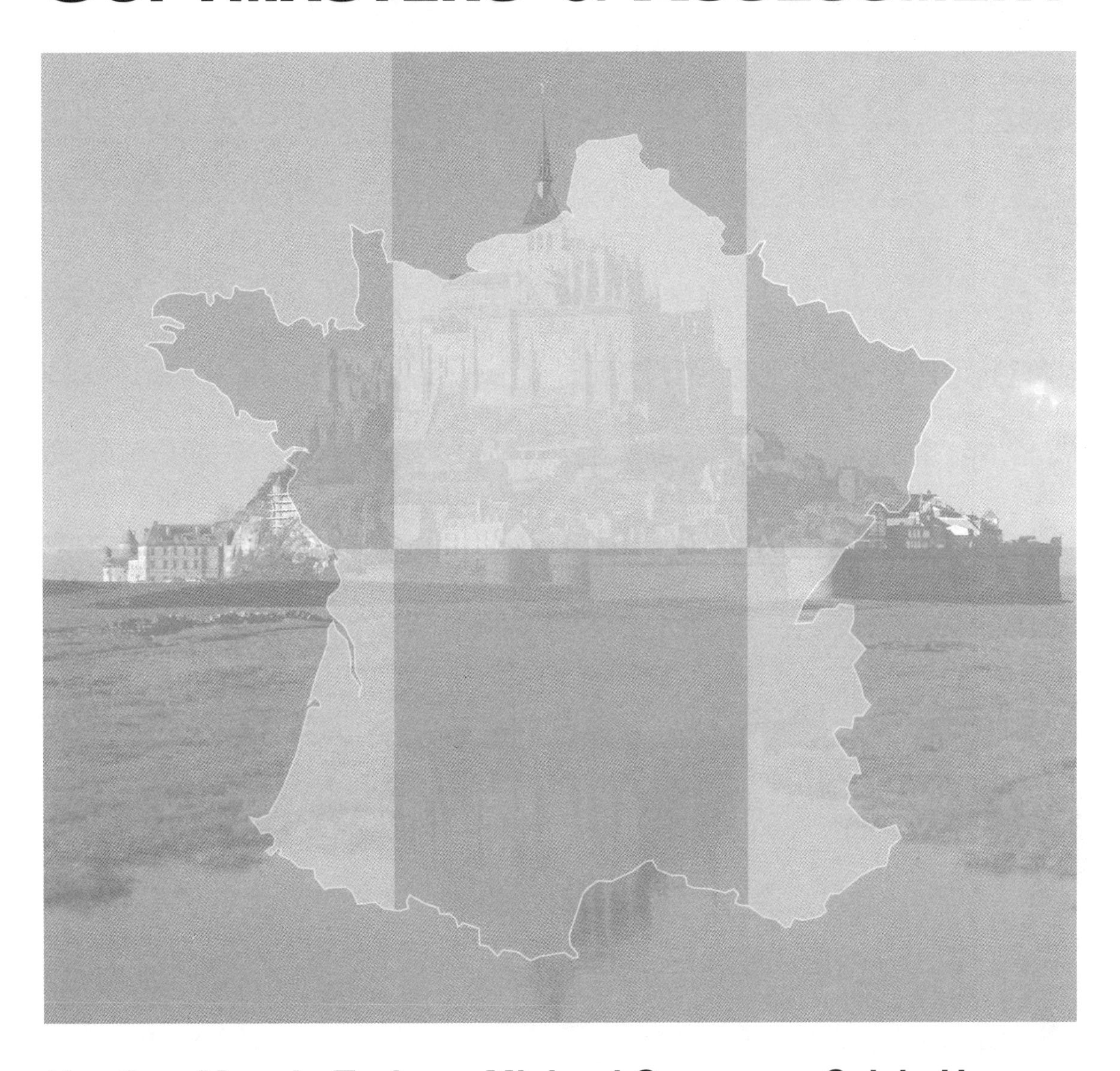

Heather Mascie-Taylor • Michael Spencer • Sylvia Honnor

Assessments (Épreuves and Contrôle): Dave Carter

Published in 2002 by:
Nelson Thornes Ltd
Delta Place
27 Bath Road
CHELTENHAM
GL53 7TH
United Kingdom

02 03 04 05 06 / 10 9 8 7 6 5 4 3 2 1

A catalogue record for this book is available from the British Library

ISBN 0 17 440341 0

Illustrations by Gary Andrews; Art Construction; Josephine Blake; Judy Byford; Andy Peters.

Page make-up by AMR Ltd

Printed and bound in Great Britain by Antony Rowe

Table des matières

Table des matières

Les pays et les régions francophones

Le français est parlé et compris dans ces pays mais il n'est pas toujours la langue officielle.

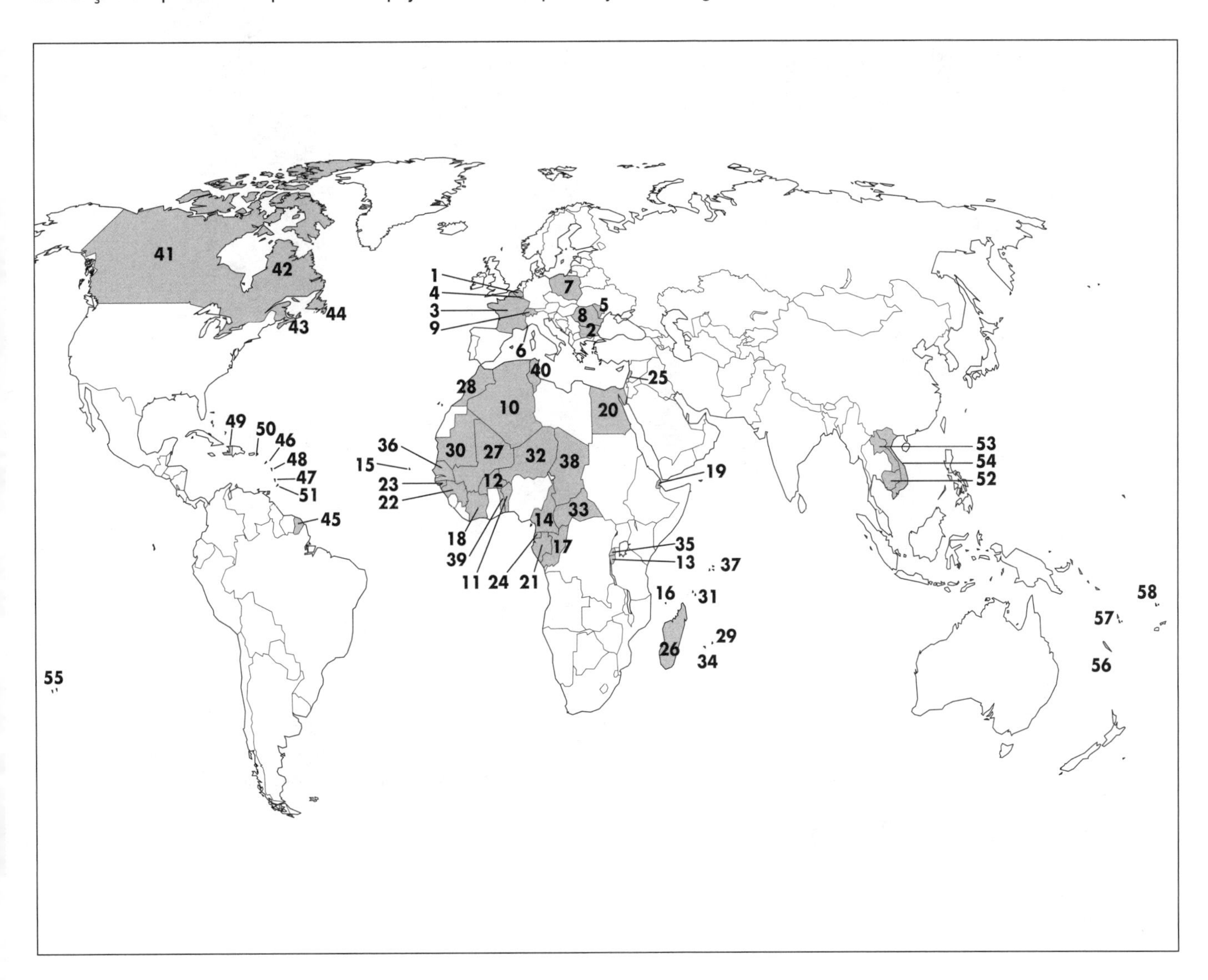

En Europe
1 la Belgique
2 la Bulgarie
3 la France
4 le Luxembourg
5 la Moldavie
6 Monaco
7 la Pologne
8 la Roumanie
9 la Suisse

En Afrique
10 l'Algérie
11 le Bénin
12 le Burkina Faso
13 le Burundi
14 le Cameroun
15 le Cap-Vert
16 les Comores
17 le Congo
18 la Côte d'Ivoire
19 Djibouti
20 l'Égypte
21 le Gabon
22 la Guinée
23 la Guinée-Bissau
24 la Guinée équatoriale
25 le Liban
26 Madagascar
27 le Mali
28 le Maroc
29 l'Île Maurice
30 la Mauritanie
31 l'Île Mayotte
32 le Niger
33 la République centrafricaine
34 la Réunion
35 le Rwanda
36 le Sénégal
37 les Seychelles
38 le Tchad
39 le Togo
40 la Tunisie

En Amérique du nord
41 le Canada
42 le Québec
43 le Nouveau-Brunswick
44 Saint-Pierre-et-Miquelon

En Amérique du sud et aux Caraïbes
45 la Guyane Française
46 la Guadeloupe
47 la Martinique
48 le Dominique
49 Haïti
50 la République démocratique de Saint-Thomas-et-Prince
51 Sainte-Lucie

En Asie
52 le Cambodge
53 le Laos
54 le Vietnam

En Océanie
55 la Polynésie Française
56 la Nouvelle-Calédonie
57 Vanuatu
58 Wallis-et-Futuna

Mots croisés – les verbes réguliers

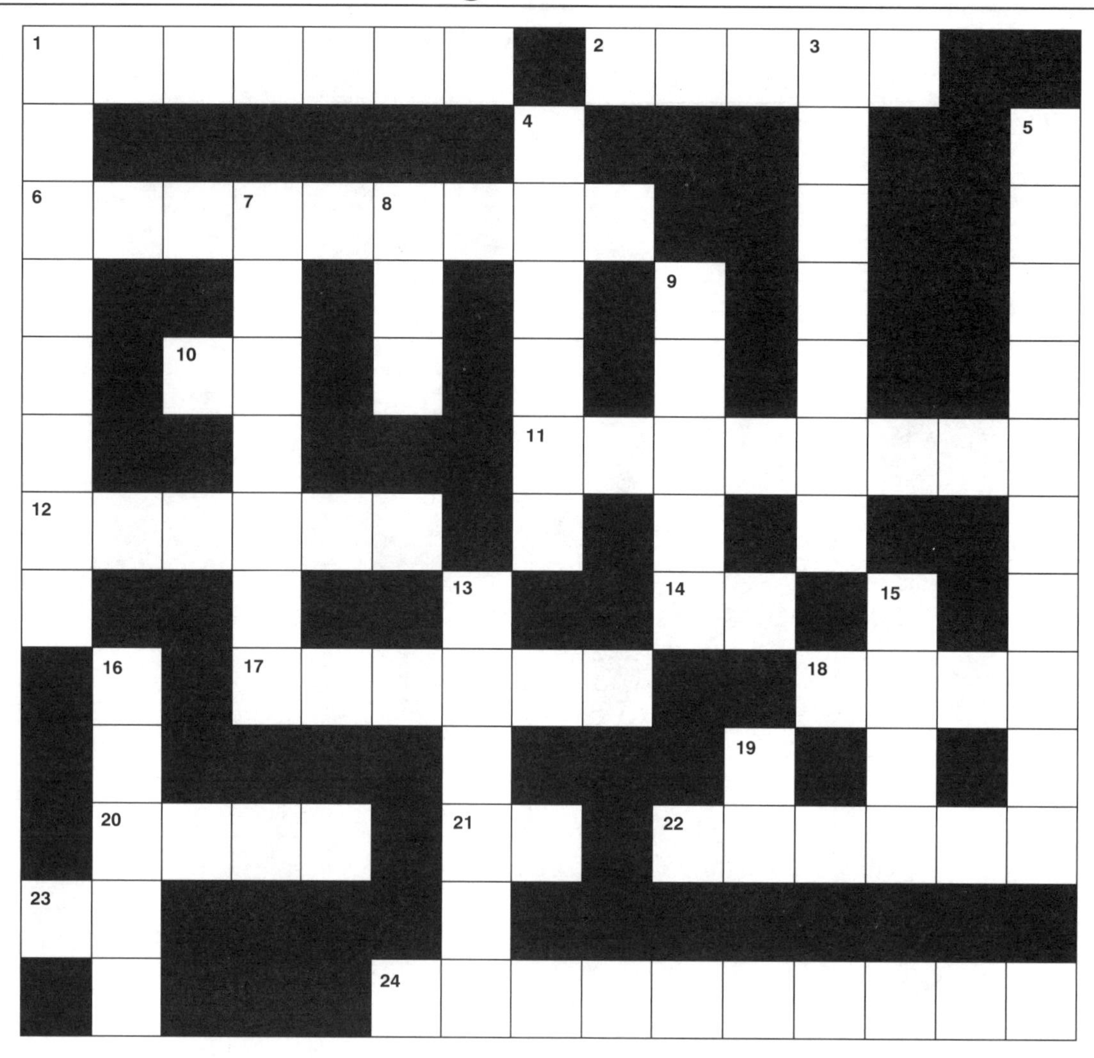

Horizontalement

1 Alors, moi, j'achète des boissons et vous ... des sandwichs. (*buy*) (7)
2 Tu ... au badminton au collège? (*play*) (5)
6 Ma mère ... à la banque. (*works*) (9)
10 Qu'est-ce qu'... parle comme langues au Canada? (2)
11 Nous ... du poulet à midi. (*are eating*) (8)
12 Il ... un bruit dans la nuit. (*hears*) (6)
14 Est-ce que ... réponds vite à tes e-mails? (2)
17 Je ... le sport ennuyeux. (*find*) (6)
18 ... écoutons de la musique rock. (*are listening to*) (4)
20 Elle ... ses livres à la bibliothèque. (*returns*) (4)
21 ... cherches quelque chose? (2)
22 Qu'est-ce que vous ... de ce film? (*think*) (6)
23 Ton frère, qu'est-ce qu'... regarde à la télé? (2)
24 Est-ce que tu ... tes amis en ville? (*meeting*) (10)

Verticalement

1 Vous ... Jonathan? Il vient tout de suite. (*wait for*) (8)
3 Qu'est-ce que tu ... faire le week-end prochain? (*are you hoping*) (7)
4 Le prof ... l'ordinateur. (*switches on*) (6)
5 Vous ... des cartes postales? (*are you choosing*) (10)
7 Ils ... aussi des hamsters au marché des oiseaux. (*sell*) (7)
8 Qu'est-ce que les garçons font? ... regardent le match. (3)
9 Le match ... à quelle heure? (*finishes*) (5)
13 Je ... la maison à 7h30 le matin. (*leave*) (6)
15 ... commencez à quelle heure au collège? (*begin*) (4)
16 En Suisse, on ... allemand, français et italien. (*speak*) (5)
19 Moi, ... remplis le questionnaire sur les loisirs. (2)

Des verbes irréguliers

1 Des expressions utiles

Trouve les paires.

1 Qu'est-ce qu'il dit?
2 Tu prends ton vélo?
3 Je ne crois pas
4 Tu sais nager?
5 Je ne comprends pas.
6 On part tout de suite?
7 Je pense que oui.

a I don't think so.
b What does he say?
c I don't understand.
d Are you taking your bike?
e I think so.
f Are we leaving straightaway?
g Do you know how to swim?

2 Mots croisés

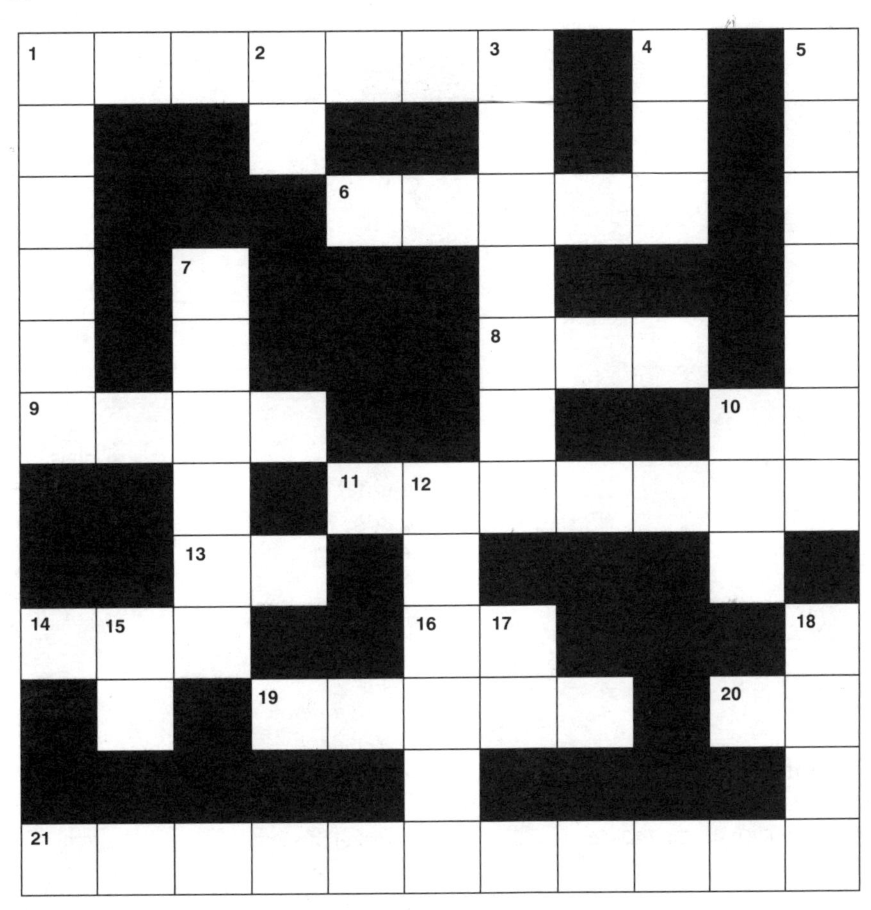

Horizontalement

1 Nous ... bientôt. Tu es prêt? (*are leaving*) (7)
6 J'... une longue lettre à ma correspondante. (*write*) (5)
8 Quelle heure...-il? (*is*) (3)
9 Je ne ... pas. (*know*) (4)
10 Est-ce qu' ... voit la Tour Eiffel du sommet? (2)
11 Les élèves ... leurs cahiers sur la table. (*put*) (7)
13 Tu ... sûr que ton ami habite ici? (*are*) (2)
14 Qu'est-ce que tu ... comme livres? (*read*) (3)
16 Elle ... à la piscine tous les mercredis. (*go*) (2)
19 Non, je ne ... pas. (*believe, think*) (5)
20 ... suis Canadien. (2)
21 Mes chiens ... très bien. (*understand*) (11)

Verticalement

1 Je ... le bus pour aller au collège. (*take*) (6)
2 ... viens au club des jeunes? (2)
3 Mes amis ... souvent pendant les vacances. (*go out*) (7)
4 Qu'est-ce que tu ...? (*say*) (3)
5 Les touristes ... visiter le château, le dimanche. (*can*) (7)
7 Qu'est-ce que vous ..., comme sports? (*do*) (6)
10 Ils ... quel âge, tes frères? (3)
12 J'... souvent des e-mails à mes amis. (*send*) (6)
15 Il parle arabe, mais ... apprend le français au collège. (2)
17 J'... une sœur aînée. (2)
18 Elle ... jouer au badminton, dimanche soir. (*wants*) (4)

À l'ordinateur

1 Un ordinateur et ses accessoires

Écris les mots corrects. Pour t'aider, regarde Encore Tricolore 3, page 162.
Exemple: 1 *l'imprimante*

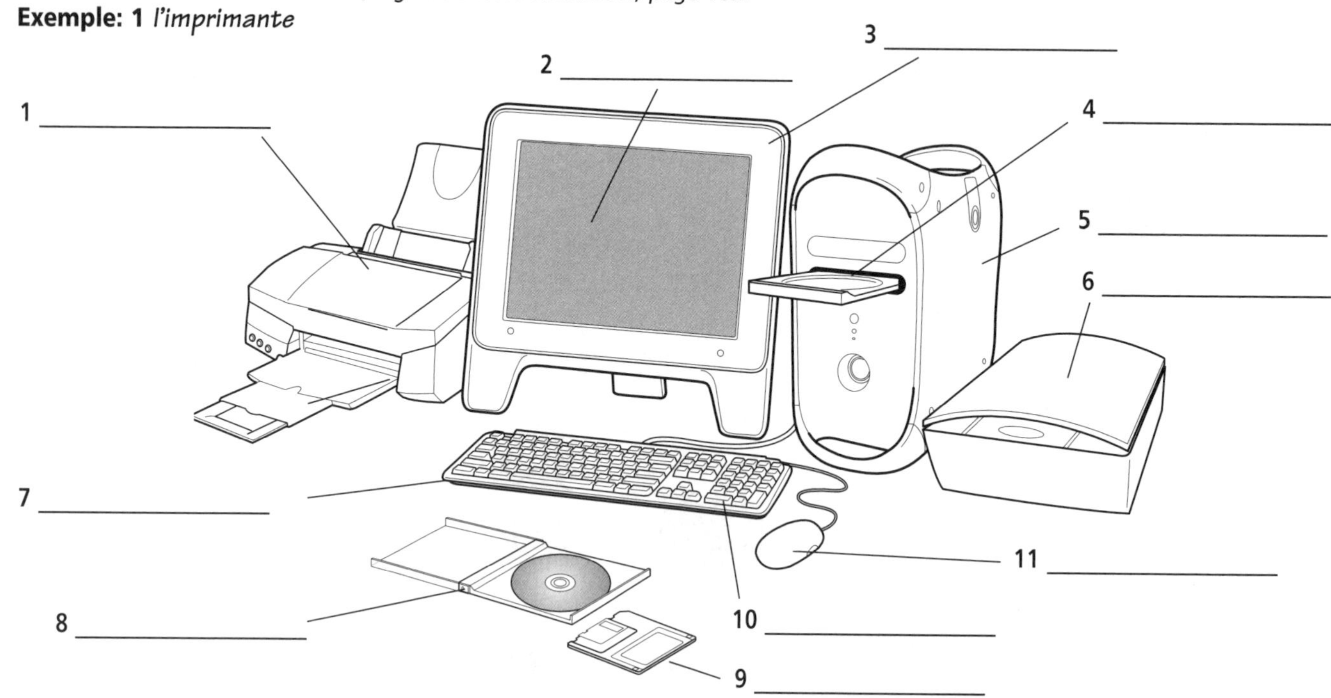

2 Des lexiques

Complète les listes

français	anglais
On travaille sur ordinateur	
le curseur	*cursor*
un fichier	....
une image	*picture*
le menu	*menu*
un réseau	....
un virus	*virus*
Des verbes utiles	
allumer l'ordinateur	*to switch on the computer*
appuyer sur la touche 'X'	*to press the 'X' key*
cliquer sur la souris	*to click on the mouse*
connecter	....
couper et coller	....
déconnecter	*to log off*
déplacer le curseur	*to move the cursor*
effacer (un mot)	....
fermer (une fenêtre)	.... *(a window)*
imprimer	....
marquer le texte	*to highlight the text*
ouvrir (un fichier)	.... *(a file)*
regarder (l'écran)	.... *(the screen)*
retourner au menu	*to return to the menu*
sauvegarder (un fichier)	.... *(a file)*
taper (le texte)	.... *(the text)*
vérifier l'orthographe	*to spell check*

français	anglais
L'Internet	
une adresse e-mail/ électronique	*e-mail address*
un forum	*discussion group*
(le) haut de la page	*top of the page*
un lien	....
en ligne	....
un moteur de recherche	....
un navigateur	*browser*
une page web	*web page*
une pièce jointe	*attachment*
une recherche	*search*
surfer (sur le Net)	*to surf (the Net)*
télécharger	*to download*
visiter un site web	*to look at a web site*
Des problèmes	
Ça ne marche pas.	*It isn't working.*
C'est tombé en panne.	*It's crashed.*
Je ne trouve pas mon fichier.	*I can't find my ....*
Il n'y a pas de papier.	*There's no ....*
Le papier est coincé.	*The .... has jammed.*

Des adjectifs

1 Des adjectifs utiles

Complète l'anglais.

français	**anglais**	**français**	**anglais**
allemand(e)	....	joli(e)	*pretty*
amusant(e)	*fun*	long(ue)	*long*
bavard(e)	....	maigre	....
beau (bel, belle)	*fine, beautiful*	merveilleux(-euse)	....
blanc(he)	....	mignon(ne)	....
britannique	....	paresseux(-euse)	....
calme	*calm, quiet*	patient(e)	....
fort(e)	*strong, good (at)*	raide	....
fou (folle)	....	raisonnable	*sensible*
gentil(le)	*kind, nice*	sérieux(-euse)	....
grand(e)	....	sociable	*sociable*
gros(se)	....	vieux (vieil, vieille)	....
jeune	....		

2 Des jeunes et leurs chiens

a Henri et Henriette

Les deux animaux sont complètement différents. Lis la description de l'un et complète la description de l'autre avec des adjectifs de l'activité 1.

Ex: Henri est petit. Henriette est ..*grande*..

1 Henri est gros. Henriette est ....
2 Henri est noir. Henriette est ....
3 Henri est actif. Henriette est ....
4 Henriette est vieille. Henri est ....
5 Henriette est timide. Henri est ....
6 Henriette est un peu méchante. Henri est très ....

b Claude et Claudette

Complète les descriptions avec des adjectifs de l'activité 1.

1 Claude est impatient. Claudette est ....
2 Claudette est calme. Claude est ....
3 Claude est amusant. Claudette est un peu ....
4 Claudette est toujours raisonnable. Quelquefois, Claude est complètement ....
5 Claude est mince. Claudette est un peu ....
6 Claude a les cheveux courts et frisés. Claudette a les cheveux .... et ....

3 Des cartes postales

a *Souligne le mot correct.*

Bien arrivés à Florence. C'est une (**1 a** joli **b** jolie **c** jolis) ville (**2 a** intéressant **b** intéressante **c** intéressants) avec une (**3 a** beau **b** bel **c** belle) cathédrale (**4 a** célèbre **b** célèbres). À midi, on a mangé dans un (**5 a** bon **b** bonne **c** bonnes) (**6 a** petit **b** petite **c** petits) restaurant. Comme dessert, on a pris des glaces (**7 a** délicieux **b** délicieuse **c** délicieuses). Nos amis (**8 a** italien **b** italienne **c** italiens) sont très (**9 a** gentil **b** gentille **c** gentils), mais un peu (**10 a** fou **b** folle **c** fous).
Marion et Nicolas

b *Complète le texte avec le bon adjectif.*

Bonjour de La Rochelle, où je passe un week-end (1)................................ (*marvellous*) à faire de la planche à voile. Notre monitrice est (2)................................ (*German*) et elle est très (3)................................ (*nice*). On loge à l'auberge de jeunesse. C'est dans un (4)................................ (*old*) bâtiment, mais bien équipé. Il y a un groupe de jeunes (5)................................ (*British*) ici. Ils ne sont pas (6)................................ (*strong*) en français mais ils sont (7)................................ (*fun*)!
Annette

Mangetout et Tigre

1 Le matin

Lis les textes pour Mangetout, puis écris des textes pour Tigre.

Chez Mangetout

Mangetout se réveille vers dix heures du matin.

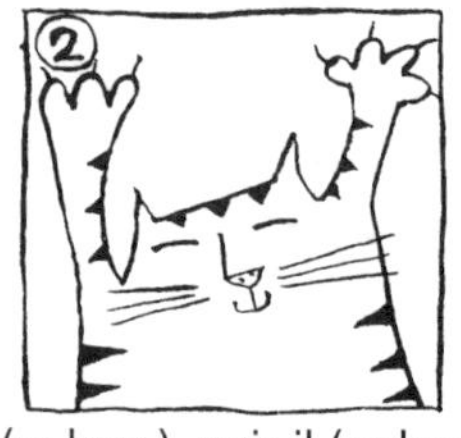

Il (se laver), puis il (se lever) lentement.

Il (s'occuper) à chasser des oiseaux, mais il n'attrape rien.

Il (s'amuser) un peu dans le jardin, puis il (s'ennuyer).

Il (se reposer) au soleil.

Puis il se lève et il se promène dans la rue.

Chez Tigre

....

....

....

....

....

....

2 L'après-midi

Trouve la bonne phrase pour chaque image.

A Ils se fâchent.
B Mais Madame arrive, et ils s'échappent.
C Mangetout et Tigre se voient. Ils ne s'entendent pas bien.
D Ils se battent.

3 Le soir

Complète les phrases.

Chez Mangetout

1 Enfin, il est l'heure de manger, Mangetout .... beaucoup à la nourriture. (s'intéresser)

2 Et après le repas, il .... (se reposer).

Chez Tigre

3 Tigre chasse une souris. Il .... dans le jardin. (se dépêcher)

4 Et il .... à minuit. (se coucher)

La vie de tous les jours

Deux Français ont rempli un questionnaire sur la vie de tous les jours. Lis les questions et les réponses de Luc et de Fatima, puis fais l'activité 1.

	Luc	Fatima	Moi	Nom:
1 Est-ce que tu te réveilles de bonne heure (avant 6h50)?	*oui*	*non*		
2 Qui se lève le premier chez vous?	*ma mère*	*mon père*		
3 Comment t'habilles-tu pour aller au collège?	*en uniforme scolaire*	*en jean et en sweat*		
4 À quelle heure est-ce que tes cours se terminent?	*16h30*	*17h*		
5 Est-ce que tu te changes de vêtements après l'école?	*oui*	*non*		
6 Tu t'intéresses à la musique? Si oui, quel genre?	*oui, la musique classique et le jazz*	*oui, la musique pop*		
7 Tu t'intéresses au sport? Si oui, quels sports?	*oui, le football et le tennis*	*oui, le hockey et le basket*		
8 Est-ce que tu te couches d'habitude avant ou après tes parents?	*avant*	*après*		

1 Qui parle?

*Lis les phrases et regarde le questionnaire. Décide à chaque fois si c'est Luc (**L**) ou Fatima (**F**) qui parle.*

Exemple: 1 *Fatima (F)*

1 Je me réveille à 7h30 et je me lève tout de suite. ....
2 Ma mère se lève la première chez nous. ....
3 Pour aller au collège, je m'habille en uniforme scolaire. ....
4 Mes cours se terminent à cinq heures. ....
5 Je me change après l'école. Je mets un jean et un sweat. ....
6 Je m'intéresse à la musique classique. ....
7 Je m'intéresse au hockey. ....
8 Je me couche assez tôt, à 9 heures et demie, avant mes parents. ....

2 *Réponds au questionnaire toi-même.*

3 *Interviewe un(e) camarade et note ses réponses sur la feuille.*

Une vedette américaine

Travaillez à deux. Chaque personne a des détails différents. Posez des questions à tour de rôle pour trouver tous les détails.
Exemple: *C'est quand son anniversaire?*

Anniversaire: --------------------

Yeux: marron

Cheveux: blonds

Domicile: --------------------

Famille: un grand frère, une petite sœur

Couleur préférée: --------------------

Passe-temps: le shopping, le cinéma, danser, chanter, lire

Sports pratiqués: la natation, le basket

Pour t'aider

C'est quand, son ...?
Où habite-t-elle?
Quelle est sa ...? Quels sont ses ...?

Une vedette américaine 

Travaillez à deux. Chaque personne a des détails différents. Posez des questions à tour de rôle pour trouver tous les détails.
Exemple: *Ses yeux sont de quelle couleur?*

Anniversaire: le 2 décembre

Yeux: --------------------

Cheveux: --------------------

Domicile: Hollywood

Famille: --------------------

Couleur préférée: le bleu pâle

Passe-temps: --------------------

Sports pratiqués: --------------------

Pour t'aider

Ses yeux/cheveux sont de quelle couleur?
Est-ce qu'elle a ...?
Quels sont ses ...?
Qu'est-ce qu'elle ...?

Écoute et parle

1 Les sons français

a Les voyelles

French spellings	Equivalent sound in English	Examples
a à	a as in cat	ami, voilà, cheval
â	a as in father	âge, bâtiment

Écoute, répète et écris la bonne lettre.

a âge c avons e lapin
b ananas d bâtiment f pâtes

1 ......, 2 ......, 3 ......, 4 ......, 5 ......, 6 ......

b Les consonnes

French spellings	Equivalent sound in English	Examples
c (before a, o,u); **qu**; **k**	**c** as in **c**ar	é**c**ole, **c**ar, **qu**atorze, **k**ilo
ch	**sh** as in **sh**e	**ch**âteau, **ch**eval, fâ**ch**é

Écoute, répète et écris la bonne lettre.

a carte c fiche e kilomètre
b chaussette d contraire f quartier

1 ......, 2 ......, 3 ......, 4 ......, 5 ......, 6 ......

c Des phrases ridicules

Écoute, répète et complète les phrases.

1 La dame va à la table du _ _ _ _ _ avec de la salade.
2 On vend des _ _ _ _ _ âgées dans le vieux bâtiment.
3 Le coiffeur consomme _ _ _ _ _ _ concombres quand il court sur le quai.
4 Les _ _ _ _ _ de Charlotte chantent chez Charles le charcutier.

2 Comment ça s'écrit?

a L'alphabet

Écoute et répète.

A B C D N O P Q
E F G H R S T U
I J K L M V W X Y Z

b Les accents

Écoute et répète.

à, è, ù, é
â, ê, î, ô, û
ë, ç

3 À la française

Many words look the same in English and French but they are pronounced differently.

Écoute, répète et écris la bonne lettre.

Exemple: 1 e

a concert c latin e orange
b distance d moment f record

1 ......, 2 ......, 3 ......, 4 ......, 5 ......, 6 ......

4 Des questions utiles

Écoute et complète les questions.

1 Qu'est-ce que tu aimes, comme _ _ _ _ _ _?
2 Quel _ _ _ as-tu?
3 Ton _ _ _, comment ça s'écrit?
4 C'est _ _ _ _ _, ton anniversaire?
5 Il y a combien de personnes dans ta _ _ _ _ _ _ _ _?
6 Qu'est-ce que tu vas faire, _ _ _ _ _ _ _?

5 Des conversations

Écoute les questions et réponds comme indiqué, puis écoute pour vérifier.

1 Les animaux

– Quel est ton animal préféré?
–

– Tu as un animal à la maison?
– ✔

– Comment s'appelle-t-il et comment est-il?
–

2 Ma meilleure amie

– Elle est comment, ta meilleure amie?
–

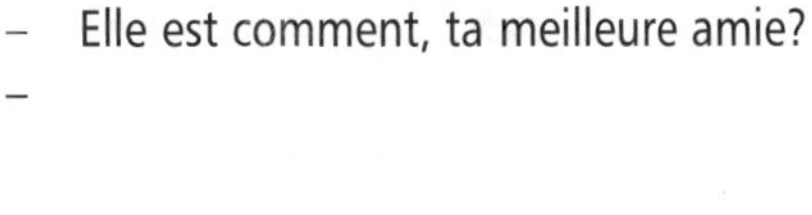

– Est-ce qu'elle a les cheveux longs?
– ✗

– Elle aime les mêmes choses que toi?
– ✔

3 Une journée scolaire

– Pendant la semaine, tu te lèves à quelle heure, normalement?
–

– Comment vas-tu au collège?
–

 ou 

– Qu'est-ce que tu fais pendant la pause-déjeuner?
– **CANTINE**

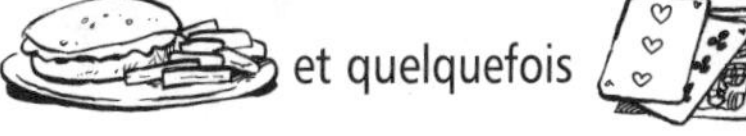 et quelquefois 

Tu comprends?

1 Une interview

Écoute l'interview et note les détails.
Exemple: 1 *Olivier*

1 Prénom: ______
2 Âge: ______
3 Anniversaire: ______
4 Yeux: ______
5 Cheveux: ______
6 Famille: ______
7 Couleur préférée: ______
8 Passe-temps: ______
______
9 Animal préféré: ______
10 Sports pratiqués: ______

2 La vie en famille

Écoute les phrases 1–10 et trouve l'image qui correspond.
Exemple: 1 *b*

1 ......, 2 ......, 3 ......, 4 ......, 5 ......,
6 ......, 7 ......, 8 ......, 9 ......, 10 ......

3 L'informatique

Écoute la conversation et choisis la bonne réponse.
Exemple: 1 *b*

1 – Est-ce qu'on utilise des ordinateurs au collège?
– Oui, nous utilisons des ordinateurs en technologie et aussi …
a ☐ en français.
b ☐ en maths.
c ☐ en sciences.

2 – Est-ce que les élèves peuvent utiliser les ordinateurs en dehors des cours?
– Oui, il y a un club informatique le mercredi, …
a ☐ pendant la pause-déjeuner.
b ☐ après les cours.
c ☐ à quatre heures.

3 – Est-ce que tu as Internet à la maison?
– a ☐ Oui.
b ☐ Non.
c ☐ Pas encore.

4 – Quand est-ce que tu surfes sur le Net?
– a ☐ Tous les soirs.
b ☐ Le samedi après-midi.
c ☐ Surtout le week-end.

5 – Qu'est-ce que tu aimes faire sur Internet?
– a ☐ J'aime jouer aux jeux en ligne.
b ☐ J'aime télécharger de la musique.
c ☐ J'aime tchatcher avec mes amis et écrire des e-mails.

6 – Qu'est-ce que tu regardes comme sites?
– Je regarde des sites …
a ☐ sur le sport.
b ☐ sur les vedettes.
c ☐ sur le cinéma.

7 – Est-ce que tes parents utilisent Internet aussi?
– Oui, ils l'utilisent …
a ☐ un peu.
b ☐ de temps en temps.
c ☐ beaucoup.

8 – Pour faire quoi?
– Pour l'e-mail et pour …
a ☐ faire des achats.
b ☐ consulter des sites sur les vacances.
c ☐ lire les informations.

Sommaire

Complète le sommaire avec des mots anglais.

1 Giving personal information

Je m'appelle ...	I'm called ...
J'ai ... ans.	I'm ... years old.
Comme langues, je parle ...	The languages I speak are ...
Comme passe-temps/ Le week-end, j'aime ...	For hobbies/ At the weekend, I like ...
Comme sports, je pratique .../ je joue au/à la/à l' .../ je fais du de la/de l'...	For sports, I practise .../ I play .../ I do ...
Ma couleur préférée est le ...	My favourite colour is ...

2 Talking about families

(see also **Vocabulaire par thèmes**, page 165)

J'ai ... frères/... sœurs.	I have ... brothers/ ... sisters.
Je n'ai pas de frères et sœurs.	I don't have any brothers and sisters.
J'ai un demi-frère/ une demi-sœur.	I have a half-brother/step-brother/half-sister/step-sister.
Je suis enfant/fils/fille unique.	I'm an only child.
Mon père/Ma mère est mort(e).	My father/mother is dead.
Mes parents sont divorcés.	My parents are divorced.

3 Talking about animals

un chat	cat
un cheval	....
un chien	dog
un cobaye, un cochon d'Inde	....
une gerbille	gerbil
un hamster	hamster
un lapin	....
un oiseau	....
un perroquet	parrot
une perruche	budgerigar
un poisson rouge	....
une queue	tail
un serpent	snake
une souris	....
une tortue	tortoise
As-tu un animal à la maison?	Do you have a pet?
Mon animal préféré est ...	My favourite animal is ...

4 Talking about using a computer

(see also **Vocabulaire par thèmes**, page 162)

5 Talking about friends

un(e) ami(e)	friend
un(e) camarade	colleague, classmate
un(e) copain (copine)	friend
mon (ma) meilleur(e) ami(e)	....
un(e) petit(e) ami(e)	boyfriend/girlfriend
francophone	....
le sens de l'humour	sense of humour

6 Using adjectives (see also page 12)

Mon frère est grand avec les cheveux blonds et les yeux bleus.	My brother is tall with blond hair and blue ....
Il est assez sérieux.	He's quite serious.
Ma sœur est petite avec les cheveux noirs et frisés, et les yeux bruns.	My sister is small with black, ... hair and brown eyes.
Elle est complètement folle.	She's completely ....

7 Asking questions

Comment t'appelles-tu?	What's your name?
Comment ça s'écrit?	How is it spelt?
Quel âge as-tu?	How old are you?
C'est quand, ton anniversaire?	When is your ....?
Où habites-tu?	Where do you live?
Tu as des frères et sœurs?	Do you have brothers and sisters?
Quelle est ta couleur préférée?	Do you have a favourite ....?
Quels sont tes passe-temps?	What are your hobbies?
Quel est ton animal préféré?	What is your favourite animal?
Qu'est-ce que tu pratiques, comme sport?	What sports do you do?

8 Describing everyday life

Pendant la semaine, je me lève à ...	During the week, I get up at ...
En général, je me couche à ...	Usually I go to bed at ...
Le week-end, je me repose.	At the weekend, I relax.
Le dimanche, on s'amuse.	On Sunday, I have fun.

9 Using reflexive verbs (see also page 14)

s'amuser	to have fun, have a good time
s'appeler	to be called
se baigner	to bathe, swim
se coucher	to go to bed
se dépêcher	....
se disputer	to have an argument
s'ennuyer	....
s'entendre (avec)	to get on (with)
s'habiller	to get dressed
s'intéresser à	to be interested in
se laver	....
se lever	to get up
s'occuper de	to be busy with
se reposer	to rest
se réveiller	....
Je m'entends bien avec ...	I get on well with ...
Je me dispute assez souvent avec mon frère/ma sœur/ mes parents.	I often argue with my brother/my sister/ my parents.
Je m'intéresse au sport/à la musique/à l'informatique.	I'm interested in sport/music/ computing.

Presse-Jeunesse 1

L'argent de poche (page 18)

1 Français–anglais

Voici des mots importants dans l'article. Si tu ne les comprends pas, essaie de deviner l'anglais. Trouve les paires.

Exemple: 1 *d*

Français	Anglais
1 par semaine	a *birthday*
2 tous les mois	b *bonus*
3 un boulot	c *clothes*
4 une prime	d *each week*
5 un jeu vidéo	e *every month*
6 des bonbons	f *job*
7 des vêtements	g *magazine*
8 un anniversaire	h *present*
9 une revue	i *sweets*
10 un cadeau	j *video game*

2 Des verbes

On utilise ces trois verbes. Trouve au moins un exemple de chaque verbe dans le texte.

recevoir *(to receive)* ....

faire des économies *(to save)* ....

mettre de l'argent de côté *(to put money aside, to save)*

....

dépenser *(to spend)* ....

3 Des questions et des réponses

Pour chaque question, trouve deux réponses.

1 Tu as l'argent de poche? Si oui, combien?
2 Est-ce que tu aides à la maison, en échange?
3 Qu'est-ce que tu fais avec ton argent?
4 Est-ce que tu mets de l'argent de côté?
5 Est-ce que tu fais des petits boulots pour gagner un peu d'argent en plus?

a Non, pas vraiment, mais je dois ranger ma chambre, le week-end.
b J'ai 25 euros par mois.
c J'achète des livres et je vais au cinéma.
d Oui, je mets de l'argent de côté pour acheter des baskets.
e Oui, j'aide un peu; par exemple, je mets la table le dimanche.
f J'achète des CD et des cadeaux et je sors avec mes copains.
g Je n'ai pas d'argent de poche.
h Oui, je lave la voiture pour gagner un peu plus d'argent.
i Oui, je mets de l'argent de côté pour faire un voyage à Paris.
j Je garde ma petite sœur pour mes parents et je gagne entre 4 et 10 euros en plus.

Des jours de fête (page 18)

1 C'est pareil en anglais

Cognates are words that come from the same root and that have the same spelling and meaning in French and English, although they may be pronounced differently.
Find four cognates in the paragraph about ***Noël*** *and four in the notes about* ***Le 14 juillet****.*

2 Des mots en famille

Use the words you already know to help you guess the meanings of new words.

	français	anglais
1	le père Noël	....
	un chant de Noël	....
	le sapin de Noël	....
	un cadeau de Noël	....
2	jouer	....
	un joueur	....
	un jouet	....
	un jeu	....
3	acheter	....
	un acheteur	....
	un achat	....
4	vendre	....
	un vendeur	....
	une vente	....

3 C'est facile à comprendre

Use the context in the text to guess the meaning of these words in the text.

1 la naissance 3 le roi 5 incroyable
2 la reine 4 le centenaire 6 un feu d'artifice

L'amitié – c'est important pour toi?

1 Autrement dit (page 19)

Sometimes the same meaning is expressed in different ways. In the ***Jeu-test****, find a different way of saying these phrases.*

Exemple: 1 *sur qui on peut compter en toutes circonstances*

1 quelqu'un qui est très responsable
2 des gens qui sont rigolos
3 Si je ne suis pas trop occupé(e)
4 Je ne fais pas d'effort pour le/la comprendre.
5 Je quitte la fête immédiatement.

2 Les terminaisons

These words all end in the same letters in French. What do they end in, in English?

1 exactement 3 rarement 5 uniquement
2 gentiment 4 régulièrement

ÉPREUVE 1 Écouter

A Les passe-temps

Some young French people are talking about their leisure activities.
Listen to what they say and answer the questions **in English**.

Élodie:

Ex. What is Élodie's favourite pastime? ....horse-riding........

1 When does she do this? ....

2 What does she do in the winter? ....

Luc:

3 What does Luc not like? ....

4 What does he like doing? ....

Claire:

5 What does Claire like doing best? ....

6 Give two examples. .... [2]

/7

B La famille

Écoute ces conversations et pour chaque personne, choisis les deux phrases correctes.

A Je suis fille unique.
B Je ne m'entends pas bien avec mon frère.
C J'ai beaucoup de frères.
D J'ai un petit frère.
E J'habite avec mon père.
F J'habite près de ma famille.
G Ma sœur est plus âgée que moi.
H J'habite avec ma mère.
I J'ai une petite sœur.
J Mon frère est sympa.

Ex. Philippe: .....C..... et .....F.....

1 Sophie: .... et ....

2 Vincent: .... et ....

3 Jihane: .... et ....

/6

C L'ordinateur

On parle de l'ordinateur et d'Internet.
Coche (✔) les phrases qui sont vraies.

Ex.	Alex utilise beaucoup son ordinateur.	✔
1	Alex utilise Internet pour son travail.	
2	Surya envoie beaucoup d'e-mails.	
3	Surya n'aime pas surfer sur le Net.	
4	Benjamin aime surfer sur le Net.	
5	Benjamin utilise son ordinateur pour s'amuser.	
6	Benjamin envoie souvent des e-mails.	
7	Rachelle utilise l'ordinateur à l'école.	
8	Rachelle aime jouer sur le Net.	

/6

D Les amis

On parle des amis. Qu'est-ce qu'on dit? Complète les phrases suivantes **en français**.

1 Laure a .... ans.

2 Sébastien est ....

3 Catherine est très ....

4 Luc est ....

5 Claire est ....

6 Marc est ....

paresseux(-euse)
sérieux(-euse)
égoïste
quatorze
actif(-ive)
stupide
généreux(-euse)
intelligent(e)
timide

/6

Total: /25

Carte A

A Tous les jours

You are talking to a young French person about your daily routine. Your teacher or another person will play the part of the French person and will speak first.

1 Say what time you usually get up.

2 Say what you wear for school.

3 Say what you do at lunchtime.

4 Say what time you go to bed.

Carte B

A Tous les jours

Tu parles avec un(e) jeune Français(e). Moi, je suis le/la jeune Français(e).

1 Tu te lèves à quelle heure?

2 Comment est-ce que tu t'habilles?

3 Que fais-tu pendant la pause-déjeuner?

4 A quelle heure est-ce que tu te couches?

Carte A

B Les passe-temps

[When you see this – ! – you will have to respond to a question you have not prepared.]

You are talking to a young French person about yourself and your leisure activities. Your teacher or another person will play the part of the French person and will speak first.

1 Deux activités le week-end

2 Avec qui

3 !

4 Langues

Carte B

B Les passe-temps

Tu parles avec un(e) jeune Français(e). Moi, je suis le/la jeune Français(e).

1 Que fais-tu le week-end?

2 Avec qui?

3 Et qu'est-ce que tu fais à la maison, pour t'amuser?

4 Tu parles quelles langues?

ÉPREUVE 1 Lire (1)

A Une lettre

Complète les blancs dans cette lettre. Utilise les mots/expressions dans la case.

Cher ami

Je Ex. ...I.... Marine, et j'ai 13 ans. J'ai (1) ...., Luc qui est (2) .... que moi – il a 15 ans. J'ai aussi une demi-sœur, mais elle n'(3) .... pas avec nous car elle est (4) .... J'adore ma mère – elle est toujours très (5) .... Mes parents sont (6) ...., mais je vois mon père le week-end.

A habite	**B** un frère	**C** plus jeune	**D** divorcés	**E** sympa
F plus âgé	**G** petite	**H** une sœur	~~I m'appelle~~	**J** mariée

/6

B Des correspondants

Lis ces extraits d'un site web, puis réponds aux questions. Écris le prénom de la personne à chaque fois.

Je suis fana du foot – mon équipe préférée est l'Olympique de Marseille. J'adore aussi les sports de neige, et le rap. Si tu as les mêmes intérêts, écris-moi vite. J'ai 13 ans et demi, et je voudrais recevoir des e-mails des garçons du même âge.
Joël

J'adore lire et dessiner, mais je suis aussi très sportive – mon sport préféré est le handball. J'ai 14 ans, et je voudrais parler avec des copains ou des copines partout dans le monde. Je peux t'écrire en français ou en arabe.
Fatima

Je cherche des correspondants en Allemagne et en Italie, car je fais ces deux langues au collège, et je voudrais les perfectionner. Tu peux m'écrire aussi en français si tu veux, bien sûr. Je ne suis pas très sportif, mais j'adore les animaux – j'en ai beaucoup à la maison.
Mathieu

Je voudrais parler avec des jeunes qui ont la même passion que moi. Je joue du piano, de la guitare et du violon. Je n'aime pas beaucoup le sport, mais je fais de la natation tous les week-ends.
Sylvie

Si, comme moi, tu es surfeur, écris-moi vite. Je passe des heures devant mon ordinateur, et je cherche un copain pour partager ma passion. Mes sites préférés sont les sites sur les sports, car j'adore tous les sports.
Rafik

Moi, j'adore la télé et le théâtre, mais si tu as des intérêts différents, écris-moi quand-même. Je suis bavarde et un peu folle, et je voudrais correspondre avec des filles comme moi.
Céline

1 Qui est passionné par Internet? ....

2 Qui veut écrire à des garçons ou à des filles? ....

3 Qui veut écrire à des correspondants qui n'ont pas les mêmes intérêts? ....

4 Qui parle trois langues? ....

5 Qui est passionné par la musique? ....

/5

C Une lettre de Kévin

Read the letter opposite, and then answer the questions **in English**.

Salut!

Je m'appelle Kévin, et la vie est vraiment difficile pour moi. Je me dispute avec tout le monde. D'abord, mon père dit que je suis paresseux, parce que je ne lave pas la voiture. Puis ma mère trouve que je ne travaille pas assez au collège, et que je passe trop de temps au téléphone. Mon frère aîné peut sortir le soir, et rentrer quand il veut. Moi, je me couche à dix heures et demie, pendant la semaine! Et ma petite sœur - elle m'énerve. Elle passe son temps devant la télé quand je fais mes devoirs. Mais le pire, c'est ma petite amie. Elle ne veut jamais venir avec moi au match de foot.

Aidez-moi, s'il vous plaît!!!

1 What does Kévin's father say about him and why?

....

.... [2]

2 What two complaints does his mother make about him?

....

.... [2]

3 Why does Kévin complain about …

a his brother? ....

b his sister? .... [2]

4 Who else has he fallen out with, and why?

....

.... [2]

/8

D Les petit(e)s ami(e)s

On écrit à un magazine pour décrire son/sa petit(e) ami(e) idéal(e). Pour chaque personne, choisis dans la case les deux qualités importantes.

A grand(e)	**B** sociable	**C** timide
D généreux(-euse)	**E** fou/folle	
F sérieux(-euse)	**G** patient(e)	
H petit(e)	**I** bavard(e)	**J** actif(-ive)

Ex. Voici ma petite amie idéale. Elle aime être avec les autres, faire de nouvelles rencontres, et elle adore sortir, participer aux sports, etc.

Qualités: ..B.. et ..J..

1 Mon petit copain idéal? Alors, il est comme moi – je n'aime pas parler aux autres, tu sais. Puis, il n'est pas trop petit.

Qualités: ...... et ......

2 Oui, j'ai une petite amie idéale. D'abord, je suis assez petit, et je n'aime pas les filles qui sont plus grandes que moi. Et elle a les mêmes intérêts que moi – je m'intéresse à l'histoire et aux langues, mais je n'aime pas les sports.

Qualités: ...... et ......

3 Mon petit ami idéal, je le connais déjà. C'est Nicolas. Il adore parler – il parle tout le temps! Et il aime faire des choses stupides; au collège, les profs ne l'aiment pas, mais moi, je l'adore!

Qualités: ...... et ......

/6

Total: /25

ÉPREUVE 1 Écrire

1/17

A Questionnaire

Fill in this questionnaire about yourself **in French**.

Passe-temps préféré: (Ex. *le football*) ....

Animal domestique: ....

Couleur préférée: ....

Langues parlées: ....

/5

B Mon/Ma meilleur(e) ami(e)

Write three sentences **in French** about your best friend.

....

....

....

/6

C Tous les jours

Fill in the missing verbs in the following sentences.

1 Normalement, je .... à sept heures et demie. (se lever)

2 Le matin, nous .... quatre cours. (avoir)

3 Au collège, j'.................... l'allemand et le français. (apprendre)

4 Les cours .... à quatre heures. (finir)

5 Ma sœur .... très intelligente. (être)

/5

D Un e-mail

Écris un e-mail à ton ami(e) français(e). Réponds aux questions suivantes:

- Pourquoi est-ce que tu utilises l'ordinateur?

  (Ex. *Je participe aux forums.*)
- Quelle sorte de sites aimes-tu? Pourquoi?
- Pose-lui une question sur Internet.

....

....

....

....

....

....

....

....

/9

Total: /25

La page des jeux

1 Des monuments dans le désordre

Voici des monuments de Paris, mais les lettres sont mélangées. C'est quel monument?

Exemple: 1 *La Grande Arche*

1 angled her a car __ __ _r_ _ _ _ _ A_ _ _ _
2 scare leo-curé __ __ S_ _ _ _ _-_ _ _ _ _ _
3 rule love __ __ _ _ _v_ _
4 alto fuel fire __ __ T_ _ _ _ _ _ _ _ _ _ _ _
5 sam pléyés le-chess __ _s _ _ _ _ _ _ _ _-_ _y_ _ _ _
6 mp reel'd chariot l'_ _ _ _ _ _ _ _ _ _ _ _p_ _
7 dump election rope __ __ _ _ _ _ _ _e _ _ _ _ _ _ _ _ _ _u
8 rat deals defence _e _ _ _ _ _ _ _ _ F_ _ _ _ _ _
9 do send repair team _ _ _ _ _ _-_ _ _ _ _ d_ P_ _ _ _ _
10 sea line _a _ _ _ _ _ _

2 Chasse à l'intrus

<u>Souligne</u> le mot qui ne va pas avec les autres.

Exemple: 1 *une cathédrale, une église, <u>une tour</u>, une mosquée*

1 une cathédrale, une église, une tour, une mosquée
2 un bus, une colline, un funiculaire, un train
3 une avenue, un musée, une place, une rue
4 dimanche, juillet, lundi, mardi
5 un centre commercial, un fleuve, un magasin, un marché
6 l'ascenseur, l'escalier, le funiculaire, l'intérieur

3 À Londres

Connais-tu bien Londres? Fais ce jeu pour le savoir. Trouve le bon endroit.

Exemple: 1 *f*

1 C'est le fleuve qui passe par Londres.
2 C'est un pont célèbre qui a deux tours.
3 Sur cette grande place, il y a un monument très haut et il y a beaucoup de pigeons.
4 C'est le musée où l'on peut voir des dinosaures.
5 Ce grand magasin, très célèbre, n'est pas dans Oxford Street.
6 C'est le quartier de Londres où se trouvent le Parlement et une abbaye célèbre.
7 C'est un monument historique près du fleuve et où l'on peut voir des 'Beefeaters' et des bijoux de la reine.
8 Cette cathédrale célèbre se trouve dans le quartier le plus vieux de Londres.
9 Ce palais royal est la résidence officielle de la reine à Londres.
10 Dans ce musée, on peut voir des tableaux historiques et actuels à travers des statues en cire.

a	Buckingham Palace	f	la Tamise
b	la cathédrale Saint-Paul	g	la Tour de Londres
c	Harrods	h	Tower Bridge
d	Madame Tussaud's	i	Trafalgar Square
e	le Musée d'histoire naturelle	j	Westminster

4 Un acrostiche

Écris les mots corrects.

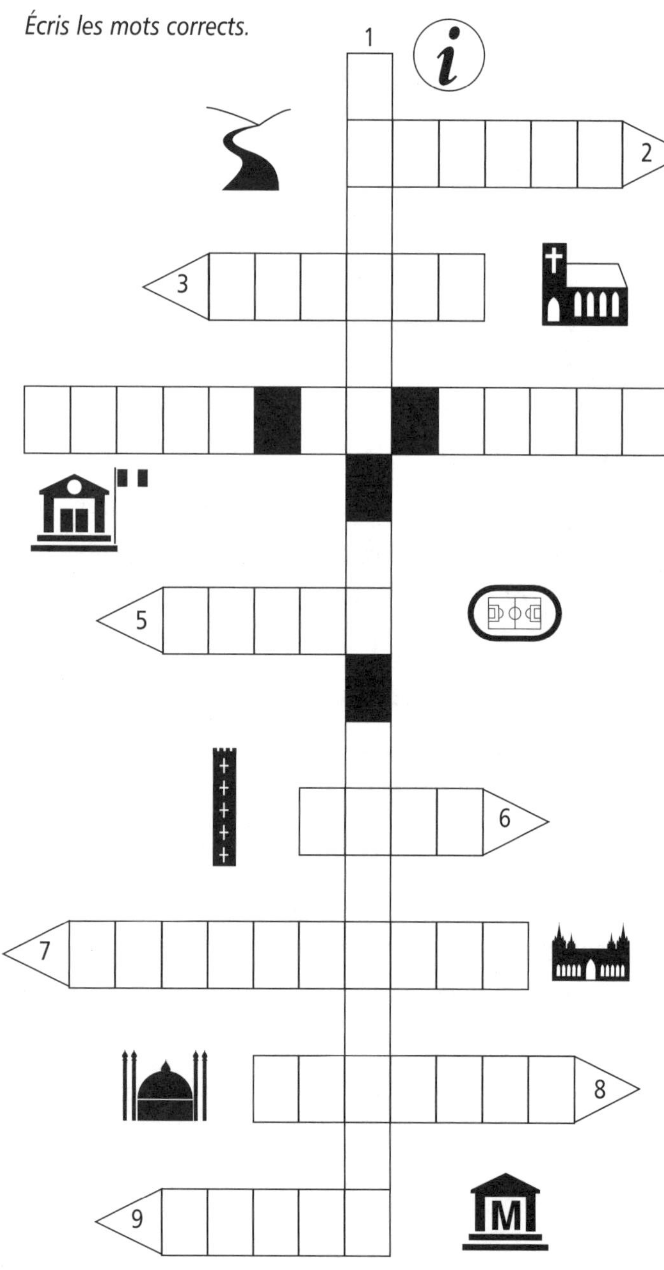

Le passé composé

1 Trouve les paires

Complète les phrases et trouve la bonne image.

Exemple: 1 *acheté* – ***d***

1 Ma mère a .... ce T-shirt hier, mais il est trop grand. (acheter)
2 J'ai .... le dictionnaire, mais ce n'est pas dedans. (consulter)
3 Il a .... de réparer le téléviseur! (essayer)
4 Attention! On n'a pas encore .... la piscine. (remplir)
5 Ça y est! J'ai .... quelque chose à lire. (choisir)
6 Vous n'avez pas .... votre permis de conduire. (réussir)
7 Nous avons .... le facteur, mais il est en retard. (attendre)
8 J'ai .... mes sandwichs! (perdre)
9 Comment? Je n'ai pas ....! (entendre)

2 La journée de Sophie

Complète les phrases.

Exemple: 1 *a mangé*

1 Sophie .... son petit déjeuner à 7 heures. (manger)
2 Elle .... la maison à 7h30. (quitter)
3 Elle .... son amie, Nuria. (rencontrer)
4 Elles .... le bus ensemble. (attendre)
5 Les cours .... à 8h30. (commencer)
6 À midi, Sophie .... à la cantine. (déjeuner)
7 Elle .... une salade et des fruits. (choisir)
8 Après le déjeuner, elle .... avec des amies. (discuter)
9 L'après-midi, on .... à l'ordinateur. (travailler)
10 Puis on .... au handball. (jouer)
11 Le cours de sport .... à 16h45. (finir)
12 Le soir, Sophie et Nuria .... pour un contrôle. (réviser)
13 Elles .... à 19h30. (dîner)
14 Puis elles .... un jeu à la télé. (regarder)

3 Une journée récente

Décris une journée récente.
Voici des idées:

- J'ai quitté la maison à ...
- Au collège, les cours ont commencé à ...
- À midi, j'ai mangé/acheté/choisi/...
- Puis – jouer au football/jouer aux cartes/discuter avec mes amis/...
- Les cours – finir à ...
- Le soir – regarder la télé/
  écouter de la musique/
  travailler pour l'école/
  jouer à l'ordinateur/
  ...

Où vont ces touristes?

1 Où vont ces touristes?

a *Ces touristes ont voyagé en métro hier. Complète les descriptions avec les verbes dans la case A. Tu peux utiliser chaque verbe plusieurs fois.*

b *Qu'est-ce qu'ils ont visité? Écris le nom d'un monument de la case B.*

A
a acheté
a mangé
a pris
a visité
a vu
ont fait
ont pris
ont pu
ont visité
ont vu

1 Luigi Spinoza .... le métro à Abbesses. Puis il .... le funiculaire. Au sommet, il .... une grande église blanche.
2 Julie McCarthy .... le métro à Bir-Hakeim. Là, elle .... un monument très connu et très haut. Après, elle .... son pique-nique.
3 Boris et Ingrid Herzog .... un taxi à l'Île de la Cité. Là, ils .... une cathédrale célèbre. Ils sont montés au sommet d'une des tours et ils .... voir tout le Paris.
4 Les élèves du collège Archbishop James .... une excursion en car. Ils .... les monuments principaux, puis ils .... un musée de science, qui se trouve près des Champs-Elysées.
5 Pedro Gonzales .... un taxi à la place Charles de Gaulle. Il .... un monument qui commémore* les victoires de Napoléon. Il .... le tombeau du soldat inconnu* et il .... un guide du monument.

commémorer = *to commemorate (remember)*
le tombeau du soldat inconnu = *the tomb of the unknown soldier*

B
L'Arc de Triomphe
Notre-Dame
Le Palais de la Découverte
La Sacré-Cœur
La Tour Eiffel

2 Mots croisés

a *Écris le participe passé des verbes dans les mots croisés.*

b *Écris l'anglais pour l'infinitif. Pour t'aider, cherche dans le dictionnaire.*

Horizontalement

4 apprendre (6) **Ex.** to learn
6 faire (4) ....
7 écrire (5) ....
11 voir (2) ....
12 ouvrir (6) ....
13 avoir (2) ....
14 lire (2) ....
15 disparaître (7) ....
18 savoir (2) ....

Verticalement

1 dire (3) ....
2 paraître (4) ....
3 être (3) ....
5 prendre (4) ....
8 comprendre (7) ....
9 boire (2) ....
10 promettre (6) ....
11 vouloir (5) ....
16 pouvoir (2) ....
17 rire (2) ....

3 Une carte postale

Complète la carte postale avec des verbes au passé composé.

Exemple: 1 *il a plu*

Salut, Sika!

Hier, il (**1 pleuvoir**) .... toute la journée, alors nous (**2 mettre**) .... un imper et nous (**3 faire**) .... du shopping en ville. On (**4 prendre**) .... un chocolat chaud au café, et après, j'(**5 pouvoir**) .... aller au cinéma avec une amie. Nous (**6 voir**) .... un bon film. Mes parents (**7 écrire**) .... des cartes postales et puis ils (**8 avoir**) .... la chance d'écouter un concert à la cathédrale.

À bientôt
Charlotte

Encore Tricolore 3 UNITÉ 2 **2/4a**

C'est quelle station?

Travaillez à deux. Inventez des conversations, puis changez de rôle.

Exemple:

Touriste: *Deux billets, s'il vous plaît.*
Employé(e): *Ça fait 2 euros 60.*
Touriste: *Pour le Sacré-Cœur, c'est quelle station?*
Employé(e): *C'est la station Anvers.*
Touriste: *Et c'est quelle direction?*
Employé(e): *Prenez la direction Porte Dauphine.*

Tu es touriste à Paris et tu veux visiter ces endroits:

	destination	billet(s)
Ex.	le Sacré-Cœur	2
1	Notre-Dame	4
2	le Centre Pompidou	carnet
3	le Bois de Boulogne	3

Maintenant, changez de rôle. Tu es employé(e) de la RATP (les transports parisiens). Ton/Ta partenaire est touriste à Paris. Regarde le tableau et réponds à ses questions.

Tarif:
billet 1,30 €
carnet (10 billets) 9,30 €

	destination	station de métro	direction
Ex.	Le Sacré-Cœur	Anvers	Porte Dauphine
4	La Grande Arche	La Défense	La Défense
5	Le Musée d'Orsay	Solferino	Porte de la Chapelle
6	La Tour Montparnasse	Montparnasse Bienvenue	Mairie d'Issy

Encore Tricolore 3 UNITÉ 2 **2/4b**

C'est quelle station? 

Travaillez à deux. Inventez des conversations, puis changez de rôle.

Exemple:

Touriste: *Deux billets, s'il vous plaît.*
Employé(e): *Ça fait 2 euros 60.*
Touriste: *Pour le Sacré-Cœur, c'est quelle station?*
Employé(e): *C'est la station Anvers.*
Touriste: *Et c'est quelle direction?*
Employé(e): *Prenez la direction Porte Dauphine.*

Tu es employé(e) de la RATP (les transports parisiens). Ton/Ta partenaire est touriste à Paris. Regarde le tableau et réponds à ses questions.

Tarif:
billet 1,30 €
carnet (10 billets) 9,30 €

	destination	station de métro	direction
Ex.	le Sacré-Cœur	Anvers	Porte Dauphine
1	Notre-Dame	Cité	Porte d'Orléans
2	Le Centre Pompidou	Rambuteau	Mairie des Lilas
3	Le Bois de Boulogne	Porte Maillot	Château de Vincennes

Maintenant, changez de rôle. Ton/Ta partenaire est employé(e) de la RATP.
Tu es touriste à Paris et tu veux visiter ces endroits:

	destination	billet(s)
Ex.	Le Sacré-Cœur	2
4	la Grande Arche	3
5	le Musée d'Orsay	5
6	la Tour Montparnasse	carnet

Deux jeux de logique

1 Qui est allé où, et comment?

Ces six Parisiens ont tous pris un moyen de transport différent pour visiter un endroit différent. Qu'est-ce qu'ils ont visité et comment ont-ils voyagé?

Exemple: *Ahmed est allé au Louvre en taxi.*

- Ahmed a visité un musée.
- Charlotte a pris le bus.
- Sophie a pris le métro.
- Jérôme a pris un moyen de transport qui a deux roues, mais ce n'est pas un vélo.
- Manon a pris un moyen de transport qui a deux roues.
- Charlotte n'a pas visité de centre sportif.
- Jérôme a visité un monument très haut, mais il n'est pas en métal.
- Manon n'a pas visité de marché ni, de stade.

qui?	comment?					où?				
	en métro	en moto	en bus	en taxi	à vélo	le Stade de France	le marché aux puces	la Tour Eiffel	le Louvre	la Grande Arche
Ahmed						✗	✗	✗	✓	✗
Charlotte									✗	
Sophie									✗	
Jérôme									✗	
Manon									✗	

2 Le dernier métro

Lis le texte, puis fais ce jeu de calcul.

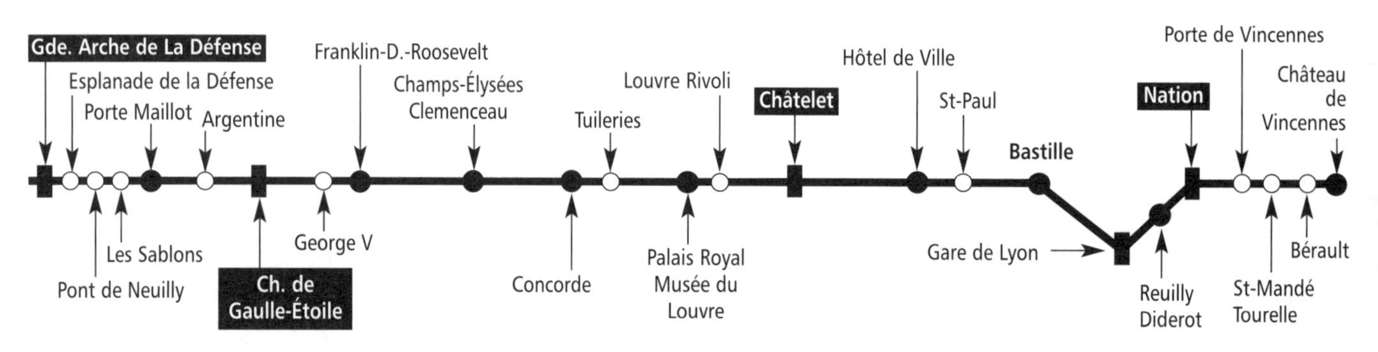

- Il était tard. Sur la ligne numéro 1, le dernier métro est parti de **La Défense** avec six passagers seulement. Après quelques minutes, il est entré dans la station **Charles de Gaulle-Étoile**.
- À **Charles de Gaulle-Étoile**, les six passagers sont restés dans le train, mais vingt-sept autres passagers sont montés.
- À **Concorde**, dix passagers sont descendus, et dix-neuf autres passagers sont montés.
- À **Châtelet**, dix passagers sont descendus du train.
- À **Hôtel de Ville**, un couple et deux garçons sont descendus et trois femmes sont montées.
- À **Bastille**, un contrôleur de la RATP est monté. Il a découvert que deux hommes voyageaient sans ticket, alors ces deux personnes sont descendues du train immédiatement, avec le contrôleur. Puis le train est parti.
- À **Gare de Lyon**, douze passagers sont sortis du train.
- À **Nation**, une petite fille est descendue du train avec sa mère. Tous les autres passagers sont restés dans le train jusqu'au terminus, **Château de Vincennes**.
- À **Château de Vincennes**, tout le monde est descendu.

Et maintenant, calcule!

1. Quand le train est parti de Châtelet, combien de passagers sont restés dans le train?
2. Quand le train est arrivé à Hôtel de Ville, combien de femmes sont descendues?
3. Combien de personnes sont montées dans le train à Bastille?
4. Combien de personnes sont descendues du train à Nation?
5. De quelle station est-ce que le train est parti avec le plus grand nombre de passagers?
6. Combien de passagers étaient dans le train quand il est arrivé à sa destination?

La grève des transports

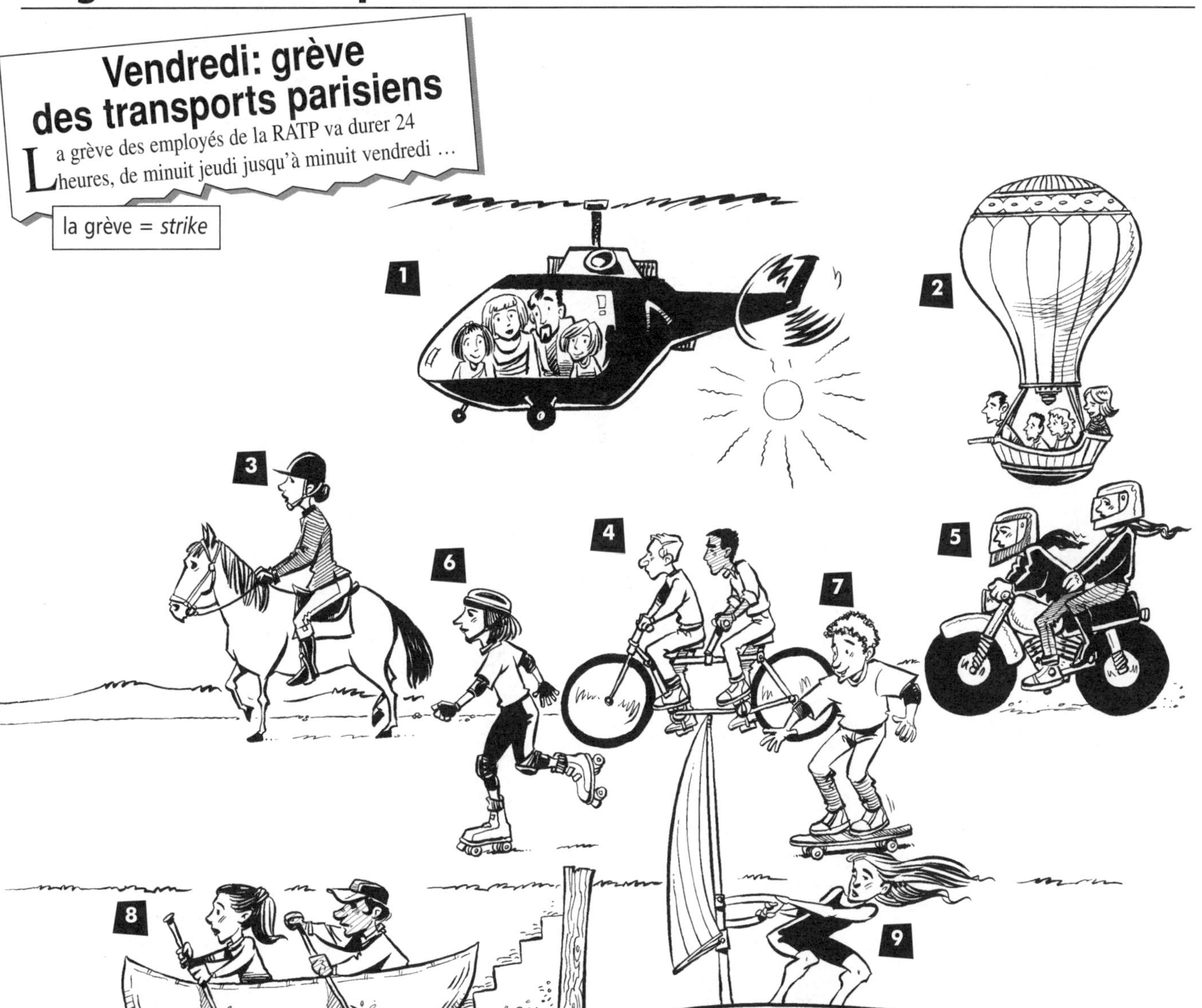

Vendredi: grève des transports parisiens

La grève des employés de la RATP va durer 24 heures, de minuit jeudi jusqu'à minuit vendredi …

la grève = *strike*

a *Ces personnes ont toutes réussi à aller à Paris, malgré la grève. Qu'est-ce qu'elles disent? Complète les bulles.*

1 Nous sommes arriv...... en hélicoptère.

2 Nous sommes arriv...... en montgolfière.

3 Je suis arriv...... à cheval.

4 Nous sommes arriv...... en tandem.

5 Nous sommes arriv...... en moto.

6 Je suis arriv...... en roller.

7 Je suis arriv...... en skate.

8 Nous sommes arriv...... en canoë.

9 Je suis arriv...... en planche à voile.

b *Complète ce petit article avec la forme correcte du verbe* ***arriver****.*

Exemple: 1 *est arrivée*

On y arrive quand même!

Malgré la grève de la RATP hier, beaucoup de Parisiens ont trouvé un moyen, parfois original, de se rendre à Paris. Une fille (**1**)...................... à cheval;
une autre fille (**2**)...................... en roller.
Un garçon (**3**)...................... en skate, deux autres (**4**)...................... en tandem
et deux filles (**5**)...................... en moto.
Deux familles ont choisi un moyen de transport aérien:
une famille (**6**)...................... en hélicoptère
et une autre (**7**)...................... en montgolfière.
Et on n'a pas oublié les moyens de transport aquatiques:
un homme et une femme (**8**)...................... en canoë
et une fille (**9**)...................... en planche à voile.

Questions, questions

1 Français–anglais

Trouve les paires.
Exemple: 1 *e*

1 qui	a *when*
2 quand	b *what*
3 (qu'est-ce) que/qu'	c *at what time*
4 comment	d *why*
5 combien	e *who*
6 avec qui	f *how*
7 où	g *which …*
8 à quelle heure	h *how much*
9 pourquoi	i *where*
10 quel(le)(s) …	j *with whom*

2 Quelle est la question?

Voilà des questions et des réponses. Complète les questions avec des mots de l'activité 1.

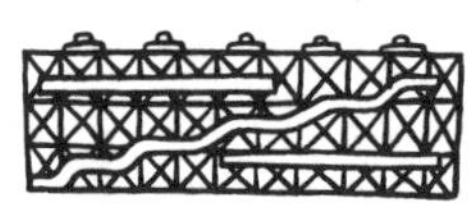

1 – **Ex.** ..*Qu'est-ce que*........ tu as fait hier?
– J'ai visité la Tour Eiffel.
2 – .... es-tu parti?
– Nous sommes partis après le petit déjeuner.
3 – .... de personnes ont visité la tour?
– Il y avait cinq personnes dans notre groupe.
4 – .... n'a pas voulu monter au troisième étage?
– Tiffaine est restée au deuxième étage – elle n'a pas voulu monter plus haut.
5 – .... êtes-vous allés après la Tour Eiffel?
– Après, nous avons visité le Centre Pompidou.
6 – .... avez-vous quitté le musée?
– À cinq heures précises.
7 – .... moyen de transport avez-vous pris à Paris?
– Nous avons pris le métro.
8 – .... avez-vous choisi le métro?
– Parce que c'est le plus pratique.
9 – .... as-tu trouvé la bonne station?
– C'est simple! J'ai demandé un plan du métro!
10 – .... es-tu rentré chez toi?
– Avec Tiffaine. Les autres sont allés dans un fast-food.

3 Questions et réponses

a Complète les questions en utilisant des mots dans la case.
Exemple: 1 *vu*

aimé allés déjeuné gagné mangé rentré restés vu

1 Est-ce que tu as .... le match de football, samedi? (*to see*)
2 Qui a .... le match? (*to win*)
3 Quand es-tu .... à la maison? (*to return*)
4 Où est-ce que vous êtes .... dimanche? (*to go*)
5 Vous êtes .... là pendant combien de temps? (*to stay*)
6 Vous avez ....? (*to like*)
7 Est-ce que vous avez .... au restaurant, à midi? (*to have lunch*)
8 Qu'est-ce que tu as ....? (*to eat*)

b Complète les réponses avec la forme correcte des verbes **avoir** *ou* **être**.
Exemple: *avons*
a Oui, nous .... beaucoup aimé.
b Nous .... allés au Palais de la Découverte.
c J'........................ mangé du poisson avec de la salade.
d Oui, j'........................ vu le match: on a bien joué.
e Nous .... restés là deux ou trois heures.
f Oui, nous .... déjeuné dans un petit restaurant dans le quartier.
g L'équipe du collège Missy .... gagné le match.
h Je .... rentré à dix-huit heures.

c Trouve les paires.
Exemple: 1 *d*

Mots croisés – le passé composé

a *Complète les mots croisés.*
b *Encercle tous les participes passés avec* ***avoir****.*
Souligne tous les participes passés avec ***être****.*

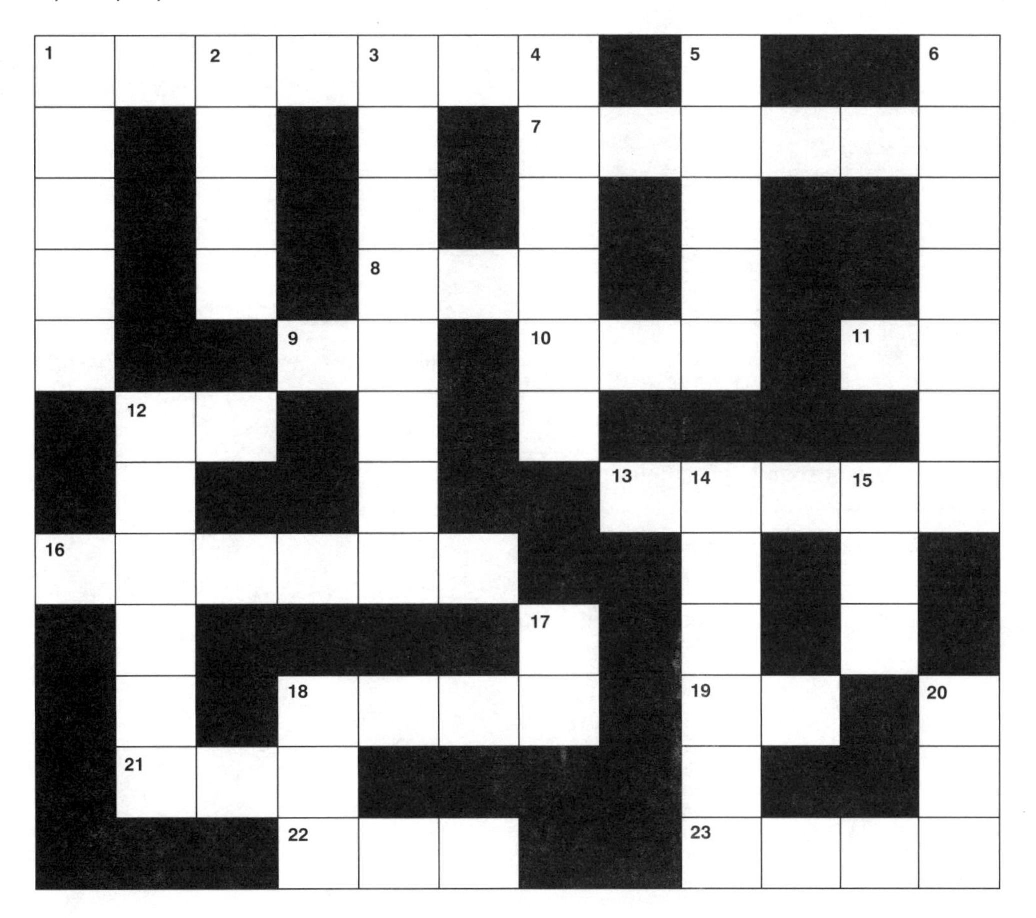

Horizontalement

1 Pouvez-vous m'expliquer ça? Je n'ai pas ... (7)
7 Il a ... la porte. (6)
8 La semaine dernière, mes parents ... visité Paris. (3)
9 De la Tour Eiffel, ils ont ... toute la ville. (2)
10 Après ça, ... sont descendus en ascenseur. (3)
11 ... a bu un coca au café. (2)
12 Est-ce que ... as eu beaucoup de cadeaux? (2)
13 J'ai ... un CD à mon ami pour 5 euros. (5)
16 Ma copine est ... dans le bus sans moi! (6)
18 ... ne sommes pas rentrés ensemble. (4)
19 Le film était très drôle – j'ai beaucoup ... (2)
21 J'ai ... en retard parce que j'ai manqué le train. (3)
22 Le prochain train ... arrivé à 3 heures. (3)
23 Moi, je ne ... pas venu en métro. (4)

Verticalement

1 Les enfants ont ... très vite pour gagner la course. (5)
2 Mon ami est triste parce que son poisson rouge est ... (4)
3 Je suis ... de Paris assez tard, vers 11 heures. (8)
4 Mathilde n'est pas là. Elle est déjà ... (6)
5 Hier, nous ... appris des choses intéressantes. (5)
6 J'ai ... le bus pendant une demi-heure. Je n'étais pas content. (7)
12 Comment avez-vous ... la visite du Louvre? C'était intéressant? (6)
14 À quelle heure sont-ils ... dans le musée? (6)
15 Nous avons ... 'Au revoir!' (3)
17 Tu ... offert un cadeau à ta copine? (2)
18 Ma correspondante est ... le 5 mai. (3)
20 Hier, il a fait froid, alors j'ai ... un pull. (3)

Écoute et parle

1 Les sons français

a Les voyelles

French spellings	Equivalent sound in English	Examples
-é, **-ée**, **-ez**, **-er** (at end of word, exceptions – cher, hiver) **-ied**, **-ef**, **-es**, **-et** (at end of word)	a as in day	ét**é**, employ**ée**, all**ez**, jou**er**, pi**ed**, cl**ef**, l**es**, **et**
e (often in one syllable words)	e as in the	j**e**, m**e**, l**e**, pr**e**mier, s**e**maine
è, **ê**, **aî**, **ais**, **ert**	e as in there	fr**è**re, **ê**tre, ch**aî**ne, pal**ais**

Écoute, répète et écris la bonne lettre.
Exemple: 1 ..e.., 2 ....., 3 ....., 4 ....., 5 ....., 6 .....

a avez
b ce
c élève
d mais
e parler
f prêter

b Les consonnes

French spellings	Equivalent sound in English	Examples
g (before a, o, u)	**g** as in **g**ate	**g**arage, **g**orge, **g**uichet,
g (before e, i, y); **j**	**s** as in trea**s**ure	**g**enou, **g**irafe, **j**ambe, pa**g**e
gn	**ni** as in o**ni**on	bai**gn**er, oi**gn**on, monta**gn**e,

Écoute, répète et écris la bonne lettre.
Exemple: 1 ..c.., 2 ....., 3 ....., 4 ....., 5 ....., 6 .....

a étage
b garçon
c gentil
d oignon
e joli
f magasin

c Des phrases ridicules
Écoute, répète et complète les phrases.

1 Pépé a laissé les _ _ _ _ _ du musée chez l'épicier.
2 Si je te _ _ dis, ce ne sera jamais fini.
3 Mon frère préfère les concerts d'_ _ _ _ _ au palais de la reine
4 Le garçon à gauche a gagné des gants de _ _ _ _.
5 Le gentil général joue en _ _ _ _ avec une girafe géniale.
6 Des Espagnoles gagnent des _ _ _ _ _ _ _ _ magnifiques à la montagne.

2 Et après?

Écoute la lettre et dis et écris la lettre qui suit dans l'alphabet.
Ex. 1 ..b.., 2 ....., 3 ....., 4 ....., 5 ....., 6 ....., 7 ....., 8 ....., 9 .....

3 Vocabulaire de classe

Écoute et complète les phrases.

1 Faites l'exercice 5 à la page _ _ _ .
2 Est-ce que je peux avoir un _ _ _ _ _, s'il vous plaît?
3 J'ai oublié mon _ _ _ _ _ _ _ .
4 Je n'ai pas de _ _ _ _ _ _.
5 Je n'ai pas fait mes _ _ _ _ _ _ _ _ _.
6 On va faire un contrôle, _ _ _ _ _ prochain.

4 Des conversations

Écoute les questions et réponds comme indiqué, puis écoute pour vérifier.

1 En ville

– Qu'est-ce qu'il y a à voir dans la ville?
–

– Quand est-ce qu'ils sont ouverts?
–

t.l.j mais

– Qu'est-ce qu'il y a pour les jeunes?
–

2 Une visite à Paris

– Qu'est-ce que tu as fait hier matin?
–

– Et hier après-midi?
–

– Quel temps a-t-il fait?
–

3 Des questions
Tu parles à un ami français. Pose les questions comme indiqué, puis écoute pour vérifier.

– Salut!
– Say hello and ask your friend where he went last Friday.
– Vendredi, je suis allé au collège, comme d'habitude.
– Ask what he did in the evening.
– J'ai vu un film au cinéma.
– Ask if he liked it.
– Oui, c'était bien.

Tu comprends? 

1 En ville

Écoute les phrases 1–10 et trouve l'image qui correspond.
Exemple: 1 *c*

1 ......, 2 ......, 3 ......, 4 ......, 5 ......,
6 ......, 7 ......, 8 ......, 9 ......, 10 ......

2 Dans le métro

Écoute les conversations et choisis la bonne réponse.
Exemple: 1 *a*

1 La touriste demande …
 a ☐ un plan du métro.
 b ☐ un ticket.
 c ☐ un carnet.

2 Le touriste achète …
 a ☐ un carnet.
 b ☐ un ticket.
 c ☐ un euro.

3 La touriste a acheté …
 a ☐ un billet.
 b ☐ dix billets.
 c ☐ un magazine.

4 Pour Concorde, il faut prendre la direction …
 a ☐ La Défense.
 b ☐ Nation.
 c ☐ Correspondance.

5 Pour la direction Nation, il faut suivre les panneaux de …
 a ☐ Sortie.
 b ☐ Renseignements.
 c ☐ Correspondance.

6 Pour la Cité des Sciences, c'est …
 a ☐ Pont de Neuilly.
 b ☐ Porte de la Chapelle.
 c ☐ Porte de la Villette.

7 Le touriste doit changer à …
 a ☐ Pont de Sèvres.
 b ☐ Trocadéro.
 c ☐ Nation.

8 La touriste veut aller …
 a ☐ au château.
 b ☐ à l'aéroport.
 c ☐ au Louvre.

3 Une semaine de vacances

Devine les mots qui manquent. Puis écoute la conversation pour vérifier.
Exemple: 1 e *allée*

a bateaux	**b** Tour	**c** cathédrale	**d** allé	**e** allée	**f** musée
g fermé	**h** retournée	**i** appris	**j** morte	**k** resté	**l** magasins

– Salut, Manon! Tu as passé de bonnes vacances?
– Oui, merci, Nahid! C'était super! Dimanche, je suis (1) .... à Rouen avec ma mère. Ma cousine habite là-bas. Ma mère est (2) .... à Paris, et moi, je suis restée trois jours chez ma cousine.
– Et qu'est-ce que vous avez fait?
– C'était ma première visite à Rouen, alors nous avons visité la (3) ...., puis la (4) .... de la Grosse Horloge et le (5) .... Jeanne d'Arc.
– Ah oui, Jeanne d'Arc est (6) .... sur la place du Vieux-Marché à Rouen. J'ai lu ça dans un livre d'histoire!
– Très bien, Nahid! Alors, mardi matin, nous sommes allées au port – tu sais, il y a de très grands (7) .... sur la Seine.
– Oui, on a (8) .... ça en géographie!
– Et tu sais ce qu'on a fait l'après-midi, toi?
– Euh, non.
– Alors, on est allées au fast-food, puis on a fait les (9) .... J'ai aimé ça! J'ai acheté un pull, un T-shirt.
– Très intéressant!! Moi, je suis (10) .... ici, à Paris.
– Et qu'est-ce que tu as fait?
– Eh bien, lundi, je suis (11) .... au Palais de la Découverte avec mon copain.
– C'était intéressant?
– Ben, non – c'est (12) .... le lundi!

Sommaire

Complète le sommaire avec des mots anglais.

1 Talking about places in a town or city

Notre-Dame, c'est une cathédrale.	Notre-Dame is a cathedral.
Le Louvre, c'est un musée.	The Louvre is a museum.
au milieu de	in the middle of
une avenue	avenue
une cathédrale	cathedral
célèbre	famous
un centre commercial	....
une colline	hill
une église	church
un fleuve	....
un funiculaire	cable car
un grand magasin	department store
une île	....
un jardin public	public gardens, park
un marché	....
un monument	monument
un musée	....
une place	square
un quartier	district
se trouver	to be situated
situé(e)	situated

2 Understanding information in tourist materials

ouvert(e)	open
fermé(e)	....
sauf (sf)	except
tous les jours (t.l.j.)	every day
un jour férié	public holiday

3 Saying what the weather was like

il a fait	*beau*	it was	fine
	chaud		....
	froid		....
	mauvais		bad (weather)
il y a eu	*du soleil*	it was	sunny
	du brouillard		....
	du vent		windy
il a plu		it rained	
il a neigé		it snowed	

4 Travelling by métro

Pour la Tour Eiffel, c'est quelle station?	What station is it for the Eiffel Tower?
Bir-Hakeim, c'est quelle direction?	What .... is it for Bir-Hakeim?
Est-ce qu'il faut changer?	Do I have to change?
Prenez la direction Pont de Sèvres ...	Go towards Pont de Sèvres ...
puis changez à Trocadéro et prenez la direction Nation.	then change at Trocadéro and follow signs for Nation.
Excusez-moi, je descends ici.	Excuse me, I'm getting off here.
Direction Nation, c'est par où, s'il vous plaît?	Where do I get the train for Nation?
C'est par là, où vous voyez 'Correspondance'.	Over there, where it says 'Connections'.
un carnet	book of ....
un panneau	sign
la sortie	....
la station de correspondance	interchange, connecting station
une station de métro	metro station
un tarif unique	flat-rate fare
un ticket	ticket

5 Describing what you did, etc. using the perfect tense

with *avoir*	*J'ai visité ...*	....
	On a pris ...	We took ...
	Nous avons vu ...	We saw ...(see also page 24)
with *être*	*Je suis allé(e) à ...*	I went to ...(see also page 26)

6 Using expressions of past time (see page 29)

7 Talking or writing about a place you have visited recently (see also page 29)

Hier/Samedi/La semaine dernière, on a visité ...	Yesterday/On Saturday/Last week we visited ...
On a voyagé en ...	We travelled by ...
L'après-midi, on ...	.... we ...
Nous sommes restés là tout l'après-midi.	We stayed there all afternoon.
C'était (très/assez/pas) ... bien/intéressant/amusant/ ennuyeux/fatigant/génial/ affreux/horrible/nul	It was (very/quite/not) ... good/..................../enjoyable/ ..../tiring/great/ terrible/awful/rubbish
Nous sommes rentrés à ...	We came back at ...
J'ai horreur de .../Je déteste ...	....

8 Asking and answer questions about what you did or what happened

As-tu passé un bon week-end?	Did you have a good weekend?
Où es-tu allé(e)?	Where did you go?
Je suis allé(e) ...	....
Qu'est-ce que tu as fait?	What did you do?
Tu as aimé?	Did you like/enjoy it?
Oui/Non, c'était ...	Yes/No, it was ...
Pierre, a-t-il fait ses devoirs?	Has Pierre done his homework?

(see also page 27 and **La Grammaire**, page 148)

9 Using the perfect tense in the negative

(see pages 27 and 30)

Rappel 1

1 5-4-3-2-1

Trouve ...
5 choses qui commencent par 'c'
4 choses qu'on met aux pieds
3 choses qui commencent par 'j'
2 choses qui commencent par 'p'
1 chose qui commence par 'r'

3 À la gare

a *Complète les mots avec des voyelles.*
b *Écris l'anglais.*

Exemple: 1 l *e* g *u* *i* c h *e* t – *ticket office*

1 l_ g_ _ch_t
2 _n _ll_r-r_t_ _r
3 _n _ll_r s_mpl_
4 _n h_r_ _r_
5 l_ q_ _ _
6 l_ s_ll_ d'_tt_nt_
7 n_n-f_m_ _rs
8 l_ s_rt_ _

2 Des mots mêlés

Trouve les mots.

1 en ....
2 en ....
3 en ....
4 en ....
5 en ....
6 en ....
7 en ....
8 en ....
9 à ....
10 à ....
11 à ....
12 à ....

t	r	a	l	p	u	c	d	e	y
b	p	b	a	t	e	a	u	n	o
a	v	a	i	t	c	r	e	n	p
r	i	d	c	h	e	v	a	l	l
b	a	t	o	a	v	i	o	n	a
i	m	o	b	y	l	e	t	t	e
v	é	l	o	z	m	o	t	o	b
o	t	q	u	p	i	e	d	y	u
l	r	t	r	a	i	n	x	q	s
v	o	i	t	u	r	e	f	e	e

4 C'est quel bâtiment?

Tu pars de X. Suis les directions et écris la bonne lettre.

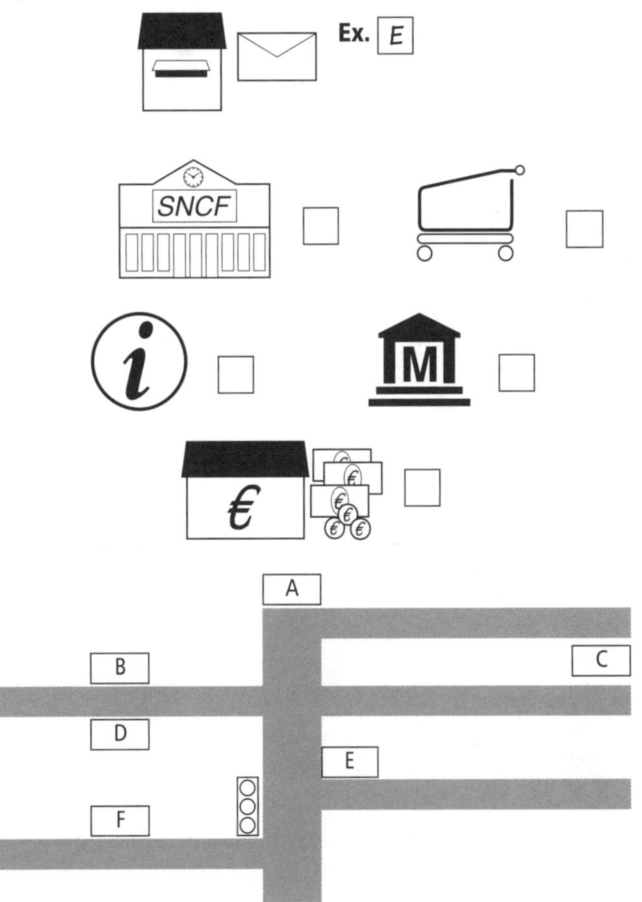

- Allez tout droit, puis prenez la deuxième rue à droite. Vous voyez le musée à gauche.
- Prenez la première à droite. La poste est au coin de la rue.
- Allez tout droit, et voilà la gare.
- Tournez à gauche au carrefour. La banque est à droite, en face de l'office de tourisme.
- Aux feux, tournez à gauche et le supermarché est à droite.

Presse-Jeunesse 2

Le voleur du métro (page 32)

1 Anglais–français

Lis le texte trouve le français pour ces phrases.

Exemple: 1 *c*

1	*a masked man*	a	victime d'une attaque
2	*the metro entrance*	b	il a saisi
3	*mysterious*	c	un homme masqué
4	*victim of an attack*	d	la Loterie Nationale
5	*extraordinary*	e	sur le comptoir
6	*a big bunch of roses*	f	la bouche de métro
7	*he seized*	g	un monsieur inconnu
8	*on the counter*	h	un gros bouquet de roses
9	*an unknown man*	i	extraordinaire
10	*the National Lottery*	j	mystérieux

Tip: many of these words and phrases are very similar to their French equivalent. Look out for phrases like these when you are reading French.

2 La journée du 'voleur du métro'

a *Lis le texte et trouve les huit phrases qui sont vraies.*

b *Mets ces huit phrases dans l'ordre pour raconter la journée du 'voleur du métro'.*

Exemple: ...*a*... ....

a Le voleur du métro a attaqué un facteur à Passy.

b À République, il a volé des billets de la Loterie Nationale.

c À Châtelet, il a demandé le journal *France-Soir*.

d Le voleur s'est approché d'un inspecteur de police.

e Il s'est échappé dans le métro avec les fleurs et de l'argent.

f Il a disparu dans le métro avec le sac du facteur.

g Plus tard, il a commis encore deux crimes: à la gare du Nord et à Pigalle.

h À Charles de Gaulle-Étoile, il a acheté des fleurs.

i À République, il a volé de l'argent à un homme inconnu.

j Il est descendu dans le métro avec la caisse de la pauvre vendeuse.

3 Le portrait-robot

Regarde le portrait-robot et souligne les mots corrects pour compléter la description du voleur du métro.

Le voleur du métro a les cheveux [blonds/noirs/gris] et [frisés/courts/longs]. Il a un visage [rond/carré/assez long] avec des yeux [gris clair/marron foncé]. Son nez est [petit/long] et il a une [barbe/moustache/bouche] noire. Normalement, il porte [une boucle d'oreille/une casquette/ une valise].

Ce jour-là (page 33)

Un acrostiche

Trouve les mots dans le texte.

1 Une matière scolaire.
2 La capitale des États-Unis.
3 Ça arrive quelquefois quand on ne fait pas attention.
4 Ici, on garde des prisonniers.
5 Un moyen de transport à Paris.
6 Un jeu de société.
7 Le créateur d'un monument très haut à Paris.
8 Un avion célèbre.
9 Quelque chose qu'on voit dans le ciel la nuit.

1 **Ex.**

		2				h					
		3				i					
		4				s					
			5			t					
		6				o					
				7		i					
8						r					
		9				e					

La tradition de la bande dessinée (page 33)

C'est quel nom?

Cherche les noms dans le texte.

1 Ici, il y a une vieille tapisserie célèbre.
....
2 Ici, on trouve des dessins préhistoriques.
....
3 Son vrai nom est Georges Rémi.
....
4 C'est le chien de Tintin.
....
5 Une ville française où on fête la BD.
....
6 Ce Français a dessiné Astérix.
....
7 Un héros de BD qui habite dans l'ouest de l'Amérique.
....
8 Le pays d'origine de Franquin.
....
9 Ce jeune homme fait des 'gaffes' – des calamités.
....
10 Des personnages bleus de BD.
....

ÉPREUVE 2 Écouter

2/14

A Le métro

Pour chaque conversation, choisis la bonne image.

Ex. *D* **1** ☐ **2** ☐ **3** ☐ **4** ☐ **5** ☐

A 1,30 €

B 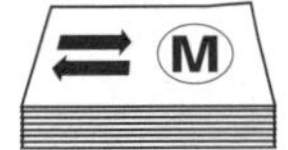

C CORRESPONDANCE

D SORTIE

E MÉTRO

F 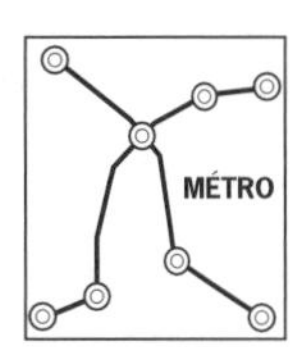

G 9,30 €

/5

B Le temps

On parle de ses vacances. Quel temps a-t-il fait? Choisis la bonne image pour chaque personne.

1 ☐ **2** ☐ **3** ☐ **4** ☐ **5** ☐ **6** ☐ **7** ☐

A

B 

C 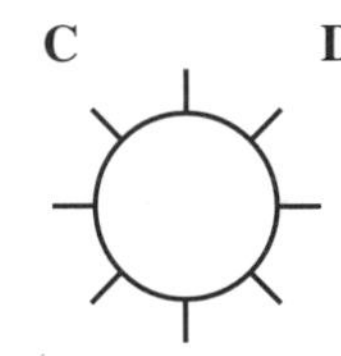

D 

E 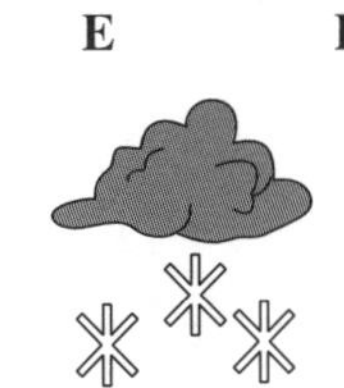

F 

G 

H 

I

/7

C Qu'est-ce qu'il y a à faire?

Écoute cette conversation, puis remplis la grille **en français**.

	Où on peut aller	Détail
Ex.	*grands magasins*	a) *centre-ville* b) *souvenirs*
1		a) b)
2		a) b)
3		

/8

D Le week-end dernier

Two young people are discussing what they did last weekend.
Listen to their conversation and then answer the questions **in English**.

1 Why did Loïc enjoy Saturday? ....

....

2 What was the only problem? ....

....

3 What sort of Sunday did he have? ....

....

4 How did Surya feel about her trip to Paris? ....

....

5 Why did she not enjoy one of the places she visited? ....

....

/5

Total: /25

(Carte A)

A L'office de tourisme

You are asking for information at a tourist information office in St Malo. Your teacher or another person will play the part of the assistant and will speak first.

1 Ask what there is to see.

2 Say you don't like art.

3 Ask if there is a museum.

4 Ask if it is open on Thursday.

(Carte B)

A L'office de tourisme

Tu parles avec le/la réceptionniste à l'office de tourisme de St Malo. Moi, je suis le/la réceptionniste.

1 Je peux vous aider, Monsieur/Mademoiselle?

2 Il y a une exposition Monet.

3 C'est dommage.

4 Oui, bien sûr.

5 Oui, de dix heures à seize heures trente.

(Carte A)

B Le week-end

[When you see this – ! – you will have to respond to a question you have not prepared.]

You are talking to a young French person about what you did at the weekend. Your teacher or another person will play the part of the French person and will speak first.

1 Activité samedi

2 Opinion

3 !

4 Déjeuner

(Carte B)

B Le week-end

Tu parles avec un(e) jeune Français(e). Moi, je suis le/la jeune Français(e).

1 Alors, qu'est-ce que tu as fait samedi?

2 Tu as aimé ça?

3 Tu es sorti(e) dimanche soir?
(Alors qu'est-ce que tu as fait?)

4 Qu'est-ce que tu as mangé à midi?

[Use question in brackets to extend a very brief response – *Oui* or *Non*]

ÉPREUVE 2 **Lire (1)** **2/16**

A Le temps

On est allé où? Pour chaque personne, choisis la bonne ville.

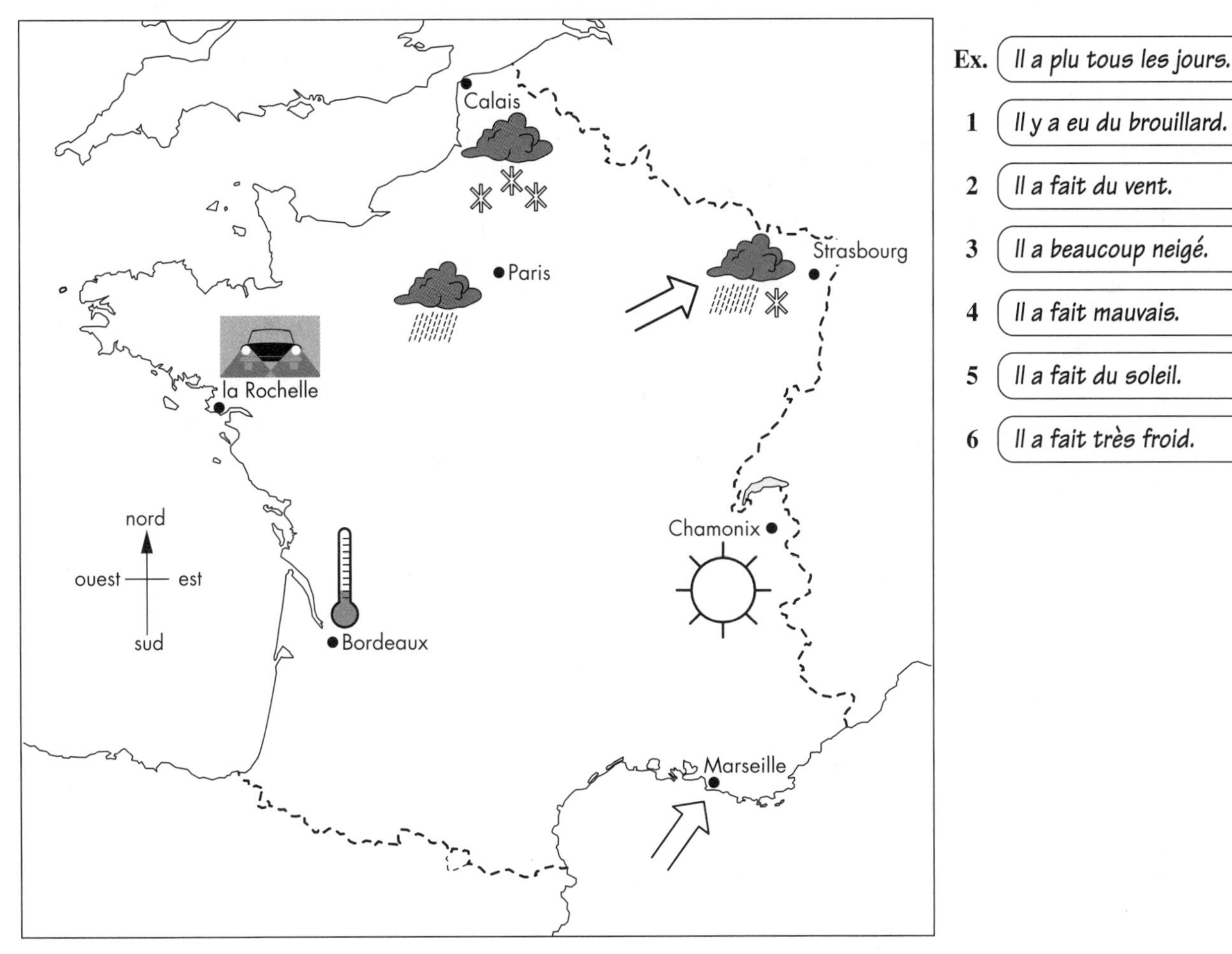

Ex. *Paris* ....

1 ....

2 ....

3 ....

4 ....

5 ....

6 .... /6

B Dans le métro

Mets les deux parties des phrases ensemble.

Ex. Dans un carnet,
1 Est-ce qu'il faut
2 Prenez la direction Nation, puis
3 Pour le musée du Louvre,
4 Pour changer de ligne,
5 C'est moins cher si
6 Le prix d'un ticket,

A acheter un carnet.
B c'est 1,30 €.
C changer de ligne?
D on achète un carnet de tickets.
E c'est quelle station?
F changez à Trocadéro.
G on suit le panneau Correspondance.
H il y a dix tickets.

Ex. [H] **1** [ ] **2** [ ] **3** [ ] **4** [ ] **5** [ ] **6** [ ] /6

C Paris à vélo

Look at this website, then answer the questions **in English**.

Le cyclobus

Le cyclobus, qu'est-ce que c'est?

Dans six sites de Paris, des cyclobus RATP sont en stationnement de 9h à 19h, les week-ends et jours fériés. Chaque bus contient 60 vélos très confortables de types différents. Des accessoires (casques, sièges bébé…) sont disponibles gratuitement au moment de la location.

Tarifs de location

Pour toute location, une pièce d'identité et un chèque de garantie de 152,45 euros sont demandés. Pour tout renseignement, composer le 01 53 46 43 77.

Durées

1 heure	3,05 €	week-end (2 jours)	17,53 €
½ journée	7,62 €	semaine (7 jours)	32,01 €
1 journée	11,43 €	mois	53,36 €
		année	91,47 €

1 What service do cyclobus offer tourists? ....
....
2 When is this service available? (**two** details) ......
....
3 Name one of the accessories that are available. .
....
4 How much do they cost? ....
....
5 What do you have to do before you can use this service? ....
(**one** detail) ....
....
....

6

D Une visite à Paris

Lis cette lettre de Michel.

Nous sommes arrivés à Paris à neuf heures et demie. D'abord, nous sommes allés à la cathédrale Notre Dame – elle est énorme! Je n'ai pas beaucoup aimé l'extérieur, mais l'intérieur est très impressionnant. Cependant, on y a passé seulement un quart d'heure, car il a fait si froid ce jour-là. Alors, quand on est sortis, on a vite trouvé un bar où j'ai pris un grand café crème pour me réchauffer un peu.

Puis, nous avons vu la Tour Eiffel, mais nous ne sommes pas montés au sommet parce que le vent sifflait si fort. Après, mes parents ont décidé d'aller au Palais de la Découverte, mais comme tu le sais, je ne m'intéresse pas aux sciences.

Finalement, nous avons passé deux heures au Louvre. Normalement, l'art ne m'intéresse pas du tout, mais le Louvre, c'est autre chose! Mes parents ont aimé la plupart des tableaux, moi pas – mais il y avait des sculptures super cools!

Finalement, nous avons pris le dîner dans un restaurant de luxe. C'était très très cher, mais mon père a dit que c'était excellent. Moi, je préfère les fast-foods.

Puis nous avons pris le train pour rentrer chez nous. Je pense que la visite que j'ai préférée, c'était le Louvre, car on avait chaud!

Michel

Complète les phrases **en français**. À chaque fois, utilise un mot dans la case.

A les sculptures **B** aimé **C** les tableaux
D l'intérieur **E** nul **F** froid **G** une journée
H vent **I** mangé **J** impressionnant

1 Michel a passé .... à Paris.
2 Il a préféré .... de la cathédrale.
3 Il n'est pas monté au sommet de la Tour à cause du ....
4 Il a trouvé le Palais de la Découverte ....
5 Au Louvre, il a aimé ....
6 Il n'a pas .... le restaurant.
7 Il a fait .... pendant la visite.

7

Total: 25

ÉPREUVE 2 **Écrire** **2/18**

A Une excursion

Write in the appropriate French word/phrase.

Ex. Ⓜ *une station de métro*..............

1 ....

2 ....

3 ....

4 M ....

/4

B Les vacances

Last week, you went to Paris. Write a postcard to your friend in French.
Mentionne:
- le transport
- un monument
- le temps

....
....
....
....

/6

C Qu'est-ce qu'on a fait?

In the following sentences, change the verb to the perfect tense:

Ex. Nous achetons des CD.

Nous avons acheté.............. des CD.

1 Elles finissent leurs devoirs.

.... leurs devoirs.

2 Je sors à huit heures.

.... à huit heures.

3 Il fait froid.

.... froid.

4 Tu attends le bus?

.... le bus?

5 Vous allez au cinéma?

.... au cinéma?

6 Je prépare le dîner.

.... le dîner.

/6

D Une fête

Samedi dernier, c'était l'anniversaire de ton copain/ta copine. Tu es allé(e) à sa fête. Réponds aux questions suivantes.
- Où es-tu allé(e)?
- Qu'est-ce que tu as fait?
- À quelle heure es-tu rentré(e)?

....
....
....
....
....

/9

Total: /25

Les loisirs

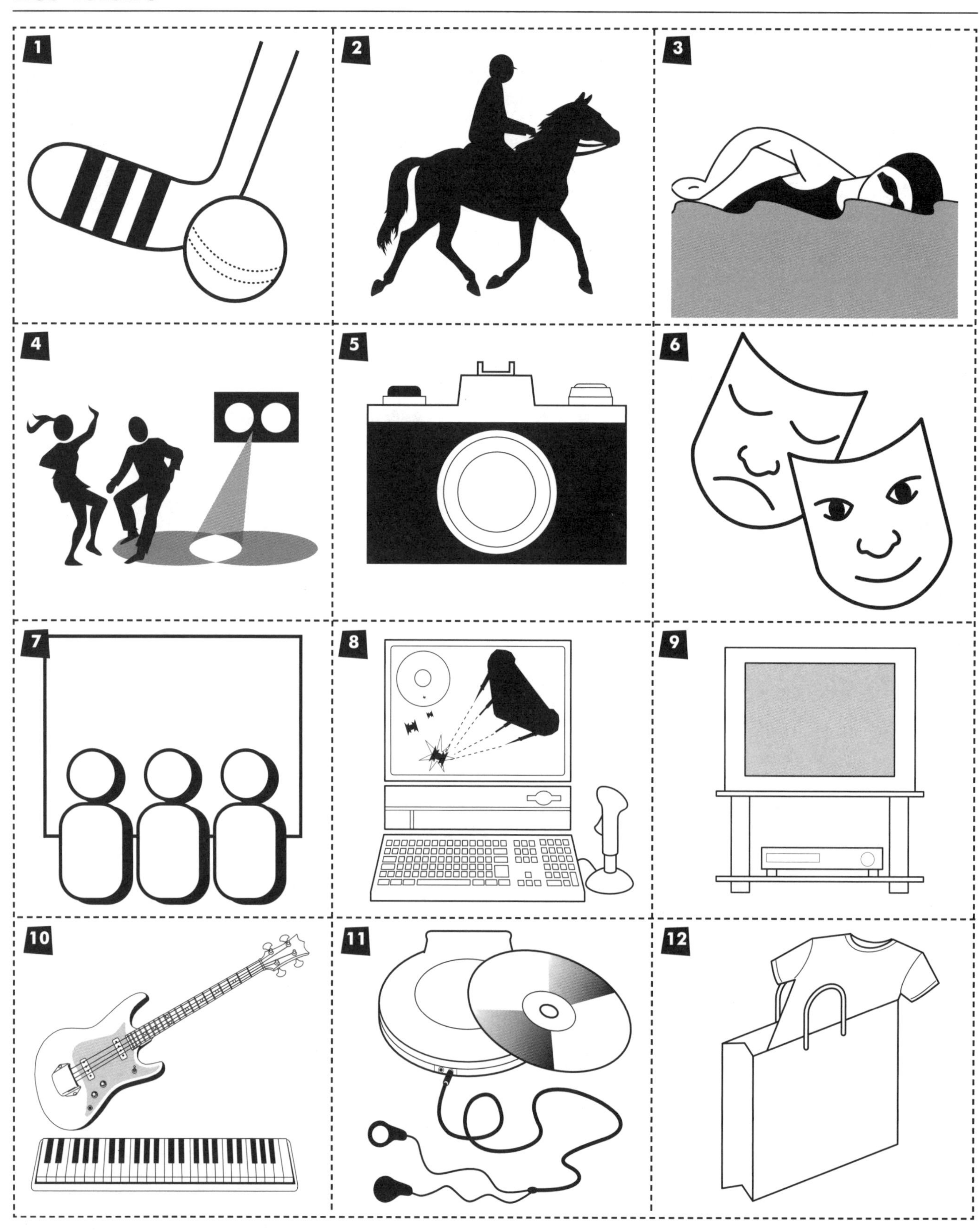

Trouve le bon texte pour chaque image.

Exemple: 1 *f*

a jouer d'un instrument
b faire de l'équitation
c faire du shopping
d danser
e aller au cinéma
f jouer au hockey
g faire de la natation
h prendre des photos
i écouter de la musique
j faire du théâtre
k regarder la télé/des vidéos
l jouer à l'ordinateur

Les loisirs de Vincent

1 Français–anglais

Complète le lexique.

	français	**anglais**
a	régulièrement	....
b	souvent	....
c	toujours	....
d	tous les jours	.... *day*
e	tous les lundis	*every* ....
f	chaque mardi	*every* ....
g	chaque mois	....
h	chaque année	....
i	une fois par semaine	*once a* ....
j	deux fois par an	.... *a year*
k	le dimanche	*on* ....
l	le samedi matin	*on* ....
m	le mercredi après-midi	*on* ....
n	le vendredi soir	*on* ....

2 L'agenda de Vincent

Voici l'agenda de Vincent. Travaillez à deux. Posez des questions et répondez à tour de rôle.
Pour t'aider, regarde le lexique (activité 1).

Exemple:

A *Est-ce que Roland est libre lundi à 6 heures du soir?*
B *Non, il joue au football.*
A *Ah bon. Il joue souvent au football?*
B *Oui, trois fois par semaine.*
A *Pourquoi est-ce qu'il aime ça?*
B *Parce que c'est amusant, mais c'est fatigant aussi.*

Des questions:

1 Est-ce que Vincent sort, le mardi soir?
2 Qu'est-ce qu'il fait, le jeudi après-midi?
3 Qu'est-ce qu'il fait, le samedi soir?
4 Est-ce qu'il reste à la maison, le vendredi soir?
5 Où est-ce qu'il va, le samedi?
6 Est-ce que Vincent est libre, dimanche?

jour	7h–12h	12h–18h	18h–22h
lu.	 fantastique		 amusant, fatigant; sympa
ma.			
me.			
je.		 amusant, intéressant	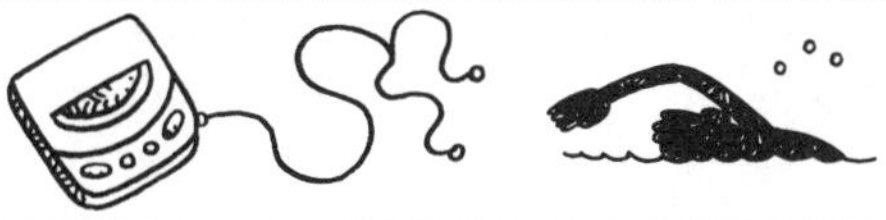
ve.			 quelquefois; ou; 2x mois; dur, amusant
sa.		 ou; super; ou; amusant, fatigant; amusant 1x mois	 avec amis; super, intéressant
di.		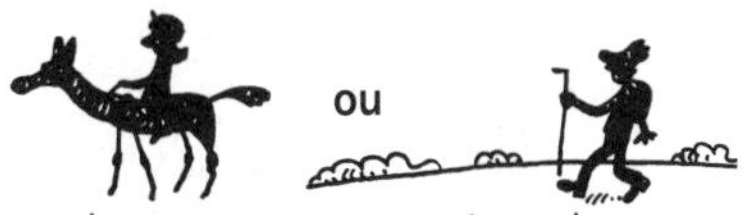 dur, sympa; ou; 1x mois	 cool

3 Les loisirs de Vincent

Écris quelques phrases sur les loisirs de Vincent.

Exemple: *Le lundi matin, Vincent joue de la guitare pendant un quart d'heure. Après les cours, il joue au football. Il adore ça et il s'entraîne trois fois par semaine. Le soir, il aime souvent écouter de la musique.*

Maintenant et autrefois

1 Mots croisés

Complète les mots croisés.

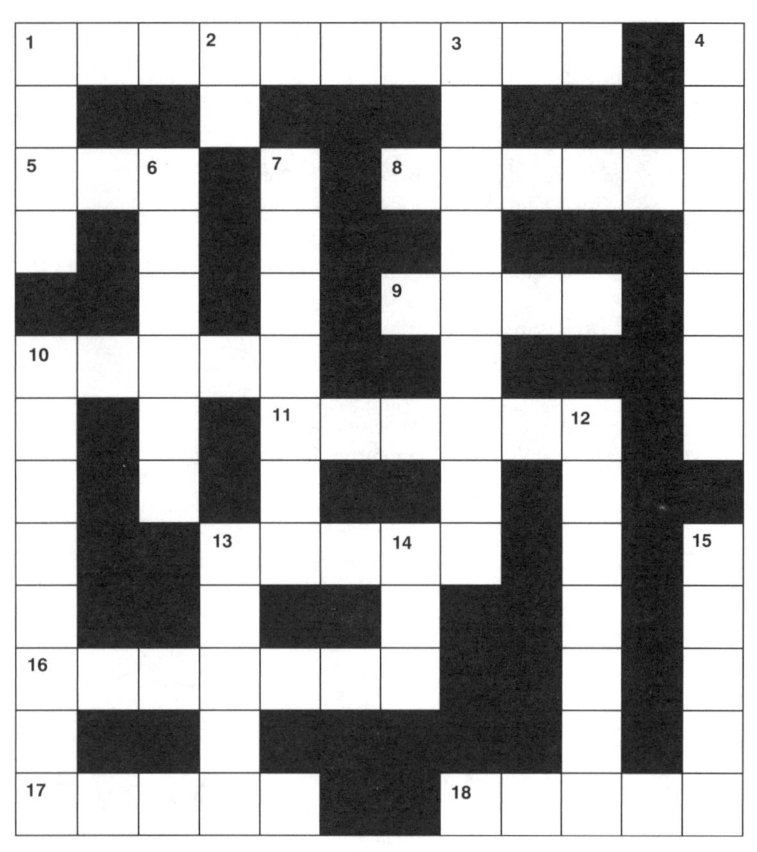

Horizontalement

1 Il y a cinq ans, j'habitais à Paris, mais ..., j'habite à Lyon. (9)
5 Quand ... étaient jeunes, mes parents avaient les cheveux très longs. (3)
8 L'été dernier, nous ... en vacances en Espagne. (6)
9 À l'âge de six ou ... ans, je n'avais pas de devoirs, mais maintenant, c'est différent! (4)
10 ... elle était petite, ma mère voulait devenir chanteuse. (5)
11 Il y a trois ans, nous n'... pas beaucoup d'argent. (6)
13 J'... toujours en retard pour le collège – maintenant, j'arrive à l'heure en vélomoteur. (5)
16 Quand nous habitions à Biarritz, nous ... à la plage quatre fois par semaine. (7)
17 À ... ans, mon grand-père travaillait déjà dans une usine. (5)
18 Quand j'étais ..., j'étais souvent malade. Maintenant, ça va bien. (5)

Verticalement

1 Mes parents n'étaient pas riches, ... nous étions heureux. (4)
2 À l'âge de douze ans, je ... voulais pas faire mes devoirs. Et maintenant, c'est pareil! (2)
3 Maintenant, mes grands-parents habitent en ville, mais ..., ils habitaient à la campagne. (9)
4 Quand j'étais petite, je ... beaucoup de temps à la maison. Maintenant, je passe beaucoup de temps au collège! (7)
6 À l'âge de huit ans, je ... parler italien. Maintenant, je sais aussi parler allemand. (6)
7 Quand il était jeune, mon père ... des journaux pour gagner de l'argent. Maintenant, il vend des voitures. (7)
10 Mon école primaire était tout près et je ... la maison à 8 heures. Maintenant, je quitte la maison à 7 heures pour aller au collège. (8)
12 Il y a un an, ma sœur ... rarement, mais maintenant, elle sort chaque soir! (7)
13 Maman et papa, que faisiez-vous le week-end quand vous ... jeunes? (5)
14 Et mes grands-parents, qu'est-ce qu'... faisaient comme loisirs? (3)
15 Quand nous étions jeunes, il y ... beaucoup de choses à faire le week-end. (5)

2 Avant et après

Regarde les images et complète les phrases.

Avant

Après

Pendant la nuit, les deux chèvres du voisin sont entrées dans le jardin. Aujourd'hui, il y a deux choux, trois laitues et quatre carottes. Les fleurs ne sont pas là – et les chèvres n'ont pas faim! Mais hier, ...

- il y .... six choux
- il y .... dix laitues
- il y .... beaucoup de carottes
- les fleurs .... là
- les chèvres .... faim.

À la télé

Trouve le bon texte pour chaque image.

Exemple: 1 *f*

a une émission de sport
b un feuilleton
c un jeu télévisé
d la pub(licité)
e une émission de variétés
f un film historique
g un documentaire
h un film policier (un polar)
i les informations (le journal)
j un talk-show
k la météo
l un dessin animé

Un sondage

a *Réponds aux questions sur les films, la télé et les livres. Pour t'aider, regarde la page 43.*
b *Pose les questions à un(e) ami(e). Note les réponses. Est-ce qu'il/elle a les mêmes goûts que toi?*

	toi	ton ami(e)
A À la télé		
1 Qu'est-ce que tu as vu récemment à la télé?		
2 C'est quel genre d'émission?		
3 Tu as aimé? Pourquoi?		
4 Quelle est ton émission préférée à la télé?		
5 C'est quel genre d'émission?		
6 Pourquoi aimes-tu ça?		
B Au cinéma (ou à la télé)		
1 Quel film as-tu vu récemment?		
2 Qui est le personnage principal? Qui sont les personnages principaux?		
3 Tu as aimé? Pourquoi?		
4 Quel est ton film préféré?		
5 C'est quel genre de film?		
6 Pourquoi aimes-tu ça?		
C Les livres		
1 Qu'est-ce que tu as lu récemment?		
2 C'est quel genre de livre?		
3 Qui est le personnage principal? Qui sont les personnages principaux?		
4 Tu as aimé? Pourquoi?		
6 Quel est ton livre préféré?		
7 C'est quel genre de livre?		
8 Pourquoi aimes-tu ça?		
D Les magazines		
1 Qu'est-ce que tu as lu récemment comme magazine?		
2 C'est quel genre de magazine?		
3 Tu as aimé? Pourquoi?		
4 Quel est ton magazine préféré?		
5 C'est quel genre de magazine?		
6 Pourquoi aimes-tu ça?		

Alibis

Lis l'article.

Provence-Soir – le journal de votre région

Vol au Café de la Poste – au centre du drame: un perroquet!

Hier soir, au Café de la Poste à Orange, un vol mystérieux! Le café était plein de monde toute la soirée, jusqu'à une heure du matin. Malgré cela, quelqu'un a réussi à descendre dans la cave, couper l'alarme et ouvrir le coffre-fort. Il est parti avec 50 000 euros, deux bouteilles de whisky et, chose vraiment extraordinaire, avec Jacquot, le perroquet du café!

On sait l'heure exacte du vol, parce que quand le cambrioleur a coupé l'alarme, la pendule électrique dans la cave s'est arrêtée. On sait aussi qu'après le vol, le cambrioleur est entré dans l'immeuble en face du café, parce que le perroquet s'est échappé par une des fenêtres de cet immeuble et s'est envolé avec beaucoup de bruit. Beaucoup de gens se sont réveillés, en entendant les cris du perroquet.

On a tout de suite averti M. Dublanc, le patron du café, qui est descendu dans la cave et a découvert le vol.

Interviewé par notre reporter, M. Dublanc a dit que le perroquet est très intelligent et apprend très vite les mots qu'il entend. C'est peut-être pour cette raison que le voleur l'a pris!

La police est en train d'interviewer tous les habitants de l'immeuble, surtout ceux qui étaient au Café de la Poste hier soir.

s'échapper = *to escape*
s'endormir = *to fall asleep*
s'envoler = *to fly away*

La police a découvert que cinq habitants des appartements de l'immeuble étaient au café hier soir, donc l'un d'entre eux est le voleur/la voleuse.
Lis le témoignage de ces cinq personnes. Pour chaque personne, fais un petit résumé comme ci-dessous:

- Il/Elle est arrivé(e) au café à huit heures.
- Il/Elle a quitté le café à ...
- Il/Elle s'est couché(e) à ...
- Il/Elle s'est réveillé(e) à ...
- Donc il/elle peut/ne peut pas être le voleur/la voleuse.

Puis décide qui, à ton avis, est le voleur/la voleuse.
Deux choses importantes à savoir:

1. L'heure à la pendule est minuit moins dix.
2. Le perroquet s'est échappé à une heure cinq.

 *Ensuite, écoute pour vérifier si ta décision est correcte.*

Louis-Mathieu Blocquet

Hier soir à huit heures, je suis allé au Café de la Poste pour faire une partie de cartes avec mes trois amis. Nous avons gagné la partie, René et moi, donc on a bu quelques bouteilles de vin rouge et je suis rentré chez moi à onze heures et demie. Je me suis couché immédiatement et je me suis endormi tout de suite. Je n'ai rien vu ni entendu de spécial, à cause du vin, peut-être!

Estelle Levoisin

Hier, c'était mon anniversaire, donc je suis allée au Café de la Poste et mon petit ami m'a payé un verre de champagne. Nous avons quitté le café vers neuf heures et nous sommes allés en ville dans une discothèque. Je suis rentrée à la maison vers minuit et je me suis couchée tout de suite, mais à une heure cinq, je me suis réveillée à cause d'un bruit soudain. Il paraît que le perroquet s'est échappé, mais je ne l'ai pas vu.

Georges Saintânoux

Ça alors! Bien sûr, j'étais au café hier soir: je suis là tous les soirs! Je suis arrivé vers six heures et j'étais là quand on a découvert le vol. Puis je suis rentré à la maison, mais avec la police et tout ça, je ne me suis pas couché avant trois heures du matin et je me suis réveillé ce matin à sept heures. Ça alors! Quelle nuit!

Marie-Joséphine Napoléon

J'étais très fatiguée hier soir, donc j'ai passé presque toute la soirée ici, dans mon appartement. Cependant, comme je m'ennuyais beaucoup et que personne n'a téléphoné, vers onze heures et quart, je me suis habillée et je suis allée prendre un verre au café. Je suis rentrée à la maison vers minuit et quart et je me suis couchée tout de suite. Plus tard, vers une heure, je me suis réveillée, car j'ai entendu Jacquot. Mon Dieu, tout le monde l'a entendu, il a fait un bruit incroyable!

René Lézy

Je suis arrivé au café vers huit heures, car c'était notre partie hier soir. J'ai joué avec Louis-Mathieu contre Jean-Jacques et son cousin Marius, qui habitent à Avignon. Louis-Mathieu et moi, nous avons gagné, et tout le monde a bu du vin rouge pour célébrer ça. On a quitté le café vers onze heures et demie. Je ne me suis pas couché tout de suite parce que j'ai regardé la télé avec ma femme. Nous avons entendu le perroquet un peu après une heure, mais ma femme dit qu'elle l'a aussi entendu vers minuit.

Écoute et parle

1 Les sons français

a Les voyelles

French spellings	Equivalent sound in English	Examples
i, î, y (alone or before some consonants – not m or n)	**ee** as in f**ee**t	**i**c**i**, **î**le, **i**l **y** a
i or **y** (before a vowel)	**y** as in **y**es	p**i**ano, **y**eux, l**i**eu

Écoute, répète et écris la bonne lettre.

a dîner
b idée
c milieu
d lion
e terrible
f yaourt

1 ......, **2** ......, **3** ......, **4** ......, **5** ......, **6** ......

b Les consonnes

French spellings	Equivalent sound in English	Examples
h is not pronounced	silent	**h**omme, **h**ockey, **h**ôtel
r	pronounced differently from English	**r**aisin, **r**ègle, ouv**rir**

Écoute, répète et écris la bonne lettre.

1 ......, **2** ......, **3** ......, **4** ......, **5** ......, **6** ......

a hamster
b heureux
c hôpital
d régulièrement
e rentrer
f rue

c Des phrases ridicules

Écoute, répète et complète les phrases.

1 Il rit s'il y a des _ _ _ _ _ _ qui dînent au cybercafé sur l'île.
2 Heureusement, les huit héros du _ _ _ _ _ _ habitent un hôtel au Havre.
3 Richard, dans une rage, refuse de rendre le _ _ _ rouge.

2 Et après?

Écoute le numéro et dis et écris le numéro qui suit.

Exemple: ..12.., ..., ..., ..., ..., ..., ..., ...

3 Des difficultés de langue

Écoute et complète les phrases.

1 Qu'est-ce que c'est en _ _ _ _ _ _ _ _?
2 Pouvez-vous répéter la _ _ _ _ _ _ _ _ _, s'il vous plaît?
3 Je n'ai pas compris ce _ _ _.
4 Est-ce que vous pouvez _ _ _ _ _ _ _ plus lentement?
5 Votre _ _ _, comment ça s'écrit?
6 '_ _ _ _ _ _ _ _', c'est masculin ou féminin?
7 '_ _ _ _ _ _', qu'est-ce que ça veut dire?
8 Comment dit-on '*printer*' en _ _ _ _ _ _ _ _ _?

4 Des conversations

Écoute les questions et réponds comme indiqué, puis écoute pour vérifier.

1 Mes loisirs

– Qu'est-ce que tu fais comme loisirs?
–  Say it's fun.
– Tu fais ça souvent?
– on Thursdays
– Tu aimes la musique? Tu joues d'un instrument?
– ✔ 

2 À l'école primaire

– Qu'est-ce que tu faisais comme sport à l'école primaire?
–  
– Qu'est-ce que tu mangeais normalement, à midi?
–  
– Quelle était ta matière préférée?
–  

3 Le cinéma

– Tu aimes les films?
– **✔ + comedies + detective films**
– Tu es allé au cinéma récemment?
– Say you went last week and saw a cartoon.
– Qu'est-ce que tu en as pensé?
– Say it was very funny.

Tu comprends?

1 Mes loisirs

Écoute les phrases et coche (✓) deux cases à chaque fois.

activité:	1	2	3	4	5	6	7	8
(vélo)								
(CD)								
(rugby)								
(photo)	Ex. ✓							
(ordinateur)								
(guitare)								
(danse)								
(cinéma)								
quand:								
tous les jours								
trois fois par semaine								
chaque mardi soir								
tous les mercredis								
deux fois par mois	✓							
une fois par an								
régulièrement								
souvent								

2 Mon adolescence

Une grand-mère parle de son adolescence. Écoute la description et choisis la bonne réponse à chaque question.
Exemple: 1 ***b***

1 À l'âge de 14 ans, que faisais-tu?
- a ☐ J'étais à l'école.
- b ☐ Je travaillais.
- c ☐ Je ne sais pas.

2 À quel âge est-ce qu'on quittait l'école au village, normalement?
- a ☐ À l'âge de 13 ou 14 ans.
- b ☐ À l'âge de 14 ou 15 ans.
- c ☐ À l'âge de 15 ou 16 ans.

3 Où est-ce que tu travaillais?
- a ☐ Dans une petite maison.
- b ☐ Dans la boucherie du village.
- c ☐ À la ferme de mon oncle.

4 Que faisais-tu le mercredi et le samedi?
- a ☐ J'allais au marché.
- b ☐ J'allais à l'école à pied.
- c ☐ Je mangeais des œufs.

5 Que faisais-tu le soir en hiver?
- a ☐ On regardait la télé ensemble.
- b ☐ On écoutait la radio ou des disques.
- c ☐ On jouait à l'ordinateur.

6 Qu'est-ce que tu lisais à cette époque?
- a ☐ Des bandes dessinées.
- b ☐ Des romans policiers.
- c ☐ Des magazines pour les jeunes filles.

7 Qu'est-ce qu'on faisait en été?
- a ☐ On allait en vacances.
- b ☐ On discutait des voisins.
- c ☐ On se promenait.

8 Qu'est-ce qu'on faisait les jours de fête?
- a ☐ Nous allions à la fête foraine en ville.
- b ☐ Nous mangions un grand repas chez nous.
- c ☐ Nous allions au cinéma en ville.

3 La science, ça m'intéresse

Devine les mots qui manquent. Puis écoute les questions et les réponses pour vérifier. **Exemple: 1 d** ***grand***

a dure **b** énormes **c** féroce **d** grand **e** grande **f** grande **g** lente **h** longue **i** longues **j** petit **k** précieuse **l** végétarien

Les réponses à vos questions sur ...

les dinosaures
- À 15 mètres, le Brachiosaurus était le plus (**1**) .... dinosaure. Cependant, il était (**2**) ....
- Le célèbre Tyrannosaurus Rex était le plus (**3**) .... des dinosaures carnivores.
- Il était haut de 4 mètres, beaucoup plus (**4**) .... que le Brachiosaurus, mais il avait des dents de 15 centimètres.
- Il ne pouvait pas parcourir de (**5**) .... distances.

les substances
- La substance la plus (**6**) .... de notre planète, c'est le diamant.
- C'est une pierre (**7**) .... et c'est une forme de carbone.
- On a besoin d'un diamant pour couper un autre diamant.

les forêts
- La forêt d'Amazonie est la plus (**8**) .... forêt du monde.
- Elle produit d'(**9**) .... quantités d'oxygène, mais la plus (**10**) .... partie de l'oxygène produit est réutilisée dans la forêt même.

les planètes
- La planète Vénus fait une rotation très (**11**) .... sur elle-même en 243 jours – ça, c'est une journée. Elle tourne dans le sens qui va de l'est vers l'ouest.
- Il faut 225 jours pour faire une révolution autour du soleil – et ça, c'est une année.
- Donc sa journée est plus (**12**) .... que son année.

Sommaire

Complète le sommaire avec des mots anglais.

1 Talking about leisure activities

je joue au rugby	I play rugby
à l'ordinateur	....
de la guitare	the guitar
je regarde des films	I watch films
un feuilleton	....
des vidéos	videos
je fais du sport	I do sport
du théâtre	drama
de la photo	photography
je m'entraîne	I train
je danse	....
je participe à (un spectacle)	I take part in (a show)

2 Giving opinions of leisure activities

j'aime/j'adore	I like/I love
ça me passionne	I'm really interested in that
ça m'intéresse	I'm .... in that
un peu	a bit
beaucoup	....
énormément	greatly
c'est assez bien/pas mal	it's quite good/not bad
ça ne m'intéresse (absolument) pas	I'm not (at all) interested in that
ça ne m'intéresse pas du tout	I'm not at all interested in that
j'ai horreur de ça	I hate that
c'était fantastique	it was ....
super	super
sympa	nice
c'est (ce n'est pas) rigolo/ amusant	it's (not) fun/enjoyable
c'est dur	it's hard
très varié	very varied
intéressant	interesting
ennuyeux/barbant/ casse-pieds	....
nul	rubbish
sensas/génial/excellent/ chouette	great
passionnant	....

3 Using the comparative and superlative

aussi populaire(s) que	as .... as
plus important(e)(s) que	more important than
moins cher(s)/chère(s) que	cheaper than (less expensive)
le/la/les plus grand(e)(s)	the biggest
le/la/les meilleur(e)(s)	the best

4 Recognising and use time clues

régulièrement	....
tous les jours	every day
tous les lundis/mardis	every Monday/Tuesday
souvent	often
toujours	always
chaque samedi	every Saturday
semaine	week
mois	month
année	year
une/deux fois par semaine	once/twice a ....
le samedi matin	on Saturday mornings
après-midi	afternoons
soir	evenings

5 Using the imperfect tense

(see pages 37 and 38)

quand j'étais plus jeune ...	when I was ....
il y avait	there used to be, there were
c'était ennuyeux	it .... boring

6 Comparing past and present

(see also **Vocabulaire par thèmes**, page 163)

maintenant	....
autrefois	in the past
mais	but
cependant/pourtant	....
par contre/d'autre part/ en revanche	on the other hand
tandis que/alors que	whereas, whilst
quand j'étais petit(e)	when I was young
quand j'avais 5 ans	when I was 5

7 say what you think of TV, cinema and books

j'ai (bien) aimé ...	I (quite) ....
je n'ai pas tellement aimé ...	I didn't particularly like ...
j'ai préféré ...	I preferred ... / I ....
j'ai détesté ...	I hated ...
c'était/ce n'était pas ...	it was/it wasn't
super	super
top	great
génial	brilliant
passionnant	exciting
bien	good
ennuyeux	boring
nul	rubbish
de mon goût	to my taste
le personnage principal	the main ....
sympa	nice
égoïste	selfish
(complètement) fou	(absolutely) mad
idiot	stupid

8 Understanding descriptions of TV programmes and films

(see also **Vocabulaire par thèmes**, page 166)

Presse-Jeunesse 3

Les sports de neige (page 46)

1 Tu as bien compris?

Read the text and answer the questions ***in English****.*

1 In which country were ancient cave carvings found that suggested that skiing was used thousands of years ago?
....
2 How many ski poles were used then? ....
3 What is the original meaning of the word 'ski'?
....
4 What prompted the development of skiing as a modern, recreational sport?
....
5 Where were the first ski resorts in North America?
....
6 What is sometimes done if there is not enough snow?
....
7 When did snowboarding start?
....
8 Which other sports influenced it?
....
9 Why did some sports shops refuse to sell snowboards at first? ....
10 When did snowboarding become an Olympic sport?
....

2 Les mots en famille

Use the words you already know to help you guess the meanings of new words.

	français	anglais
1	une planche	....
	une planche à dessin	....
	une planche à repasser	....
	le plancher	....
2	un saut	....
	le saut en longueur	....
	le saut en hauteur	....
	sauter	....
3	fabriquer	....
	une fabrique	....
4	la poudre	....
	la (neige) poudreuse	....
	le lait en poudre	....

Deux peintres impressionnistes (page 47)

1 Français–anglais

Complète la liste.

	français	anglais
Ex.	une peinture	*a painting*
1	une nature morte	....
2	....	*a picture*
3	un paysage	....
4	....	*a painter*
5	en ce temps-là	....
6	en plein air	....

2 Des phrases

Lis le texte et trouve les paires. **Exemple: 1** *a*

1 Les Impressionnistes
2 Cézanne était
3 Claude Monet se levait
4 La maison de Monet est à
5 Monet avait
6 Cézanne habitait
7 Le père de Cézanne

a étaient des peintres.
b très tôt le matin.
c un grand jardin.
d Giverny.
e n'était pas pauvre.
f assez timide.
g à Aix-en-Provence.

3 Monet ou Cézanne?

Lis les phrases et décide si on parle de Monet (M) ou de Cézanne (C).

1	Il est né à Paris, mais il a passé beaucoup d'années à Giverny, en Normandie.	
2	Il a passé quelques années à Paris, mais il a passé la plupart de sa vie en Provence.	
3	Il aimait faire des peintures de fruits et de légumes.	
4	Il aimait beaucoup peindre des fleurs et il faisait, lui-même, beaucoup de jardinage.	
5	Vers la fin de sa vie, il était assez riche parce qu'il a vendu beaucoup de tableaux.	
6	Son père était assez riche, mais, lui, il n'a pas vendu beaucoup de tableaux pendant sa vie.	
7	Il s'intéressait beaucoup à une montagne près de sa maison et il en a fait beaucoup de peintures.	
8	Souvent, il se levait tôt et il s'installait dans son jardin pour peindre.	

Des Français célèbres (page 46)

1 Trouve les mots

Dans le texte, trouve ...
4 métiers
3 villes
2 boissons
1 moyen de transport

2 Ça porte leur nom

1 L'écriture en relief pour les personnes aveugles s'appelle le ....
2 La stérilisation d'une boisson (lait, bière, etc.) par l'échauffement (autour de 80°), puis le refroidissement rapide s'appelle la ....isation.

3 Chaud et froid

Devine le sens de ces mots.
1 le chauffage central
2 l'échauffement
3 un chauffe-eau
4 refroidir
5 le refroidissement

3/11

A Les loisirs

On parle de quel loisir? Pour chaque personne, choisis la bonne image.

Ex. C 1 ☐ 2 ☐ 3 ☐ 4 ☐ 5 ☐ 6 ☐

A B C D E F G H I J

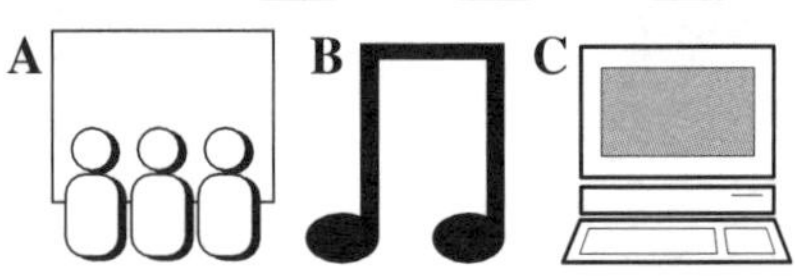

B Le passé ou le présent?

Marise a déménagé. Elle habitait en Angleterre, mais maintenant, elle habite en France.
Complète la grille en français. À chaque fois, choisis une expression dans la case.

3h30 5h beaucoup neige une heure longue mauvais intéressante ennuyeuse beau sympa deux ou trois trois heures

	En Angleterre	En France
Ex. fin des classes	*3h30*	*5h*
1 temps		
2 devoirs		
3 amis		
4 télévision		

C On compare

Écoute les conversations. Pour chaque conversation, choisis la bonne réponse.

		A	B	C
Ex.	Le fleuve le plus long est …	☐ la Seine.	☐ la Garonne.	✔ la Loire.
1	Le garçon le plus beau est …	☐ Luc.	☐ Frédéric.	☐ Paul.
2	La ville la plus grande après Paris est …	☐ Lyon.	☐ Bordeaux.	☐ Grenoble.
3	Le supermarché le moins cher est …	☐ Casino.	☐ Leclerc.	☐ Auchan.
4	Le sport le plus intéressant est …	☐ le basket.	☐ le golf.	☐ le tennis.
5	La fille la plus mignonne est …	☐ Marie.	☐ Jeanne.	☐ Laure.
6	Le film le plus populaire est …	☐ *Shrek.*	☐ *Harry Potter.*	☐ *Le Seigneur des anneaux.*

D Les films

Some young people are talking about films they have seen. Listen to the conversation, and answer the questions **in English**.

1 Why did Julien not enjoy *Amélie*? ....

....

2 What did Lucie think of it? ....

....

3 Why did she like *Le Seigneur des anneaux*? ....

....

4 Why will Julien probably go to see this film? ....

....

5 Why has Lucie not already seen *Harry Potter*? ....

....

Total:

Carte A

A Les loisirs

You are talking to a young French person about your leisure activities. Your teacher or another person will play the part of the French person and will speak first.

1 Say you like music.

2 Say what instrument you play.

3 Ask if your friend likes sport.

4 Say what your favourite sport is.

Carte B

A Les loisirs

Tu parles avec un(e) jeune Français(e). Moi, je suis le/la jeune Français(e).

1 Quel est ton passe-temps préféré?

2 Tu joues d'un instrument?

3 Ah bon.

4 Oui, j'aime tous les sports.

5 Moi aussi.

Carte A

B Les films et les livres

[When you see this – ! – you will have to respond to a question you have not prepared.]

You are talking to a young French person about the films and books you like. Your teacher or another person will play the part of the French person and will speak first.

1 Genre de film

2 Film récent

3 Opinion et raison

4 !

Carte B

B Les films et les livres

Tu parles avec un(e) jeune Français(e). Moi, je suis le/la jeune Français(e).

1 Tu aimes les films?

2 Tu es allé(e) au cinéma récemment?

3 Qu'est-ce que tu en as pensé? Pourquoi?

4 Qu'est-ce que tu aimes lire?

5 Moi aussi.

/25

ÉPREUVE 3 **Lire (1)** 3/13

A Les films et les livres

Read the following reviews, then choose the correct English definition from the box.

Ex. Je l'ai lu quand j'avais neuf ans, et j'ai adoré les images. C'était vraiment très amusant.

1 Je l'ai vu à la télé la semaine dernière, mais je ne l'ai pas aimé. Je préfère les films en couleurs.

2 Il y avait beaucoup de chansons supers, et le chanteur avait une très belle voix.

3 Ils sont allés sur une autre planète, où ils ont rencontré des extraterrestres.

4 Oh, c'était vraiment excellent. Je l'ai trouvé très drôle.

5 Les personnages sont tombés amoureux, et à la fin, ils se sont mariés.

6 Tout était filmé sous la mer – il y avait des poissons et des plantes extraordinaires.

A a musical **B** an adventure film **C** a cartoon book **D** a black and white film **E** a love story
F a comedy **G** a nature film **H** a science-fiction book

Ex. [C] **1** [ ] **2** [ ] **3** [ ] **4** [ ] **5** [ ] **6** [ ]

6

B Un joueur de football

Lis la description et coche les phrases qui sont vraies.

Youssef Mahmoud a commencé à jouer au foot à l'âge de trois ans, avec ses quatre frères aînés, dans la rue devant leur appartement, dans un quartier pauvre de Marseille. Mais il savait que, pour lui, le foot était plus qu'un passe-temps et il s'entraînait tout le temps. Il a joué pour son école, puis pour son collège, qui est devenu champion de Marseille. Il est devenu une des stars de l'Olympique de Marseille et il a fait partie de l'équipe marseillaise qui a gagné le championnat de France. Il a maintenant une seule ambition – de jouer pour l'équipe nationale.

1	Youssef jouait au football quand il était petit.	Ex. ✔
2	Il était le plus jeune de cinq garçons.	
3	Ses parents n'étaient pas très riches.	
4	Pour Youssef, le foot était seulement un jeu.	
5	Il passait des heures à s'entraîner.	
6	Il habite toujours la même ville.	
7	Il a eu beaucoup de succès comme footballeur.	
8	Il a déjà joué pour l'équipe de France.	

5

C Les loisirs

Lis ces lettres.

La danse

Moi, je fais de la danse. J'ai commencé quand j'avais trois ans, et quand j'étais petite, j'adorais ça, car toutes mes copines étaient là, et on s'amusait bien. Maintenant, elles ont trouvé des passe-temps différents, mais moi, je continue à faire ça tous les mardis. Ça va, mais j'ai d'autres loisirs que je préfère.

Le ski

L'année dernière, j'ai commencé à faire du ski. D'abord, je l'ai trouvé très difficile, mais après deux semaines, je voulais rester sur la piste toute la journée. Alors maintenant, le samedi ou le dimanche, je vais à une piste artificielle, où je passe trois heures à m'entraîner.

Le piano

Je joue du piano et j'ai des leçons lundi et jeudi après le collège. Moi, ça ne m'intéresse pas du tout, mais ma mère insiste – elle dit que c'est important de savoir jouer d'un instrument. Moi, je suis d'accord, mais je voudrais jouer de la guitare!

Le théâtre

J'ai commencé à faire du théâtre quand j'avais huit ans et j'ai adoré ça. Évidemment, il n'y a pas beaucoup de rôles pour un enfant de mon âge, mais dans notre village, on présente un spectacle tous les mois de juin et bien sûr, j'y participe, car je voudrais être actrice plus tard.

La photographie

Mes parents m'ont donné un appareil-photo quand j'avais sept ans, et au début, je prenais des photos de tout – au collège, à la maison, en vacances. Mais maintenant, je trouve ça casse-pieds quand on me demande de prendre une photo, alors je ne le fais pas souvent.

Pour chaque lettre, complète la grille **en français**. Dans la deuxième colonne, encercle la bonne expression. Dans la troisième colonne, écris la bonne expression de la case.

tous les jours rarement le week-end une fois par an chaque samedi tous les soirs une fois par semaine deux fois par semaine

	Opinion	Quand
La danse **Ex.**	super (comme ci comme ça) nul	
Le ski	super comme ci comme ça nul	
Le piano	super comme ci comme ça nul	
Le théâtre	super comme ci comme ça nul	
La photographie	super comme ci comme ça nul	

/9

D On fait la comparaison

Lis cet article où un grand-père parle du passé.

Mon fils, il fait la semaine de trente-cinq heures. Moi, je travaillais huit heures par jour, du lundi au samedi – et il n'y avait même pas de bus; je faisais dix kilomètres à vélo pour arriver au travail, et dix kilomètres pour rentrer le soir. Mon fils va au travail en voiture! Puis après le travail, je prenais mon dîner et je me couchais. On n'avait pas la télévision, et en tout cas j'étais bien trop fatigué pour ça. Mais on s'amusait quand même. Le dimanche, toute la famille mangeait ensemble, puis, s'il faisait beau, on faisait une longue promenade. En hiver, on s'asseyait autour du piano et on chantait. J'ai un petit-fils de sept ans qui a des jeux électroniques, des cassettes vidéos – il a tout, quoi – et il dit souvent 'C'est barbant; je m'ennuie'. Nous, on ne s'ennuyait jamais.

Remplis les blancs dans les phrases suivantes. Utilise les mots dans la case.

à pied en voiture s'ennuie s'ennuyait six jours trente-cinq heures est fatigué était fatigué s'amuse s'amusait

1 Le grand-père travaillait .... par semaine.

2 Il n'allait pas au travail ....

3 Après le travail, le grand-père ....

4 Le dimanche, toute la famille ....

5 Son petit-fils .... souvent.

/5

Total: /25

ÉPREUVE 3 **Écrire**

3/15

A On fait la comparaison

Complète ces comparaisons.

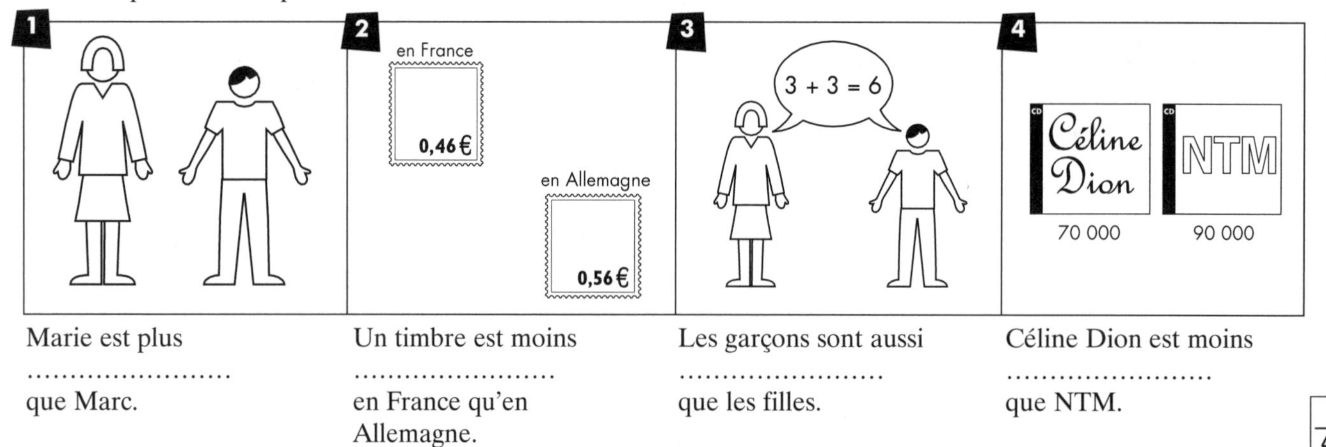

1	2	3	4
Marie est plus .... que Marc.	Un timbre est moins .... en France qu'en Allemagne.	Les garçons sont aussi .... que les filles.	Céline Dion est moins .... que NTM.

/4

B Il/Elle est célèbre

Complète **en français** ces trois phrases sur une star imaginaire.

1 Quand elle avait six ans, il/elle ....

....

2 Quand elle avait treize ans, il/elle ....

....

3 Maintenant, il/elle ....

....

/6

C Des verbes

In the following sentences, complete the verb using the imperfect tense.

1 Après le dîner, vous .... vos devoirs. (finir)

2 À l'âge de sept ans, elle .... à la musique. (s'intéresser)

3 Au Sénégal, il .... beau tous les jours. (faire)

4 Nous .... toujours une glace après le repas. (manger)

5 À l'âge de deux ans, mes sœurs .... mignonnes. (être)

6 Quand j'étais petite, j'.. les cheveux longs. (avoir)

/6

D Le cinéma

Écris trois phrases sur une visite récente au cinéma.

Mentionne: – le titre du film

– un autre détail du film

– ton opinion.

....

....

....

....

....

....

/9

Total: /25

Au collège

1 Un acrostiche

1 En septembre, c'est la ... et la nouvelle année scolaire commence. (7)
2 Mon collège est dans un ... moderne. (8)
3 Nous faisons de la natation dans la ... du collège. (7)
4 Dans la ..., il y a des livres, des magazines et des ordinateurs connectés à l'Internet. (12)
5 On fait les sciences dans le ... (11)
6 Ma ... préférée est le dessin. (7)
7 Chaque soir, nous avons des ... à faire à la maison. (7)
8 Pendant la récréation, nous sortons dans la ... (4)
9 À midi, je déjeune à la ... (7)
10 On joue au volley sur le ... de sports. (7)
11 Pour la gymnastique, nous allons dans le ... (7)
12 Le nouveau ... de technologie est très sympa et il explique bien les choses. (10)
13 Cette année, nous avons ... le samedi, mais pas le mercredi. (5)
14 Je note tous les cours de la semaine sur mon ... (6,2,5)

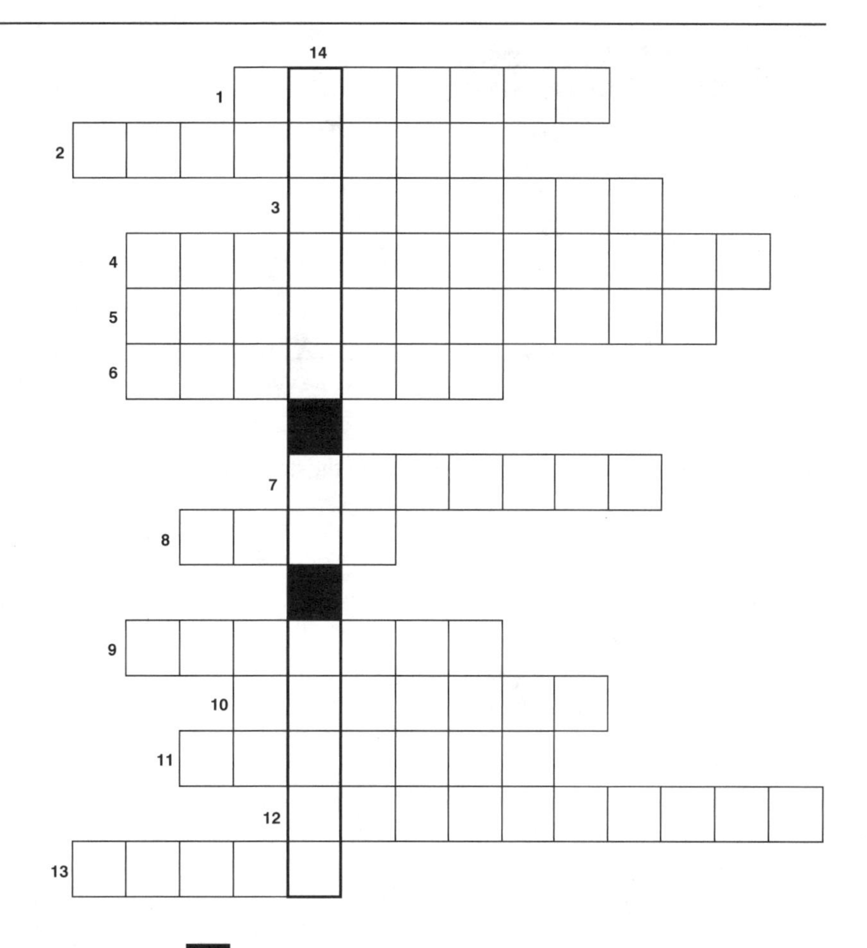

2 Un jeu de définitions

C'est quelle matière?

Exemple: 1 c ***la biologie***

1 Cette année, on étudie le corps humain.
2 On étudie l'époque de 1914 à nos jours.
3 On fait de la gym, de la natation, de l'athlétisme et des sports d'équipe, comme le hockey.
4 On étudie l'électricité et le magnétisme et on fait des expériences.
5 Cette année, on étudie la France, les États-Unis et la Russie.
6 On fait des expériences et on étudie des réactions.
7 On fait du calcul, de la géométrie et des équations.
8 On apprend le vocabulaire et la grammaire d'une culture différente.
9 On apprend à utiliser les ordinateurs.
10 On étudie des pièces et on fait du théâtre.

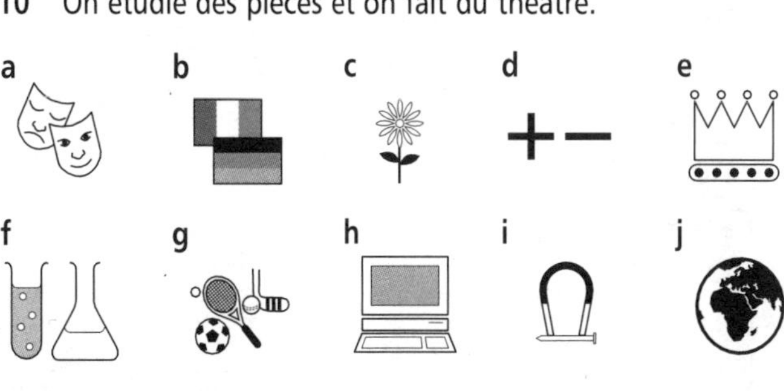

3 En classe

Trouve:

- *4 choses qui commencent par la lettre C*
- *3 choses qui commencent par la lettre T*
- *2 choses qui commencent par la lettre S*
- *1 chose qui commence par la lettre R*

Mais, non!

DOSSIER-LANGUE

Si is used to mean **yes** in reply to a question in the negative.

Pas encore means **not yet**.

1 Mots croisés

Horizontalement

1 Tout le monde est parti. Il n'y a ... ici. (8)
5 J'ai ... sœur, mais je n'ai pas de frères. (3)
6 ... n'ai pas encore fini l'exercise. (2)
8 Aujourd'hui, c'est dimanche, alors je ... vais pas au collège. (2)
9 Martin n'est pas à la maison. Il fait de la ... à la piscine. (8)
10 – Es-tu déjà allé à Paris?
– Non, je n'y suis ... allé. (6)
13 C'est bien, je n' ... pas de devoirs, ce soir. (2)
14 J'aime les animaux, mais nous n'avons ... d'animal à la maison. (3)
15 – Tu n'aimes pas le sport?
– Mais ..., j'aime le sport, surtout le volley. (2)
16 – Tu connais cette région?
– Non, pas ... tout. Je ne l'ai jamais visité. (2)
17 ... as de l'argent, toi? Moi, je n'en ai plus beaucoup. (2)
19 – Est-ce qu'il y a ... disquettes dans la boîte?
– Non, il n'y a rien dans la boîte. (3)
20 – Tu as fini de ranger ta chambre?
– Non, pas ... (6)

Verticalement

1 Je ne sors ... avec Julien. Je sors avec Thomas maintenant. (4)
2 – Tu habites dans un village, n'est-ce pas? C'est bien?
– Non, il n'y a ... à faire. (4)
3 Tu n'... pas encore prêt? Mais qu'est-ce que tu fais? (2)
4 Si on allait au cinéma? Il n'y a ... à la télé ce soir. (4)
6 – Tu as déjà fait du ski?
– Non, ..., mais je veux bien en faire un jour. (6)
7 Moi, je n'aime pas la campagne ... toi, tu n'aimes pas la ville. (2)
8 Que penses-tu, oui ou ...? (3)
10 Mon frère peut se coucher à 10 heures et moi, je dois me coucher à 9h30. Ce n'est pas .... (5)
11 ... mère dit que c'est parce que je suis plus jeune que lui. (2)
12 – Encore de la viande?
– Non, merci, je n'en veux .... (4)
14 – Tu aimes les jeux vidéo?
– Ah non! Je n'aime ... ça! (3)
16 Je regrette, mais je n'ai pas ... livre. (2)
18 Nous avons ... ordinateur, mais il ne marche pas bien. (2)
19 Il faut aller au supermarché. Il n'y a plus ... lait. (2)

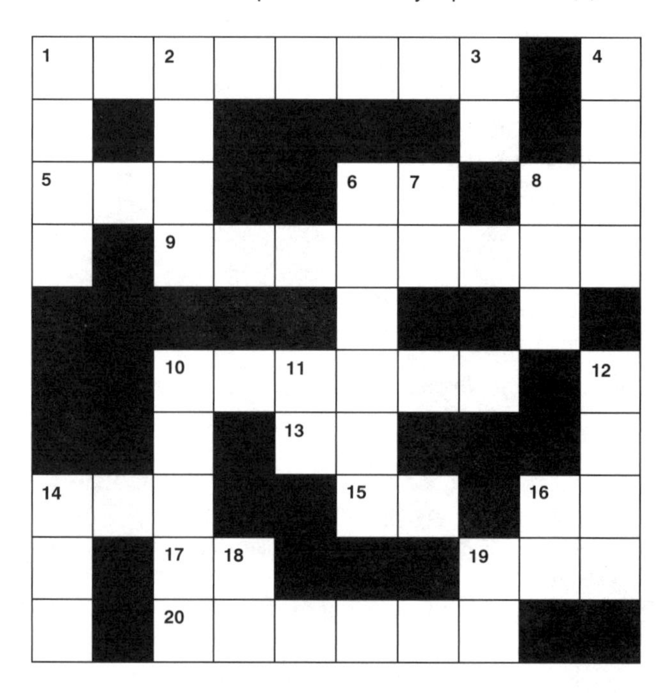

2 Des phrases brouillées

Mets les mots dans l'ordre pour faire des phrases complètes.
Exemple: 1 *Il n'y a plus de chocolat.*

1 [de] [plus] [Il n'y a] [chocolat].
2 [d'intéressant] [à la] [rien] [télé] [Il n'y a].
3 [J'ai] [mais] [personne] [téléphoné,] [il n'y a] [à la maison].
4 [Ils] [à la] [vont] [jamais] [piscine] [ne].
5 [savent] [pas] [Ils] [ne] [nager].
6 [Ce] [je] [ne] [mange] [matin,] [suis] [je] [rien] [malade] [parce que].

Encore Tricolore 3

UNITÉ 4 **4/3a**

Une semaine de vacances 

a *Complète l'agenda avec une activité différente pour chaque jour, mais laisse deux jours libres. Voici des idées d'activités:*

b *Travaillez à deux. Posez des questions pour découvrir le programme de l'autre et notez les détails sur la fiche. Avez-vous un jour de libre en commun?*

- Qu'est-ce que tu vas faire lundi prochain?
- Je vais ***jouer au tennis***.
- Et mardi prochain?
- Mardi prochain, ***je suis libre***.

Exemple:	Moi	Nom:
lun.		*jouer au tennis*
mar.		*libre*

	Moi	Nom:
lun.		
mar.		
mer.		
jeu.		
ven.		
sam.		
dim.		

Encore Tricolore 3

UNITÉ 4 **4/3b**

Une semaine de vacances 

a *Complète l'agenda avec une activité différente pour chaque jour, mais laisse deux jours libres. Voici des idées d'activités:*

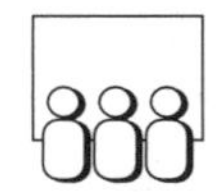

b *Travaillez à deux. Posez des questions pour découvrir le programme de l'autre et notez les détails sur la fiche. Avez-vous un jour de libre en commun?*

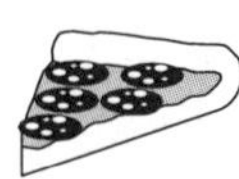

- Qu'est-ce que tu vas faire lundi prochain?
- Je vais ***jouer au tennis***.
- Et mardi prochain?
- Mardi prochain, ***je suis libre***.

Exemple:	Moi	Nom:
lun.		*jouer au tennis*
mar.		*libre*

	Moi	Nom:
lun.		
mar.		
mer.		
jeu.		
ven.		
sam.		
dim.		

Deux verbes dans une phrase

1 Des questions

Lis les questions et souligne les infinitifs.

Exemple: 1 *Qu'est-ce qu'on peut apprendre comme langues au collège?*

1 Qu'est-ce qu'on peut apprendre comme langues au collège?
2 Que penses-tu faire comme options, l'année prochaine?
3 Est-ce que tu sais nager?
4 Qu'est-ce que tu aimes porter comme vêtements, le week-end?
5 Est-ce que tes amis préfèrent jouer aux cartes ou jouer aux jeux vidéo?
6 Où est-ce que tu veux passer tes vacances cette année?
7 Quand est-ce que tu espères voir ton correspondant?
8 Qu'est-ce que tu détestes faire comme travail à la maison?

2 Des réponses

a Complète les réponses avec le bon infinitif.
b Trouve la bonne réponse pour chaque question de l'activité 1.

Exemple: 1 *d*

a Oui, je sais .... (*to swim*)
b Je déteste .... ma chambre. (*to tidy*)
c Ils préfèrent .... aux jeux vidéo. (*to play*)
d On peut .... le français, l'allemand et l'espagnol. (*to learn*)
e L'année prochaine, je pense .... dessin et histoire. (*to do*)
f Je veux bien .... en Écosse. (*to go*)
g Le week-end, j'aime .... un jean et un sweat. (*to wear*)
h J'espère le .... à Pâques. (*to see*)

3 Des infinitifs utiles

Complète la liste.

	français	**anglais**
1	aller aux magasins	**Ex.** *to go to the shops*
2	apprendre à jouer d'un instrument	....
3	commencer une nouvelle matière	....
4	faire du sport	....
5	faire la cuisine	....
6	jouer aux échecs	....
7	lire	....
8	mettre la table	....
9	ranger ma chambre	....
10	regarder une vidéo	....
11	surfer sur Internet	....
12	travailler au supermarché	....

4 Et toi?

Complète les phrases avec un verbe à l'infinitif.

1 J'adore ....
2 Je déteste ....
3 Je préfère ....
4 Je ne veux pas ....
5 Je voudrais ....
6 On peut ....
8 Je sais ....
7 On ne peut pas ....

Vouloir, c'est pouvoir

1 Deux acrostiches

a vouloir

1 Est-ce que tes amis … aller à la piscine? (7)
2 Nous … rentrer avant sept heures pour voir le film à la télé. (7)
3 Qu'est-ce que vous … faire aujourd'hui? (6)
4 Je ne … pas me lever de bonne heure. (4)
5 Que … dire ce mot en anglais? (4)

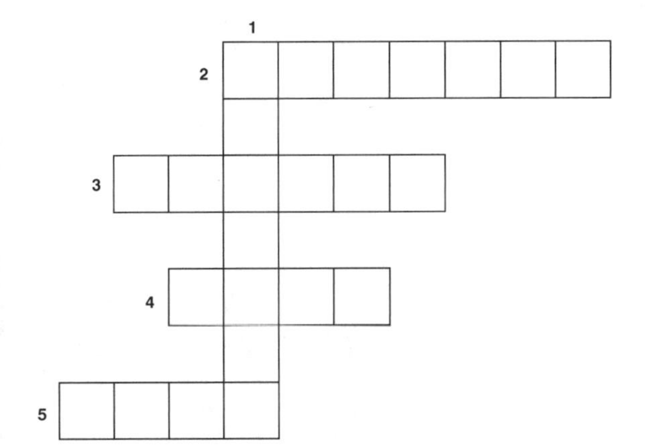

b pouvoir

1 Est-ce que mes amis … venir à la maison? (7)
2 Quand est-ce que vous … jouer au badminton? (6)
3 Est-ce que nous … faire de la cuisine aujourd'hui? (7)
4 Je … vous aider? (4)
5 Qu'est-ce qu'on … faire? (4)

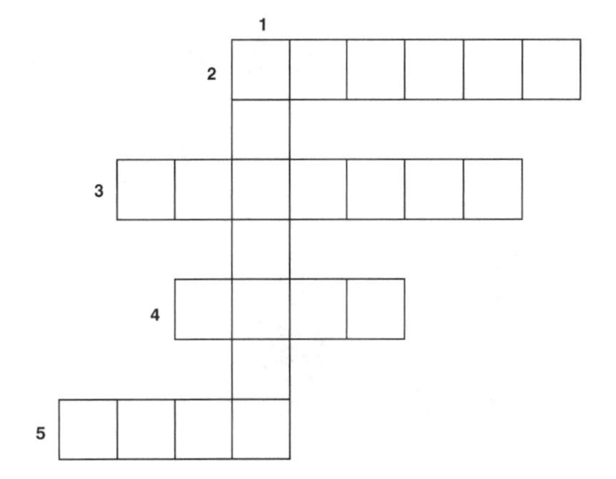

2 En classe

Trouve les paires.

1 Est-ce que je …	a pouvez répéter la question?
2 Est-ce que vous …	b tu parler plus fort?
3 Peux-…	c peut travailler à l'ordinateur?
4 Pouvez-…	d peux avoir un livre?
5 Est-ce qu'on …	e vous épeler ça?

3 Ce soir

Complète les phrases avec la bonne forme de ***vouloir*** *et un infinitif.*

Exemple: 1 ......veux sortir......

1 Ce soir, je ....
....

2 Est-ce que vous ....
....

3 Mon frère ....
....

4 Ma sœur ....
....

5 Mes parents ....
....

6 Nous ....
tous ....

4 Pendant les vacances

Complète les phrases avec la bonne forme de ***pouvoir*** *et un infinitif.*

1 Est-ce que nous ....
....?

2 Est-ce que vous ....
.... demain?

3 Quand est-ce qu'on ....
....?

4 Est-ce que les touristes ....
....?

OUVERT

5 Est-ce que tu ....
.... avec nous?

CINÉMA

6 Où est-ce que je ....
....?

À LOUER

Les métiers

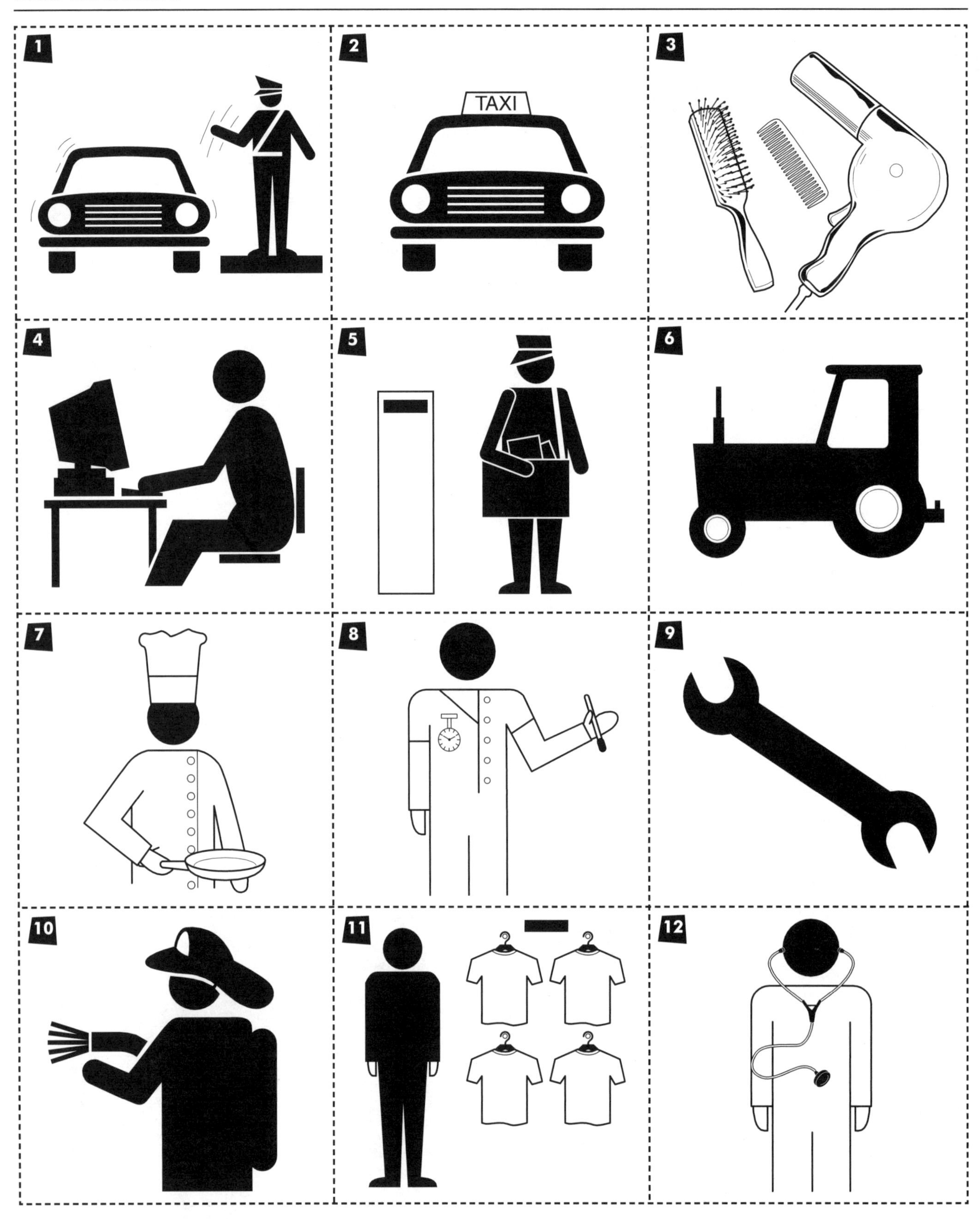

Trouve le bon texte pour chaque image.

Exemple: 1 *f agent de police*

a médecin
b mécanicien(ne)
c facteur(-trice)
d cuisinier(-ière)
e vendeur(-euse)
f agent de police
g chauffeur (de taxi)
h employé(e) de bureau
i fermier(-ière)
j sapeur-pompier
k coiffeur(-euse)
l infirmier(-ière)

On pense au travail

1 Une conversation

Trouve les paires.

1	Quand vas...	a	travailler dans un hôpital.
2	Je ...	b	sais pas encore.
3	Qu'est-ce que tu ...	c	vais le faire l'année prochaine.
4	Je voudrais ...	d	faire plus tard dans la vie?
5	Mon père est ...	e	infirmier.
6	Il ...	f	des études de médecine.
7	Qu'est-ce que tu veux ...	g	veux faire, comme stage?
8	Je ne ...	h	pharmacienne.
9	Ma mère est ...	i	-tu faire ton stage en entreprise?
10	Je vais peut-être faire ...	j	va m'aider à trouver un placement.

2 Des métiers

Complète la grille avec des noms de métiers au masculin.

1 driver (9)
2 cook (9)
3 designer (11)
4 vet (11)
5 lawyer (6)
6 policeman (military) (8)
7 postman (7)
8 doctor (7)
9 nurse (9)
10 farmer (7)
11 sales assistant (7)
12 policeman (civilian) (5,2,6)
13 fire-fighter (6-7)
14 technician (10)
15 chemist (10)
16 waiter (7)
17 mechanic (10)
18 primary school teacher (11)
19 hairdresser (8)

Row	Given letter
1	u
2	n
3	s
4	t
5	a
6	g
7	e
8	e
9	n
10	e
11	n
12	t
13	r -
14	e
15	p
16	r
17	i
18	s
19	e

Des offres d'emploi

Lis ces petites annonces.

A
Collège Lucien Bayard
recherche **SECRETAIRE**
Connaissances en allemand et en anglais seraient fort appréciées
Écrire avec CV ou tél. pour rendez-vous

B
Médecin de Bordeaux
cherche
infirmière
temps partiel
Écrire avec C.V. au bureau du journal

C
ÉLECTROMAGIQUE
recrute
2 VENDEURS
21 ans minimum
Poste à plein temps
Salaire minimum garanti
Se présenter, mardi 16 septembre, à 9h30 précises au **magasin**

D
On demande JF 18 à 25 ans
pour garder enfants, 9h à 14h
3 jours par sem.
Écrire avec CV et Photo
BP 13 84539 La Rochelle

E
Informatique
Recherche pour Poitiers et environs, **technicien** pour installations et assistance aux utilisateurs
Min: 2 ans d'expérience
Tél. 03 62 54 78 90

F
Recherche figurants, JH et JF
15/22 ans,
pour tournage film au Marineland
Se présenter à la récep. 10h,
le 17 oct.

G
Soc. Internat. de produits chimiques
cherche 6 JHs et 6 JFs, max. 25 ans, libres de voyager en Espagne, pour promotion de détergents. Frais de voyages et commissions Connaissance en espagnol et bonne présentation essentielles.
Si vous êtes dynamique et aimez les voyages, se prés. M. Grimaud, Hôtel du Centre, vendredi ou samedi prochains.

connaissance(s) = *knowledge*
frais = *expenses*
un figurant = *extra (in film), walk-on part*
tournage = *shooting a film*
à plein temps = *full time*
à temps partiel = *part time*
se prés. = se présenter = *to present oneself (e.g. for interview)*

1 Je cherche un emploi

Trouve un emploi pour chaque personne.

1		Je suis étudiante, mais j'ai besoin d'argent et je cherche un emploi. Je voudrais travailler avec des enfants.	**Ex.** *D*
2		Je suis infirmière et je cherche un emploi, mais comme mes enfants sont jeunes je ne veux pas travailler à plein temps.	
3		J'ai 21 ans et depuis trois ans, je travaille sur des ordinateurs à Paris. Maintenant, je cherche un emploi ici, à Poitiers.	
4		Je suis étudiant et j'ai besoin d'argent. Cependant, je ne peux pas travailler régulièrement: j'ai trop de travail.	
5		Je suis secrétaire bilingue français/anglais. Je parle allemand aussi, mais je n'ai jamais étudié l'espagnol.	
6		Je parle espagnol et italien et je travaille dans une agence de voyages. Cependant, je m'ennuie ici et je voudrais changer d'emploi: faire quelque chose de différent et rencontrer des gens intéressants.	

2 Trois de tout

Trouve des mots dans les annonces

3 jours de la semaine	3 langues	3 métiers	3 villes
....	....	....	....
....	....	....	....
....	....	....	....

Écoute et parle

1 Les sons français

a Les voyelles

French spellings	Equivalent sound in English	Examples
o, ô, au, eau, aux	**o** as in c**o**pe	eur**o**, c**ô**té, **au**, **eau**, chev**aux**
o (before a pronounced consonant)	**o** as in h**o**t	p**o**rte, c**o**mme, p**o**ste

Écoute, répète et écris la bonne lettre.

a animaux
b beau
c sorte
d bientôt
e frigo
f rose

1 ......, 2 ......, 3 ......, 4 ......, 5 ......, 6 ......

b Les consonnes

French spellings	Equivalent sound in English	Examples
s (at beginning of word)	**s** as in **s**afe	**s**ouris
ss		boi**ss**on
c (before e, i), **ç**		**c**itron, **ç**a
sc, **ti** (in words ending in -tion)		**sc**iences, solu**ti**on

Écoute, répète et écris la bonne lettre.

a essential
b garçon
c océan
d pollution
e saucisse
f scène

1 ......, 2 ......, 3 ......, 4 ......, 5 ......, 6 ......

c Des phrases ridicules

Écoute, répète et complète les phrases.

1 Allô! Le héros aux beaux chevaux est sur le dos dans l'_ _ _.
2 En octobre un orchestre a porté un objet _ _ _ _ _ _ dans le dortoir.
3 Ce garçon sert six _ _ _ _ _ saucissons sensationnels au centre de la station.

2 Et après?

Écoute la lettre et dis et écris la lettre qui suit dans l'alphabet.

Ex. 1 ..c.., 2 ......, 3 ......, 4 ......, 5 ......, 6 ......, 7 ......, 8 ......

3 Des salutations et des expressions de politesse

Écoute, répète et écris la bonne lettre.

Ex. 1 ..d.., 2 ......, 3 ......, 4 ......, 5 ......, 6 ......, 7 ......, 8 ......, 9 ......, 10 ......

a Félicitations
b À votre santé!
c Bon appétit
d À bientôt
e Bonnes vacances
f Joyeux Noël
g Bon anniversaire
h Joyeuses Pâques
i Bravo!
j Bonne nuit!

4 Des conversations

Tu parles à un ami français. Pose les questions comme indiqué, puis écoute pour vérifier.

1 La vie au collège

– Bonjour!
– Say hello, then ask your friend how many students there are at his school.
– Il y a environ 950 élèves dans mon collège.
– Ask him what time lessons begin in the morning.
– À 8 heures.
– Ask him what time lessons finish.
– Normalement, à 17 heures.

Écoute les questions et réponds comme indiqué, puis écoute pour vérifier.

2 En option

– Qu'est-ce que tu vas choisir comme options, l'année prochaine?
–  
– Qu'est-ce que tu veux laisser tomber?
– 
– Quelle est ta matière préférée?
–  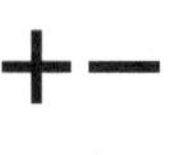
✓ mais ✗

3 Les métiers

– Qu'est-ce que tes parents font dans la vie?
–  
– Qu'est-ce que tu veux faire dans la vie?
– **? peut-être** 
– Qu'est-ce que tu as l'intention de faire à 16 ans?
– 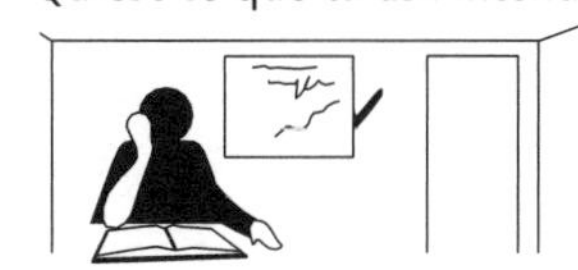

Tu comprends?

1 Deux collèges

Écoute la conversation et complète la grille.

	L'ancien collège	Le nouveau collège
Où?	**Ex.** *Lille*	
Mixte (✔ ou ✗)		
Moderne (✔ ou ✗)		
Nombre d'élèves dans la classe:		
Piscine (✔ ou ✗)		
Cantine (✔ ou ✗)		
Repas: bons (✔) mauvais (✗)		
Clubs (✔ ou ✗)		
Elle préfère quel collège? (✔ ou ✗)		

2 C'est mon métier

Écoute les phrases 1–6 et trouve l'image qui correspond.
Exemple: 1 *c*

1 ......, 2 ......, 3 ......, 4 ......, 5 ......, 6 ......

a

b

c
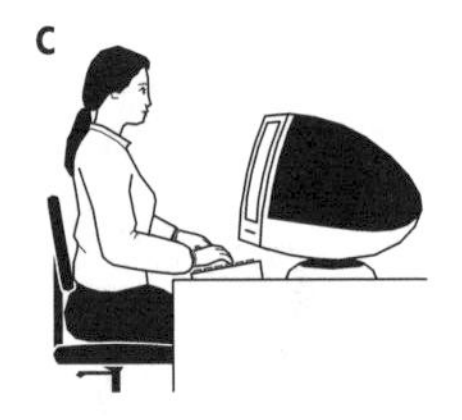
d

e

f

3 Des projets d'avenir

Écoute la conversation et choisis la bonne réponse.
Exemple: 1 *b*

1 – Qu'est-ce que tu vas choisir comme options, l'année prochaine?
– Je vais choisir l'allemand et ...
 a ☐ le dessin.
 b ☐ la géographie.
 c ☐ l'espagnol.

2 – Tu es fort en langues?
– Je suis assez fort et ...
 a ☐ je trouve que c'est utile.
 b ☐ ça m'intéresse.
 c ☐ j'aime bien les langues.

3 – Qu'est-ce que tu veux laisser tomber?
– Je veux laisser tomber l'histoire et ...
 a ☐ la musique.
 b ☐ l'informatique.
 c ☐ l'art dramatique.

4 – Pourquoi histoire?
– Parce que je ne suis pas fort en histoire et je trouve ça ...
 a ☐ ennuyeux.
 b ☐ difficile.
 c ☐ pas utile.

5 – Tu vas bientôt faire un stage en entreprise?
– Oui, je vais faire ça ...
 a ☐ dans six mois.
 b ☐ l'année prochaine.
 c ☐ dans deux ans.

6 – Qu'est-ce que tu veux faire pour ton stage?
– Je voudrais travailler dans ...
 a ☐ un hôpital.
 b ☐ un magasin.
 c ☐ un bureau.

7 – Pourquoi?
– Parce que je n'ai jamais fait ça et ...
 a ☐ la médecine m'intéresse.
 b ☐ ça va être intéressant.
 c ☐ ça m'intéresse.

8 – Qu'est-ce que tu as l'intention de faire à 16 ans?
– Je voudrais ...
 a ☐ continuer mes études.
 b ☐ quitter l'école.
 c ☐ changer d'école.

9 – Et qu'est-ce que tu veux faire plus tard dans la vie?
– Je ne sais pas exactement, mais je voudrais ...
 a ☐ travailler dans l'informatique.
 b ☐ voyager.
 c ☐ aller à l'université.

Sommaire

Complète le sommaire avec des mots anglais.

1 Talking about school life

la bibliothèque	....
la cantine	canteen
un collège	school (11–14/15)
la cour	playground
un cours	....
un(e) demi-pensionnaire	a day-pupil who has lunch at school
les devoirs (m pl)	....
une école publique	state school
une école privée	private school
un(e) élève	pupil
un emploi du temps	....
le gymnase	gym
un internat	....
un laboratoire	laboratory
un lycée	....
la rentrée	beginning of school year in September
la salle de classe	classroom
le terrain de sports	....
un uniforme scolaire	school uniform

2 Using different forms of the negative
(see also page 50)

ne ... pas	not
ne ... plus	no more, no longer
ne ... jamais	....
ne ... personne	no one, not anyone
ne ... rien	....

3 Discussing school subjects
(see **Vocabulaire par thèmes**, page 166)

4 Saying which subjects you like or dislike and why

Mes matières préférées sont ...	My favourite subjects are ...
Les matières que j'aime le moins sont ...	The subjects I like least are ...

5 Discussing options

Je dois choisir entre ... et ...	I have to choose between ... and ...
Je vais continuer avec/ à étudier ...	I'm going to go on with/ studying ...
Je vais laisser tomber ...	I'm going to drop ...
J'espère commencer ...	I hope to start ...

6 Discussing strengths and weaknesses

Je suis nul(le) en ...	I'm no good at ...
Je ne suis pas très fort(e) en ...	I'm not much good at ...
Je suis assez fort(e) en ...	I'm quite good at ...

7 Saying what you are going to do using *aller* + infinitive (see also page 53)

Qui va faire ça?	Who is going to do that?
Que vas-tu faire plus tard dans la vie?	What are you going to do later in life?

8 Discussing plans for work experience

Je vais faire mon stage en entreprise dans deux ans.	I'm going to do my work experience in two years' time.
Qu'est-ce que tu veux faire pour ton stage?	What do you want to do for your work experience?
Je voudrais travailler dans une école parce que j'aime les enfants.	I would like to work in a school because I like children.

9 Using expressions of future time

après-demain	....
ce soir	this evening
dans une demi-heure	....
demain	....
(lundi) prochain	next (Monday)
l'année prochaine (f)	....
la semaine prochaine	next week
le mois prochain	....

10 Discussing your future plans

J'ai l'intention de faire des études de médecine.	I intend to study medicine.
J'espère travailler dans le marketing.	I hope to work in marketing.
Je voudrais travailler dans l'informatique.	I would like to work in ....
Je n'ai pas encore décidé.	I haven't decided yet.

11 Talking about different careers
(see page 58)

12 Understanding and using different tenses to refer to the past, the present and the future

Aujourd'hui, nous avons deux heures de français.	Today we have two lessons of French.
Hier, j'ai joué un match de basket.	Yesterday I played a basketball match.
L'année prochaine, je vais laisser tomber l'histoire.	Next year I'm going to .... history.

Rappel 2

1 On aide à la maison

Complète les phrases.
Exemple: 1 *tu fais la cuisine*

1 Toi, Claire, tu fais …

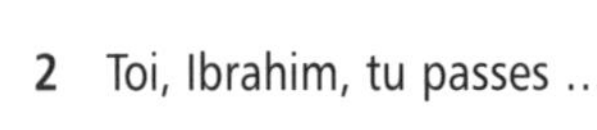

2 Toi, Ibrahim, tu passes …

3 Raj et Sika font …

4 Nadine lave …

5 Thomas et Jonathan, vous faites …

6 Magali et Émilie travaillent …

7 Et moi, je travaille à … !

2 Au café

Qu'est-ce qu'on prend?
Exemple: 1 *c*

1 Papa choisit une boisson alcoolisée et gazeuse.
2 Maman prend une boisson alcoolisée mais non gazeuse.
3 Charlotte prend une boisson chaude mais sans lait.
4 Abdul prend une boisson froide gazeuse.
5 Luc choisit une boisson froide non gazeuse.
6 Fatima choisit une boisson chaude avec du lait.

un thé au citron	un jus de fruit
une limonade	un café au lait
une bière	un verre de vin rouge

3 C'est bon?

Complète les phrases.

1 un pain au …
2 un sandwich au …
3 une glace à la …
4 un jus d'…
5 un paquet de …
6 une portion de …
7 un morceau de …
8 une tarte aux …
9 un café au …
10 une omelette aux …

4 Un acrostiche

Complète l'acrostiche avec les mots qui manquent.

Ex. now (9)
1 but (4)
2 after (5)
3 if (2)
4 at last (5)
5 very (4)
6 because (5, 3)
7 next, then (7)
8 also (5)
9 before (5)
10 and (2)

Ex. (down): m a i n t e n a n t
1 m
2 a
3 i
4 n
5 t
6 e
7 n
8 a
9 n
10 t

5 Des mots en groupes

Trouve un mot pour compléter chaque groupe.

1 août, février, juillet, …
2 la flûte, la batterie, le piano, …
3 l'hiver, l'été, l'automne, …
4 vert, rouge, jaune, …
5 le football, la natation, le judo, …
6 vendredi, lundi, jeudi, …
7 une pêche, une banane, une poire, …
8 se lever, se réveiller, se disputer, …

Presse-Jeunesse 4

Julien et Joe (page 60)

Vrai ou faux?

Écris vrai (V) ou faux (F).

Tip: Use the context and the picture clues to help you understand the story.

1	Julien et Joe sont frères.	**Ex.** *V*
2	Ils ont joué au basket.	
3	Ils n'aiment pas le sport.	
4	Ce soir, ils veulent faire des devoirs.	
5	Leur mère n'est pas contente de leur travail l'école.	
6	Le soir, les garçons ne regardent pas la télé.	
7	Ils ont des devoirs d'histoire.	
8	Les garçons décident de ranger leur chambre.	
9	Un garçon a marqué 15 points en 2 minutes.	
10	La mère croit qu'ils font des devoirs de maths.	

Des Français et des Françaises célèbres (page 61)

Français–anglais

Use the context and your knowledge of other French words to answer these questions. Tick the correct answers.

1 What kind of bird is *un moineau*?
- a sparrow ☐
- b parrot ☐
- c swan ☐

2 What is the best English title for the song *Je ne regrette rien*?
- a I will never return ☐
- b I have no regrets ☐
- c Nobody loves me ☐

3 What is the English for *Varsovie*?
- a Venice ☐
- b Vienna ☐
- c Warsaw ☐

4 What did Marie Curie die of?
- a old age ☐
- b sun stroke ☐
- c radiation poisoning ☐

5 Which **four** of these things was Jacques Cousteau famous for?
- a deep sea diving ☐
- b selling bottles to a friend ☐
- c designing an aqualung ☐
- d books about submarines in the war ☐
- e films about life under the sea ☐
- f being an environmental campaigner ☐

6 Find the French for these words in the text – they begin with 'a' in French, too.

accident	*un*	airman	*un* ....
adventure	*une*	another	*un(e)*................
aeroplane	*un*	aviation	*l'*............

7 What kind of book is *Le Petit Prince*?
- a a sort of fairy tale ☐
- b a history book ☐
- c a book about the environment ☐

Familiale (page 61)

1 Un résumé

affaires	continue
famille	fils
maison	revient
sombre	vont

Lis le poème et complète les phrases avec les mots dans la case.

Exemple: 1 *sombre*

1 C'est un poème ....
2 Le poème décrit la vie d'une .... pendant la guerre.
3 Le père est homme d'........................
4 La mère reste à la .... et fait du tricot.
5 Leur .... est soldat.
6 Il ne .... pas de la guerre parce qu'il est mort.
7 Les parents .... souvent au cimetière.
8 Leur vie .... comme avant, mais le fils n'est pas là.

2 À mon avis

Quel est ton avis? Souligne les mots et les phrases qui donnent ton avis.

You will often be asked to give your opinion or impression of something you have read.
This may involve reading for gist, to get an overall impression, without needing to understand every word.

> J'aime/Je n'aime pas le poème *Familiale*.
> *Familiale* me fait rire/sourire/pleurer/réfléchir.
> *Familiale* me touche/ne me touche pas.

Then you may need to look at the text more closely so you can understand the content and form a more detailed opinion.

> Prévert pense qu'une famille comme ça est naturelle/n'est pas naturelle.
> Prévert croit que la guerre est bonne/mauvaise.
> Il pense que la vie de famille est importante/n'est pas importante.
> Il veut dire que la guerre et les affaires sont moins/aussi/plus importantes que la vie familiale.

ÉPREUVE 4 Écouter

A On parle des matières

Pour chaque personne, choisis l'image de sa matière préférée.

Ex. *H* 1 ☐ 2 ☐ 3 ☐ 4 ☐ 5 ☐ 6 ☐

A
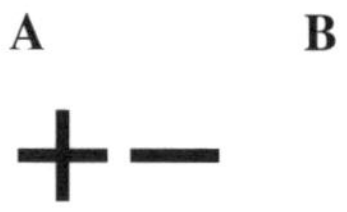
B

C

D
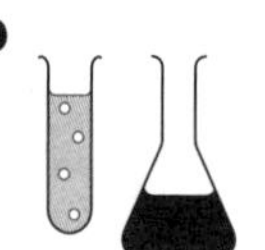
E

F

G

H

/6

B Le collège

Jihane parle de son collège. Complète les détails en français.

Nom du collège:	**Ex.** *Jean Moulin*
Classe de Jihane:	
Nombre d'élèves:	
Nombre d'internes:	
Nombre de professeurs:	
Date de la rentrée:	
Heure du premier cours:	
Pause-déjeuner:	de à
Distance depuis la maison de Jihane:	

/8

C Le stage en entreprise

Que vont-ils faire comme stage? Pour chaque personne, choisis la bonne image.

Ex. *F* 1 ☐ 2 ☐ 3 ☐ 4 ☐ 5 ☐

A

B

C
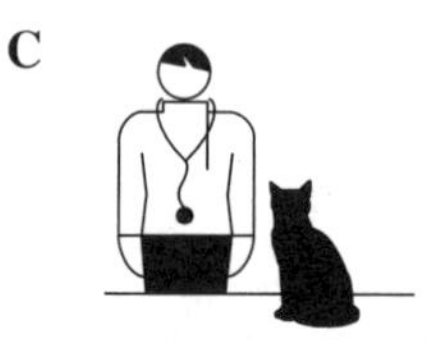
D

E

F
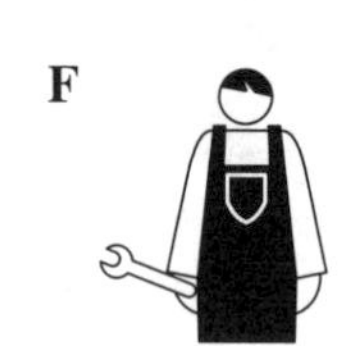
G

H

I

J

/5

D Dans le passé/à présent/à l'avenir

Pour chaque personne, indique où il/elle a travaillé/travaille/va travailler. Complète la grille **en français**. Choisis les bons mots dans la case.

~~A marketing~~ **B** école primaire **C** police **D** infirmier(-ère) **E** pharmacie **F** journal
~~G hôpital~~ **H** restaurant **I** collège **J** magazine ~~K États-Unis~~ **L** café

	a travaillé	**travaille**	**va travailler**
M. Martin			États-Unis
Mme Barsacq	marketing		
M. Laval		hôpital	

/6

Total: /25

(Carte A)

A La vie scolaire

You are talking to a young French person about school life. Your teacher or another person will play the part of the French person and will speak first.

1 Say what time lessons start.

2 Say how you get to school.

3 Say what you think of your teachers.

4 Ask your friend where he/she has lunch.

(Carte B)

A La vie scolaire

Tu parles avec un(e) jeune Français(e). Moi, je suis le/la jeune Français(e).

1 Les cours commencent à quelle heure?

2 Comment vas-tu au collège?

3 Qu'est-ce que tu penses de ton collège?

4 Bien/Dommage.

5 Je prends le déjeuner à la cantine.

(Carte A)

B Les projets d'avenir

[When you see this – ! – you will have to respond to a question you have not prepared.]

[When you see this – ? – you should ask a question.]

You are talking to a young French person about your future career. Your teacher or another person will play the part of the French person and will speak first.

1 Études l'année prochaine

2 Métier à l'avenir

3 !

4 Profession?

(Carte B)

B Les projets d'avenir

Tu parles avec un(e) jeune Français(e). Moi, je suis le/la jeune Français(e).

1 Quelles matières vas-tu étudier l'année prochaine? (Prompt at least two.)

2 Et qu'est-ce que tu voudrais faire dans la vie?

3 Pourquoi ça?

4 Ah oui.

5 Moi (aussi), je vais devenir professeur.

/25

ÉPREUVE 4 Lire (1)

4/16

A Les métiers

Pour chaque profession, choisis la bonne définition.

Ex.	facteur(-trice)	B
1	coiffeur(-euse)	
2	sapeur-pompier	
3	infirmier(-ière)	
4	mécanicien(ne)	
5	caissier(-ière)	
6	serveur(-euse)	

A Il/Elle apporte les boissons aux clients dans un café.
B Il/Elle distribue des lettres et des paquets.
C Il/Elle travaille à la ferme.
D Il/Elle répare les voitures au garage.
E Il/Elle tape les lettres et répond au téléphone.
F Il/Elle coupe les cheveux des clients.
G Il/Elle soigne les malades dans un hôpital.
H Il/Elle travaille dans un supermarché.
I Il/Elle aide les gens quand il y a un incendie ou un accident de la route.

6

B Le stage en entreprise

Lis ces lettres, où on cherche un stage en entreprise, puis coche (✔) les phrases qui sont vraies.

Je voudrais faire mon stage en entreprise dans votre hôtel, car j'ai l'intention de devenir cuisinier plus tard. Je prépare souvent les repas pour ma famille, et mes parents disent que c'est très bon. Aussi, j'ai un petit job dans le café de mon oncle le samedi. Je ne fais pas de cuisine, mais je sers les clients, je fais la vaisselle et j'aide à préparer les sandwichs. J'espère que vous pourrez m'offrir un stage.

Jean-Luc Blanchard

Les animaux, c'est ma passion – c'est pourquoi je voudrais faire un stage à votre clinique. À la maison, j'ai seulement un chat, mais je m'occupe aussi du chien de mon frère, qui est à l'université, et l'année dernière, je me suis occupée des animaux de mes amis, qui sont partis en Angleterre. Je n'ai jamais eu de petit job – mes parents disent que je suis trop jeune – mais je suis travailleuse et sérieuse. Chez moi, je réponds souvent au téléphone pour ma mère, qui est médecin.

Carole Balséra

Ex.	Jean-Luc veut faire son stage dans un hôtel.	✔
1	Il n'aime pas faire la cuisine.	
2	Il fait bien la cuisine.	
3	Le samedi, il travaille comme serveur.	
4	Il prépare les repas au café.	
5	Carole voudrait travailler avec des animaux.	
6	Elle n'a pas beaucoup d'animaux à la maison.	
7	Elle veut aller à l'université pour étudier la médecine.	
8	L'année dernière, elle travaillait avec les animaux.	
9	Elle sait répondre au téléphone.	

6

C Une journée récente

Lis ce paragraphe et remplis les blancs en utilisant les mots dans la case.
Tu peux utiliser chaque mot une fois seulement.

jamais rien plus pas personne

La semaine dernière, j'ai décidé d'aller au collège avec ma meilleure amie, mais quand je suis allée à sa maison, il n'y avait (1)......................... . Alors, j'ai continué au collège toute seule. Le matin, c'était les maths, et je n'ai (2)......................... compris. Je suis rentrée à la maison à midi – je ne mange (3)......................... à la cantine, car les repas y sont affreux. L'après-midi, je n'ai (4)..................... fait l'EPS, parce que j'étais malade. Puis le prof m'a dit que je n'étais (5)..................... dans l'équipe de basket. __/5

D Les études

Read the letters from Richard and Messaouda, then answer the questions **in English**.

Chère Messaouda,
J'ai vraiment des difficultés en ce moment en ce qui concerne l'année prochaine. Je dois décider de mes options, et je ne sais pas comment le faire. Pour les matières obligatoires, pas de problème – à part le fait que je suis nul en sciences. Mais pour choisir les options, il faut savoir ce que je vais faire dans la vie, et moi, je n'en ai aucune idée. Est-ce que je vais être professeur de langues, comme ma mère? J'ai toujours été fort en anglais et en espagnol, mais cette année, je n'aime pas du tout le prof. Ou est-ce que je voudrais devenir dessinateur, comme mon père? Qu'est-ce que tu en penses? Aide-moi, s'il te plaît.

Ton copain, Richard

Cher Richard

Tu as vraiment un problème, n'est-ce pas? Pour moi, c'est plus facile, car je sais ce que je voudrais faire dans la vie. Pour être comptable, je vais évidemment me concentrer sur les maths et les sciences économiques, et puis je vais probablement choisir la musique, parce que j'aime bien ça, et ça me relaxe. Mais pour toi, je crois que tu dois choisir les matières que tu aimes, ou les matières où tu as de bonnes notes. Tu ne dois jamais choisir des matières que tu trouves vraiment difficiles.

Ton amie, Messaouda

1. Why does Richard mention science? (Give two reasons) ....
2. What is his main problem about choosing his options? ....
3. How has his attitude to modern languages changed? ....
4. Why is Messaouda going to concentrate on maths and economics? ....
5. What reason does she give for her other option choice? ....
6. What advice does she give to Richard? (Mention two things) .... __/8

Total: __/25

ÉPREUVE 4 **Écrire**

4/18

A Les matières scolaires

Write the names of these five school subjects in French.

1 2 3 4 5

....

....

/5

B Ton collège

Write an e-mail **in French** to a French friend about your school.

Mentionne: – la distance maison–collège

– la journée scolaire

– la pause-déjeuner

....

....

....

....

/6

C Les verbes

Complete the following sentences by putting the verb into the appropriate tense.

Ex. Ce soir, elle ....*va regarder*........ la télévision. (regarder)

1 En ce moment, vous .... deux langues. (étudier)

2 Hier, je .... au cinéma. (aller)

3 Le week-end dernier, nous .... au restaurant. (manger)

4 La semaine prochaine, ils .... au foot. (jouer)

5 Après-demain, tu .... tes devoirs. (faire)

/5

D Le collège et l'avenir

Tu écris une lettre à un magazine pour décrire tes projets au collège et après.

Parle: – des matières

– de ton stage en entreprise

– de ta carrière à l'avenir

....

....

....

....

....

....

/9

Total: /25

On y va?

1 Inventez des conversations

Travaillez à deux. Jetez un dé ou choisissez des numéros et inventez des conversations.

- Tu as déjà visité (**A**)?
- Non, mais on va y aller (**B**) prochain.
- Moi, j'y suis allé en (**C**) dernier. Tu y vas comment?
- On y va en (**D**).

Exemple: *1, 2, 3, 4*

- *Tu as déjà visité Versailles?*
- *Non, mais on va y aller mercredi prochain.*
- *Moi, j'y suis allé en juin dernier. Tu y vas comment?*
- *On y va en bus.*

A

1 Versailles	**2** la Tour Eiffel	**3** la Cité des Sciences
4 Disneyland	**5** le Parc Astérix	**6** le Stade de France

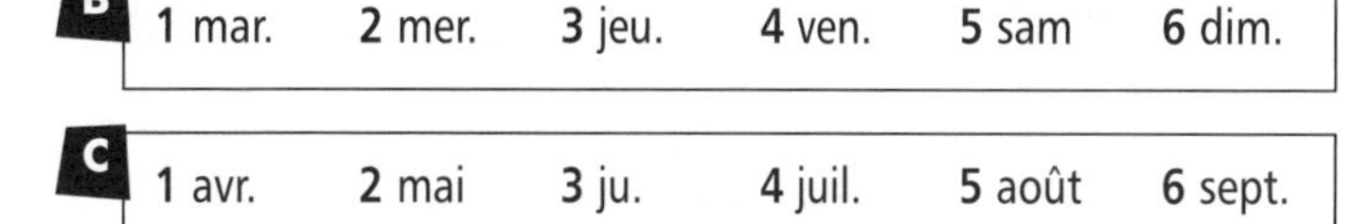

B

1 mar.	**2** mer.	**3** jeu.	**4** ven.	**5** sam	**6** dim.

C

1 avr.	**2** mai	**3** ju.	**4** juil.	**5** août	**6** sept.

D

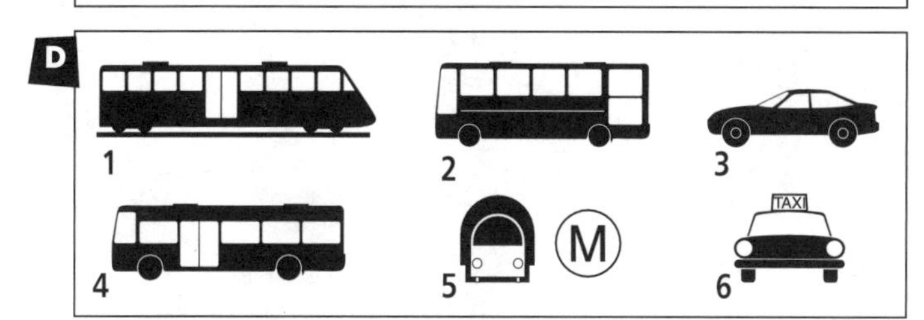

2 Un nouvel ami

Réponds aux questions. Remplace les mots indiqués avec **y**.

Exemple: 1 *Il y habite depuis 2 ans.*

1. Pierre habite **à Paris** depuis quand? (2 ans)
2. Comment va-t-il **au collège**?

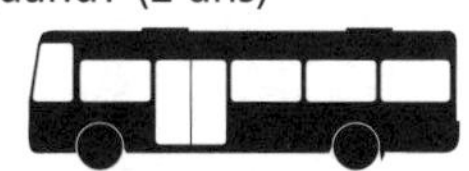

3. Quand est-ce qu'il va **au club d'échecs**? (le mer.)
4. Quand est-il allé **au Futuroscope**? (juillet dernier)
5. Quand va-t-il **à Londres**? (demain)
6. Comment va-t-il **en Angleterre**?

DOSSIER-LANGUE

Tu t'intéresses à l'informatique?

Oui, je m'y intéresse un peu.

Y is also used with a verb that is followed by **à**, such as:

s'intéresser à	to be interested in
participer à	to take part in
penser à	to think about
jouer à	to play (a game/sport)

When used in this way it often means 'in it', 'about it' or 'it'.

Je m'y intéresse un peu.	I'm interested in it a bit.
Je n'y joue jamais.	I never play it.

Y is a vowel in French, so ***je***, ***me***, ***te***, ***se*** and ***ne*** are shortened to ***j'***, ***m'***, ***t'***, ***s'*** and ***n'*** before ***y***.

3 Le sport, ça t'intéresse?

a Réponds comme indiqué.
b Réponds pour toi.

1 Tu t'intéresses **au sport**? (beaucoup)

a **Ex.** *Oui, je m'y intéresse beaucoup.* .... b **Ex.** *Non, je ne m'y intéresse pas.* ....

2 Tu joues souvent **au hockey**? (tous les sam.)

....

3 Comment vas-tu **au stade**?

....

4 Tu participes **au match**? (✗)

....

5 Tu penses **à tes vacances au Canada** de temps en temps? (✔ souvent)

....

6 Es-tu allé **à la piscine** récemment? (✔ la semaine dernière)

....

Des activités

Le week-end prochain

1 Samedi

Voici les projets de Dominique.

matin
collège
après-midi
fast-food avec les autres
centre sportif – badminton, café
rentrer vers 4 heures
soir
film à la télé
se coucher tard

Complète le texte avec ces verbes au futur.

jouer manger prendre (x2) regarder rentrer retrouver se coucher téléphoner travailler

Samedi matin, nous (**1**) t........................ au collège, comme d'habitude. À midi, je (**2**) r........................ mes amis et nous (**3**) m........................ dans un fast-food. Puis nous (**4**) p........................ le bus au centre sportif. On (**5**) j........................ au badminton. Après, on (**6**) p........................ un verre au café. Je (**7**) r........................ vers 16 heures. Je te (**8**) t........................ s'il y a un problème. Le soir, je (**9**) r........................ le film à la télé. Je me (**10**) c........................ plus tard que d'habitude.

2 Au café

Qu'est-ce qu'on prendra?

1 Tout le monde **Ex.** *prendra une glace*..............................

2 Julien ....

....

3 Comme d'habitude, tu  ....

....

4 Karima et Sophie ....

....

5 Laurent et Muhammed ....

....

6 Moi, je ....

....

3 Dimanche

rester au lit
jouer à l'ordinateur
écrire des e-mails
lire un livre
déjeuner chez Oncle Thomas
sortir avec des amis
téléphoner à Laura

Écris six phrases pour décrire ce que Dominique va faire dimanche.
Exemple: *Le matin, il restera au lit. Puis ...*

....
....
....
....
....
....

4 Mon week-end

Écris quelques phrases pour décrire ce que tu vas faire le week-end prochain.

....
....
....
....
....
....
....
....
....
....
....
....
....
....

Au futur

1 Mots croisés

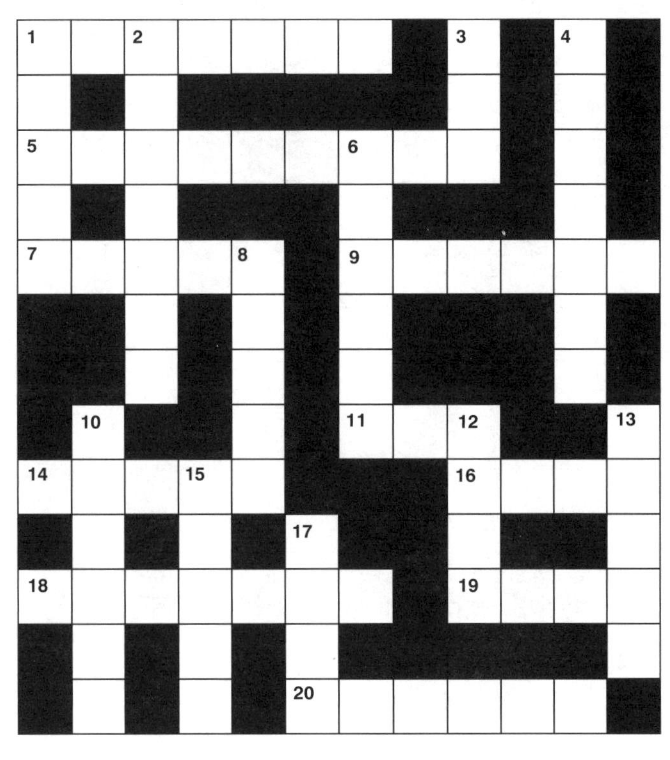

Horizontalement

1 Mon oncle … chez nous, ce week-end. (venir) (7)
5 Quand est-ce que ta sœur … de ses vacances? (revenir) (9)
7 J'… beaucoup de devoirs, demain. (avoir) (5)
9 Mon père … regarder le match de football, demain soir. (vouloir) (6)
11 Mes amis partiront dans les Alpes, la semaine prochaine et … feront du ski. (3)
14 Qu'est-ce que tu … comme matières, l'année prochaine? (faire) (5)
16 Ta mère a téléphoné. … ne sera pas à la maison, ce soir. (4)
18 Quand …-vous m'aider à télécharger un programme d'Internet? (pouvoir) (7)
19 Mon frère n'… pas de temps libre, ce soir. (avoir) (4)
20 Nous … beaucoup de travail avant les examens. (avoir) (6)

Verticalement

1 À l'avenir, on … beaucoup plus de gadgets électroniques. (voir) (5)
2 Est-ce que ton ami … des cartes postales pendant ses vacances? (envoyer) (7)
3 Le mois prochain, on … à Planète Futuroscope avec le collège. (aller) (3)
4 Est-ce que tu … être pharmacien plus tard, comme ton père? (vouloir) (7)
6 Demain soir, je … rentrer tout de suite parce que je dois faire du babysitting. (devoir) (6)
8 Samedi prochain, nous … tous au cinéma. (aller) (5)
10 Quand est ce que mes photos … prêtes? (être) (6)
12 Cette année, mon anniversaire … un samedi. (être) (4)
13 Je … tout ce que je peux pour t'aider. (faire) (5)
15 Quand est-ce que tu … les résultats de tes examens? (avoir) (5)
17 Selon la météo, il … très froid demain. (faire) (4)

2 Demain – ou plus tard?

Complète le texte avec des verbes au futur.

How to ... stay at a hotel

Phrases utiles

book accommodation

Avez-vous une chambre Je voudrais réserver une chambre	pour une personne pour deux personnes avec un grand lit avec deux lits avec douche avec salle de bains avec balcon

C'est combien? Est-ce que le petit déjeuner est compris? Avez-vous quelque chose de moins cher?

C'est pour	une nuit deux nuits trois nuits une semaine

find out information

Est-ce qu'il y a	un restaurant une piscine un bar un parking	à l'hôtel?

Où se trouve(nt) Où est (sont)	l'escalier, l'ascenseur, les douches, les toilettes,	s'il vous plaît?

L'hôtel ferme à quelle heure, le soir? Le petit déjeuner est à quelle heure?

get something sorted out

La télévision La radio L'éclairage La douche	ne marche pas

Il n'y a pas de	serviettes savon	dans	ma notre	chambre

Est-ce que je peux avoir	un cintre un verre	s'il vous plaît?

1 À la réception

Travaillez à deux. Inventez des conversations.

- Allô, Hôtel du Château, je peux vous aider?
- Bonjour, avez-vous ...  
- Oui, c'est pour quand?
- 13/07
- C'est pour combien de nuits?
- C'est combien?
- C'est 50 €.
- Est-ce que ... est compris?
- Non, ce n'est pas compris. coûte 8 euros.
- Est-ce qu'il y a ... P à l'hôtel?
- Oui, c'est derrière l'hôtel.
- Bon, merci.

- Allô, Hôtel du Soleil.
- Bonjour, je voudrais réserver ... 
- Oui, c'est pour quelle date?
- 23/08
- Vous voulez rester combien de nuits?
- 
- Oui, vous arriverez vers quelle heure?
- 17:00
- Est-ce qu'il y a ...  à l'hôtel?
- Ah non, je regrette, il n'y en a pas.

2 Un acrostiche

1 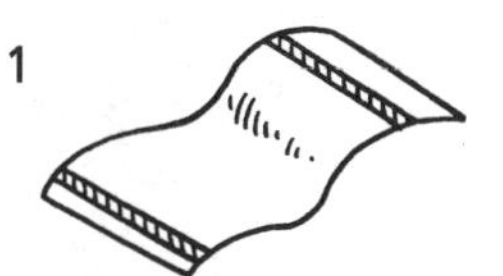
2 
3 
4 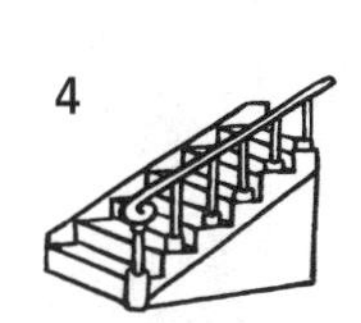
5 
6 

La météo

Futur, présent, passé

Choisis la bonne phrase pour chaque image.

A Je suis allé jusqu'au sommet de la montagne.
B Demain, j'irai au sommet de cette montagne.
C Ça va, merci, je vais jusqu'au sommet de la montagne.

1 **Ex.** *B*; 2 ......; 3 ......

A Tu as été le premier.
B Tu seras le premier.
C Tu es le premier.

4 ......; 5 ......; 6 ......

A Il neige.
B Il a neigé.
C Demain, il neigera sur tout le Québec.

7 ......; 8 ......; 9 ......

A Nous faisons du ski.
B Nous ferons du ski cette année.
C Nous avons fait du ski.

10 ......; 11 ......; 12 ......

A Vous mangerez des sardines ce soir.
B Vous mangez des sardines.
C Vous avez mangé des sardines.

13 ......; 14 ......; 15 ......

A Ils sont tombés.
B Ils tombent.
C Ils tomberont.

16 ......; 17 ......; 18 ......

Quand, exactement?

1 Un acrostiche

1 next Monday (5, 8)
2 later (4, 4)
3 the day before yesterday (5-4)
4 tomorrow (6)
5 the day after tomorrow (5-6)
6 today (7'3)
7 yesterday (4)
8 soon (7)

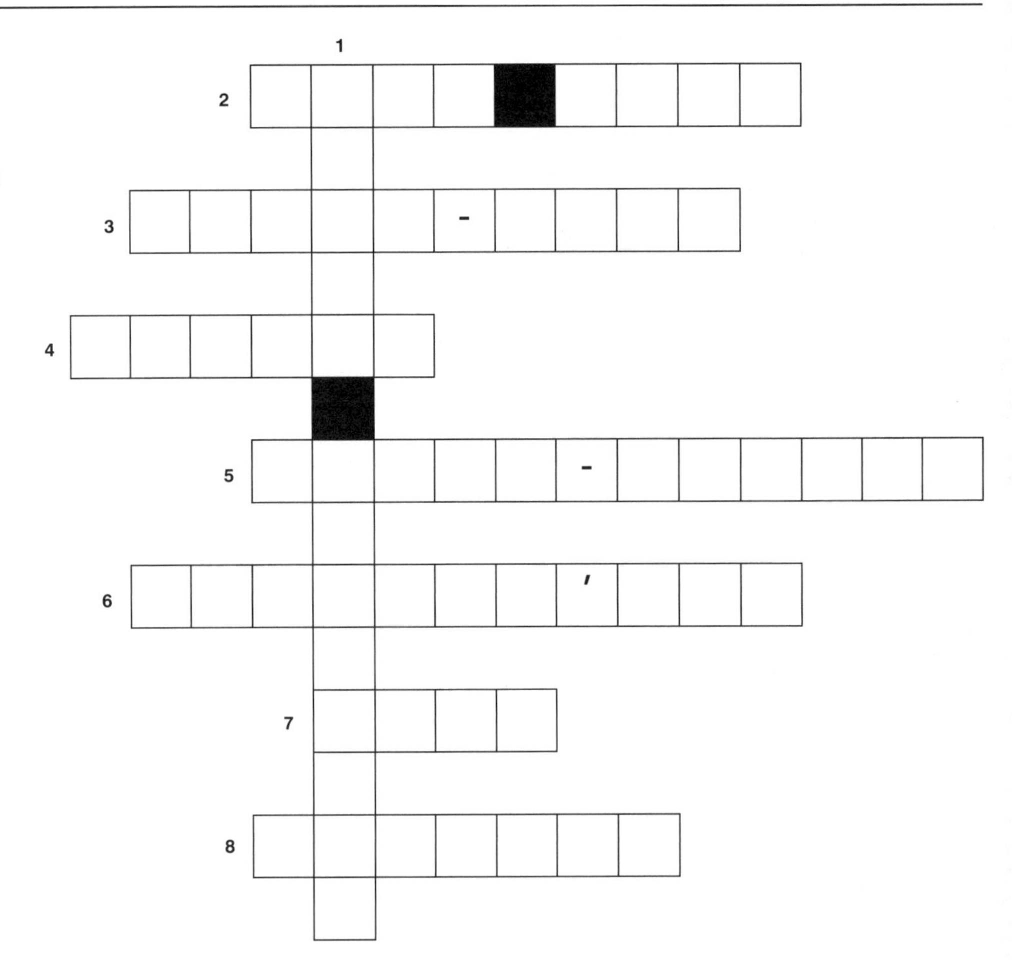

2 Dans l'ordre

Mets ces 12 expressions dans l'ordre.

ce soir
après-demain
dans quinze jours
ce matin
demain matin
un jour dans l'avenir
dans deux ans
cet après-midi
demain après-midi
la semaine prochaine
l'année prochaine
le mois prochain

1 **Ex.** *ce matin*..
2 ....
3 ....
4 ....
5 ....
6 ....
7 ....
8 ....
9 ....
10 ....
11 ....
12 **Ex.** *un jour dans l'avenir*..

3 Le calendrier

Utilise un des mots dans la case pour compléter les phrases.

dans un an après-demain l'année prochaine
l'an prochain demain dans une semaine
cette année après

Aujourd'hui, c'est mercredi le 25 décembre.

1 .... ce sera jeudi.
2 .... ce sera vendredi.
3 .... ce sera le Jour de l'An.
4 .... ce sera de nouveau Noël.
5 .... Noël sera un jeudi.
6 Mon anniversaire est le 27 décembre (deux jours
.... Noël.)
7 Alors, ... ce sera un vendredi.
8 Et .... ce sera un samedi.

Écoute et parle

1 Les sons français

a Les voyelles

French spellings	Equivalent sound in English	Examples
ou	**oo** as in c**oo**l	v**ou**s, r**ou**ge, t**ou**j**ou**rs
ou (before a or i), **oi**, **oy**	**w** as in **w**acky or **w**eep	**ou**i, **oi**seau, v**oi**là
u	no equivalent in English	nat**u**re, r**u**e, s**u**r

Écoute, répète et écris la bonne lettre.

1 ......, 2 ......, 3 ......, 4 ......, 5 ......, 6 ......,

a bureau c Louis e répondu
b genou d ouest f tu

b Les consonnes

French spellings	Equivalent sound in English	Examples
t, **th**	**t** as in **t**ea	**t**ante, **th**éâ**t**re, **t**ourner, **t**élé

Écoute, répète et écris la bonne lettre.

1 ......, 2 ......, 3 ......, 4 ......, 5 ......, 6 ......,

a tapis c thé e tomate
b tennis d thon f tortue

c Des phrases ridicules

Écoute, répète et complète les phrases.

1 En août, tout le _ _ _ _ _ _ _ joue aux boules sur la pelouse à Toulouse.
2 Oui, tu dois envoyer au roi trois _ _ _ _ _ _ _ _ dans une boîte.
3 Dans la rue, Hercule a vu la _ _ _ _ _ _ _ d'une tortue.
4 En théorie, la tante de Thierry trouve du _ _ _ en Tunisie.

2 Et après?

Écoute le numéro et dis et écris le numéro qui suit.

Exemple: 13 ....

3 À mon avis

Écoute et complète les phrases.

1 Je trouve _ _ amusant.
2 J'ai bien aimé. C'était _ _ _ _ _ _ _.
3 Je n'ai pas _ _ _ _. C'était vraiment affreux.
4 Je n'ai vraiment _ _ _ d'opinion.
5 Ça, c'est _ _ _ _ important.
6 C'est exactement ce que je _ _ _ _ _ _.
7 Oui, _ _ _ _ je ne suis pas tout à fait d'accord.
8 Moi, je ne suis absolument pas _'_ _ _ _ _ _ _.

4 Des conversations

Écoute les questions et réponds comme indiqué, puis écoute pour vérifier.

1 **Le week-end prochain**
- Qu'est-ce que tu feras le week-end prochain?
- **sam. 14h–17h** **aller**

- Et qu'est-ce que tu feras le soir?
- **lire** **regarder**

- Est-ce que tu as des projets pour dimanche?
- ✔ **partir**

2 **Une réservation**
- Allô! Ici, hôtel Soleil.
-

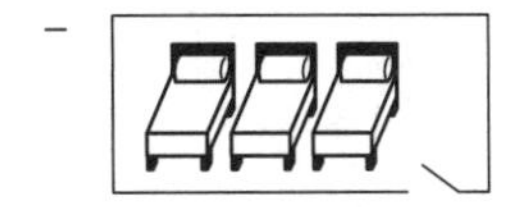

24.06

- Oui. C'est pour combien de nuits?
-

- Oui, nous avons une chambre à 60 euros.
- Say that's fine, thank you.

3 **Les vacances**
- Qu'est-ce que tu aimes faire normalement pendant les vacances?
- ➔

- Est-ce que tu as visité un parc d'attractions?
- ✔ **Futuroscope + l'été dernier**
- Qu'est-ce que tu feras pendant les prochaines vacances?
- **2 sem.**

Tu comprends?

1 La météo

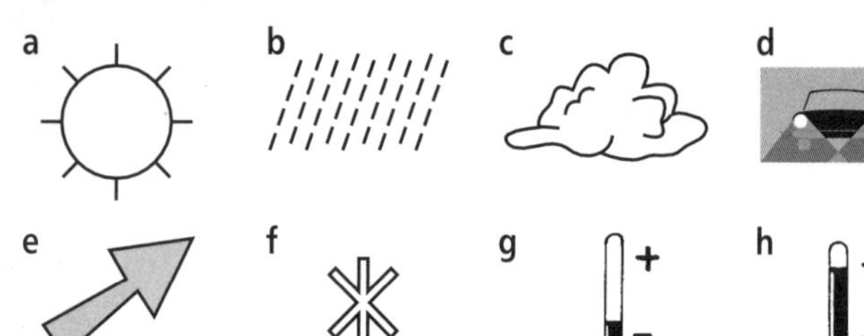

Écoute la météo et écris les bonnes lettres.

jeudi	matin	**Ex.** *c*
	après-midi	
vendredi	matin	
	après-midi	
samedi	matin	
	après-midi	
dimanche	matin	
	après-midi	

2 Une réservation à l'hôtel

Écoute la conversation et complète les détails.

Hôtel du Parc

Date d'arrivée:	**Ex.** *15 Juin*
Nuits:	
Chambre:	
Tarif:	
Nom:	
Heure approximative d'arrivée:	
Hôtel:	
parking (✔/✗)	
restaurant (✔/✗)	

3 Des messages

Le téléphone sonne. Écoute les conversations et complète les messages.

Exemple: a *demain soir*

1

Karim

Sanjay a téléphoné. Il viendra te chercher (a) .... à (b) ....

2

Fatima

Corinne Lebrun a téléphoné. Elle dit qu'elle n'aura pas besoin de baby-sitter (c) .... après tout, mais est-ce que tu pourras faire du baby-sitting (d) .... soir?

3

M. Kemal

Le Garage du Centre a téléphoné. Votre voiture sera prête (e) .... à (f) ....

4

Mme Kemal

Mme Dupré a téléphoné. Ses enfants ne pourront pas venir au club, (g) .... prochain parce qu'ils sont (h) ....

5

Mme Kemal

Émilie a téléphoné. Elle dit qu'ils seront un peu en retard, (i) .... prochain, mais ils arriveront avant (j) ....

Sommaire

Complète le sommaire avec des mots anglais.

1 Talking about a theme park

une attraction	attraction
un bâtiment	....
les horaires (m pl) (d'ouverture)	(opening) hours
un spectacle	show
un billet	....
l'entrée (f)	entrance
la séance	....
faire la queue	to queue
se trouver	to be situated

2 Using the pronoun *y*

Comment peut-on y aller?	How can you go there?
On peut y aller en bus.	You can go there by bus.
J'y suis allé(e) samedi dernier.	I went there last Saturday.
On y va?	....?

A special use of ***y***:

il y a	there are
il y aura	....
il y avait	there were

3 Using the future tense

Regular verbs

	infinitive	future stem	future tense	English
-er verbs	*manger*	*manger...*	*je mangerai*	I'll eat
-ir verbs	*partir*	*partir...*	*tu partiras*	you'll leave
-re verbs	*prendre*	*prendr...*	*il/elle prendra*	he/she'll take

Irregular verbs

	infinitive	future stem	future tense	English
	acheter	*achèter...*	*j'achèterai*	I'll buy
	aller	*ir...*	*tu iras*	you'll go
	avoir	*aur...*	*il aura*	he'll have
	être	*ser...*	*elle sera*	she'll be
	faire	*fer...*	*nous ferons*	we'll do
	pouvoir	*pourr...*	*vous pourrez*	you'll be able
	venir	*viendr...*	*ils viendront*	they'll come
	voir	*verr...*	*elles verront*	they'll see
			on verra	we'll see

4 Staying at a hotel and enquiring about hotel services

une chambre	....
avec salle de bains	with a bathroom
avec douche	with ....
avec cabinet de toilette	with washing facilities
un (grand) lit	(double) bed
une nuit	....
un ascenseur	....
une clef	key
complet	....
un jardin	garden
un parking	car park
prêt	....
le savon	....
une serviette	towel
un restaurant	restaurant

le premier étage	the first floor
le deuxième étage	the second floor
le rez-de-chaussée	....
le sous-sol	....
à gauche	on the left
à droite	on the right

Avez-vous une chambre de libre?	Do you have a room available?
Je voudrais réserver une chambre pour une personne.	I would like to book a room for one person.
C'est combien?	How much is it?
C'est pour une/deux/trois nuit(s).	It's for one/two/three night(s).
Est-ce qu'il y a un restaurant/ un parking/un ascenseur?	Is there a restaurant/ a car park/a lift?
C'est à quelle heure, le petit déjeuner/le dîner?	What time is breakfast/dinner?
L'hôtel ferme à quelle heure?	What time does the hotel close?
La télévision/Le téléphone ne marche pas.	The television/telephone is not working.
Est-ce que vous acceptez les cartes de crédit?	Do you accept credit cards?

5 Understanding and discussing the weather forecast

(see also pages 71 and 72)

la météo	the weather forecast
prévoir	to forecast, predict
Quel temps fera-t-il?	What will the weather be like?
Il fera beau/mauvais (temps).	It will be nice/bad.
Il fera chaud/froid.	It will be hot/cold.
Le temps sera variable/ ensoleillé.	The weather will be variable/ sunny.
Le ciel sera couvert.	The sky will be overcast.
Il y aura du brouillard/du soleil/ du vent.	It will be foggy/sunny/ windy.
Il fera entre 17 et 20 degrés.	It will be between 17 and 20 degrees.

une averse	....
la brume/brumeux	mist/misty
une chute de neige	snowfall
une éclaircie	....
la neige/neigeux	snow/snowy
un nuage/nuageux	cloud/cloudy
un orage/orageux	....
la pluie/pluvieux	rain/rainy

Presse-Jeunesse 5

C'est la fête!

1 Quand?

(page 75)

Lis le texte. C'est en quelle saison?

Exemple: 1 *en été*

1 La fête de la musique
2 La nuit des étoiles
3 La fête de l'Internet
4 Lire en fête

2 Au contraire

Trouve les contraires dans le texte.

1 vieux ....
2 professionnels ....
3 petits ....
4 des places privées ....
5 le jour ....
6 ferment ....
7 demander ....
8 rarement ....

3 Des mots en famille

Use the words you already know to help you guess the meanings of new words.

	français	anglais
1	écrire	....
	l'écriture	....
	par écrit	....
	un écrivain	....
2	lire	....
	la lecture	....
	un lecteur/une lectrice	....
3	faire	....
	un fait	....
	en fait	....
	faisable	....
4	travailler	....
	le travail scolaire	....
	des travaux (sur la route)	....
	travailleur/travailleuse	....
	la Fête du Travail	....

4 Des mots en groupes

Regarde les mots dans la case. Trouve:

4 mots sur l'informatique
4 instruments de musique
4 genres de livre
4 choses hors de la Terre

une bande dessinée la batterie la clarinette
le curseur *le disque dur* l'écran *une étoile*
une histoire romantique la lune **un ordinateur**
la planète Mars *un roman fantastique*
un roman policier le soleil une trompette *un violon*

Des nombres

Complète les phrases.

1 Il y a douze m_ _ _ dans l'a_ _ _ _ _.
2 Il y a cinquante-deux c_ _ _ _ _ _ _ dans un j_ _ _ de c_ _ _ _ _ _.
3 Normalement, un adulte a trente-deux d_ _ _ _ _
4 Il y a soixante m_ _ _ _ _ _ _ dans une h_ _ _ _ _.
5 Il y a onze joueurs dans une é_ _ _ _ _ _ _ de f_ _ _ _ _ _ _ _.
6 Il y a mille m_ _ _ _ _ _ dans un k_ _ _ _ _ _ _ _ _.
7 Il y a dix-huit trous sur un t_ _ _ _ _ _ _ _ de g_ _ _ _.
8 Il y a trente-deux pièces dans un jeu d'é_ _ _ _ _ _ _.

Des Français et des Françaises célèbres

(page 75)

1 C'est qui?

Lis le texte et identifie les personnes.

1 Elle a été tuée par les Anglais.
....
2 Il a été exilé par les Anglais.
....
3 Elle a ouvert un musée à Londres.
....
4 Il a transmis des messages aux Français par la BBC à Londres.
....
5 Une seule personne n'était pas soldat. Qui?
....
6 Il est mort à l'âge de soixante-dix-neuf ans.
....
7 À sa mort, elle avait moins de vingt et un ans.
....
8 Elle est morte à l'âge de quatre-vingt-neuf ans.
....
9 Il avait cinquante et un ans quand il est mort.
....
10 Qui a vécu le plus longtemps?
....

2 Français–anglais

Lis le texte et complète la liste.

	français	anglais
1	la guerre	....
2	à l'époque	....
3	une	battle
4	une .... en cire	waxwork
5	....	famous
6	....	against
7	le	king
8	une sorcière	witch

ÉPREUVE 5 **Écouter**

5/13

A À l'hôtel

Écoute les clients. Pour chaque client, choisis la bonne image.

Ex. H **1** ☐ **2** ☐ **3** ☐ **4** ☐ **5** ☐ **6** ☐

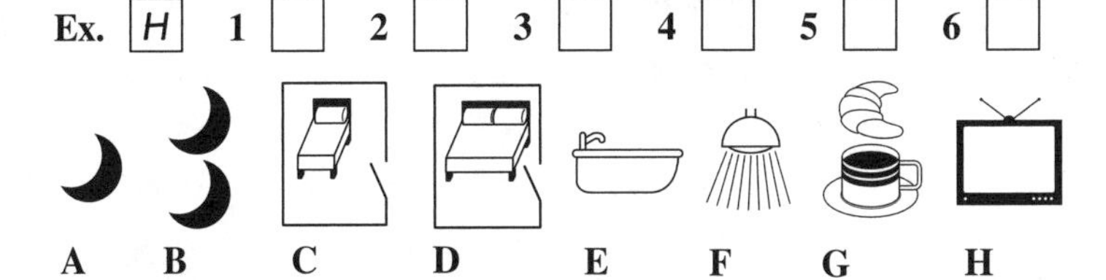

/6

B La météo

Tu écoutes la météo à la radio. Indique le temps sur la carte. Écris une lettre (**A**, **B**, **C**, etc.) dans chaque case.

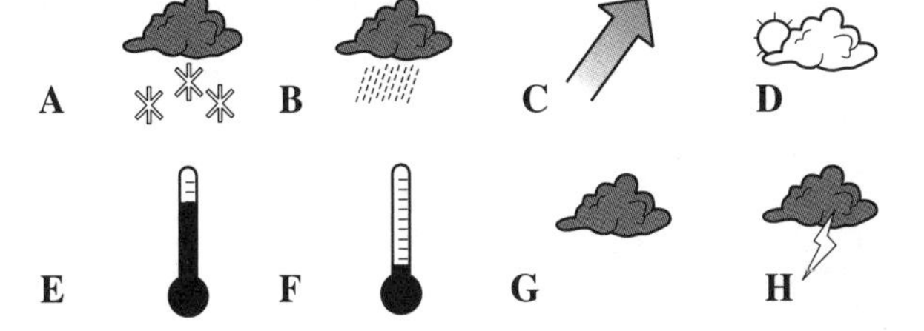

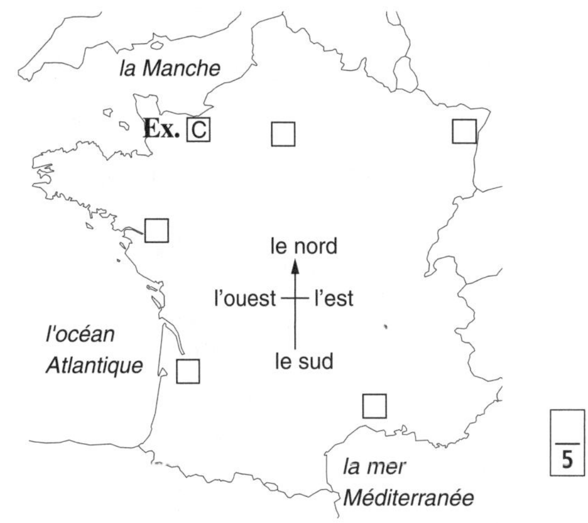

/5

C Au parc d'attractions

Écoute la conversation. Pour chaque phrase, indique si elle est vraie (**V**) ou fausse (**F**). Si la phrase est fausse, écris le détail correct.

Ex.	Le frère d'Élodie s'est bien amusé. *n'était pas content*	*F*
1	Élodie est allée au parc d'attractions avec ses amies.	
2	Le Neptune, c'est une promenade sur l'eau.	
3	Ils n'ont pas attendu longtemps pour faire le Neptune.	
4	On paie pour faire les attractions.	
5	Élodie a vu le spectacle laser avant de partir.	

/8

D Les vacances

Listen to these young French people talking about their holidays, then answer the questions **in English**.

1 How long did Christian spend in America? ....

....

2 What did he do for the first part of his stay? ....

....

3 Why was he surprised by Disney World? ....

....

4 Why did Mouna not go away in the summer? ....

....

5 What do we discover about her grandparents in Morocco? ....

....

6 What is her attitude to theme parks? ....

....

/6

Total: /25

ÉPREUVE 5 **Parler** Role Play 5/14

(Carte A)

A Les vacances

You are talking to a young French person about your holiday plans. Your teacher or another person will play the part of the French person and will speak first.

1 Say you are going to a theme park.

2 Say that you will spend the night in a hotel.

3 Ask your friend if he/she has been to a theme park.

4 Say you went last year.

(Carte B)

A Les vacances

Tu parles avec un(e) jeune Français(e). Je suis le/la jeune Français(e).

1 Qu'est-ce que tu vas faire ce week-end?

2 Ah bon. Pour la journée?

3 C'est bien, ça.

4 Non, jamais.

5 Ah bon.

(Carte A)

B Un hôtel

[When you see this –! – you will have to respond to a question you have not prepared.]

You are talking to a young French person about a hotel you stayed in recently. Your teacher or another person will play the part of the French person and will speak first.

1 

2 

3 !

4 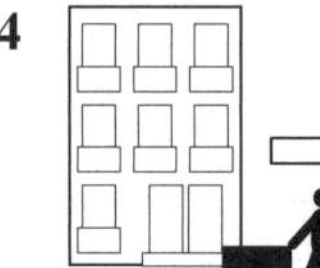 

(Carte B)

B Un hôtel

Tu parles avec un(e) jeune Français(e). Je suis le/la jeune Français(e).

1 Alors, l'hôtel, c'était comment?

2 Tiens. C'est tout, j'espère.

3 Alors, où as-tu mangé?

4 Qu'est-ce que tu as fait?

5 Tu avais bien raison!

ÉPREUVE 5 **Lire (1)**

5/15

A Des hôtels

Look at these advertisements for hotels, then answer the questions **in English**.

A Hôtel Moderne
65 ch. tout confort – tv et téléphone. Petit déj. compris. Fermé du 31 déc. au 8 fév. Piscine. Langues étr: italien; allemand. Change.

B Hôtel Panorama
79 ch. tout confort avec douche. Ouvert toute l'année. Chiens admis. Langues étr: anglais et allemand. Salles de réunion.

C Hôtel du Midi
14 ch. avec douche, wc et tv. couleurs. Gare à 100m. Petit déj. 8€. Ascenseur. Facilités pour handicapés. Fermeture annuelle: déc/jan. Les chiens ne sont pas admis.

D Hôtel du Phare
38 ch. tout confort avec téléphone. À 300m. de la plage. Ouvert de mai à septembre. Les chiens ne sont pas admis. Petit déj. 12€. Restaurant ****. Bar. Salle de jeux.

Which hotel (you may use the same hotel name more than once)...

1 has a toilet in all bedrooms? ....

2 accepts dogs? ....

3 is open all year round? ....

4 caters for disabled people? ....

5 is close to the beach? ....

6 includes breakfast in the price? ....

/6

B Au parc d'attractions

Regarde le site web du Parc Astérix.

Attractions du Parc Astérix

– **S'il pleut, est-ce que les attractions restent ouvertes?**
Normalement oui, mais quelquefois, nous sommes obligés d'arrêter provisoirement nos attractions en cas de très fortes pluies ou d'orage pour votre sécurité.

– **Le Parc Astérix, c'est beaucoup de jeux d'eau, et il ne fait pas beau aujourd'hui. Est-ce que je dois venir?**
Bien sûr, nous avons des spectacles, et d'autres attractions majeures intéressantes. Sur 28 attractions et 9 spectacles, 4 attractions seulement sont des jeux d'eau.

– **Quel est le temps d'attente aux attractions?**
En moyenne ½ heure pour les plus fréquentées. Les jours fériés, ou pendant les vacances scolaires, l'attente peut aller jusqu'à une heure. Pour les attractions majeures, essayez de les faire en fin de journée, ou aux heures de repas.

– **Il y a des attractions pour les tout petits enfants?**
23 des 28 attractions sont accessibles, même pour les petits. Pour les cinq autres, vous devez faire au moins 1,20 m ou 1,40 m.

– **Peut-on se baigner avec les dauphins*?**
Non, cela est strictement interdit.

*un dauphin = *a dolphin*

Remplis les blancs **en français**, en utilisant les mots/expressions dans la case.

change limite heure arrête se baigner heures d'ouverture
jeux d'eau parler heures des repas demi-heure

1 S'il pleut fort, on .... les attractions.

2 Quatre des attractions sont des ....

3 Normalement, on fait la queue pendant une ....

4 Essayez de faire les attractions les plus populaires aux ....

5 Pour quelques attractions, il y a une .... de hauteur.

6 On ne peut pas .... avec les dauphins.

/6

C À l'hôtel

Trouve les paires. Pour chaque début de phrase, choisis la bonne fin.

Ex.	J'ai réservé une chambre avec salle de bains, mais ...	D
1	Ma chambre était au cinquième étage, et ...	
2	Je voulais prendre une douche, mais ...	
3	Je n'ai pas réservé, et ...	
4	Je veux regarder le film, mais ...	
5	Je n'avais plus d'argent, et ...	
6	Je voulais prendre un repas, mais ...	
7	Après ma douche, j'ai trouvé qu'...	

A la télé ne marche pas.
B l'hôtel n'acceptait pas les cartes de crédit.
C l'hôtel est complet.
D on m'a donné une chambre avec douche.
E le restaurant était fermé.
F il n'y avait pas de douche.
G l'ascenseur ne marchait pas.
H il n'y avait pas de serviette.
I je n'aime pas la télévision.
J il n'y avait pas d'eau chaude.

7

D Une carte postale de Belgique

Lis la carte postale. Puis, choisis les bonnes réponses.

Salut! Je fais un petit tour du nord de l'Europe avec mes parents. La semaine prochaine, on ira en Allemagne pour voir la Forêt Noire. Moi, je n'aimerai pas ça, je crois, mais ma mère y est allée il y a cinq ans, et elle dit que c'est très beau.

On a réservé dans un hôtel de luxe: mon père m'a dit qu'il y aura de la musique tous les soirs au bar, et que nous jouerons aussi au golf. Mais on parlera allemand.

En ce moment, on est en Belgique, à Bruxelles – c'est une ville tout à fait splendide. Je fais beaucoup d'achats – des vêtements, des souvenirs... Et tout le monde – ou presque – parle français, et ça, c'est super, car je suis nulle en langues.

Malheureusement, l'hôtel n'est pas très bon. Il n'y a rien – pas de piscine, pas de disco, et il n'y a même pas de télé dans la chambre.

Demain, on ira à un parc d'attractions. Ce ne sera sans doute pas comme Disney World, mais je suis sûre que je m'amuserai bien quand même.

Oh, et avant de venir en Belgique, on a passé deux jours en Hollande, à Amsterdam. Nous avons fait une promenade en bateau – c'était cool.

Stéphanie

Ex. L'hôtel à Bruxelles ...
A ☑ n'a pas **B** ☐ n'avait pas
C ☐ n'aura pas
... beaucoup de distractions.

1 Les vacances de Stéphanie ont commencé en ...
A ☐ Belgique. **B** ☐ Hollande.
C ☐ Allemagne.

2 À présent, Stéphanie passe son temps dans...
A ☐ la Forêt Noire. **B** ☐ les magasins.
C ☐ l'hôtel.

3 Stéphanie n'a pas de problèmes de langue ...
A ☐ à Amsterdam. **B** ☐ en Allemagne.
C ☐ à Bruxelles.

4 Pour la mère de Stéphanie, ce sera sa ...
A ☐ première **B** ☐ deuxième
C ☐ troisième
... visite en Allemagne.

5 La promenade en bateau, ...
A ☐ c'est pour cet après-midi.
B ☐ c'était la semaine dernière.
C ☐ ce sera la semaine prochaine.

6 On jouera au golf ...
A ☐ en Allemagne. **B** ☐ en Belgique.
C ☐ en Hollande.

6

Total: 2

ÉPREUVE 5 **Écrire**

5/17

A Quel temps fait-il, aujourd'hui?

Pour chaque image, complète la phrase **en français**.

Ex. — **1**  — **2**  — **3**  — **4** 

Il fait ..... beau ..... Il .... Il y a du .... Il .... Le ciel est ....

/4

B Une réservation

Write a letter to book a hotel room **in French**.

Mentionne: – quelle sorte de chambre tu veux

– quand tu arriveras

Pose une question au directeur de l'hôtel.

....

....

....

....

/6

C Les verbes

Fill in the blanks with the appropriate verb in the future tense.

Ex. Demain il ..... fera ..... beau. (faire)

1 Le week-end prochain, j'..................... au cinéma. (aller)

2 Ce soir, elle .... une pizza. (manger)

3 Demain, il y .... du vent. (avoir)

4 Nous .... à huit heures. (partir)

5 Pour venir chez moi, tu .... le bus. (prendre)

6 Vous .... me voir, ce week-end? (venir)

/6

D Une lettre

Ton ami(e) français(e) va venir chez toi. Écris-lui une lettre **en français**.

– Parle de ce que tu as fait le week-end dernier.

– Pose-lui une question sur ses intérêts.

– Propose une excursion.

....

....

....

....

....

/9

Total: /25

Des sports

Trouve le bon texte pour chaque image.

Exemple: 1 *j le football*

a l'athlétisme
b le handball
c l'aérobic
d le rugby
e le vélo/le cyclisme
f le basket
g la voile
h le jogging
i la gymnastique
j le football
k le yoga
l le volley

L'alimentation

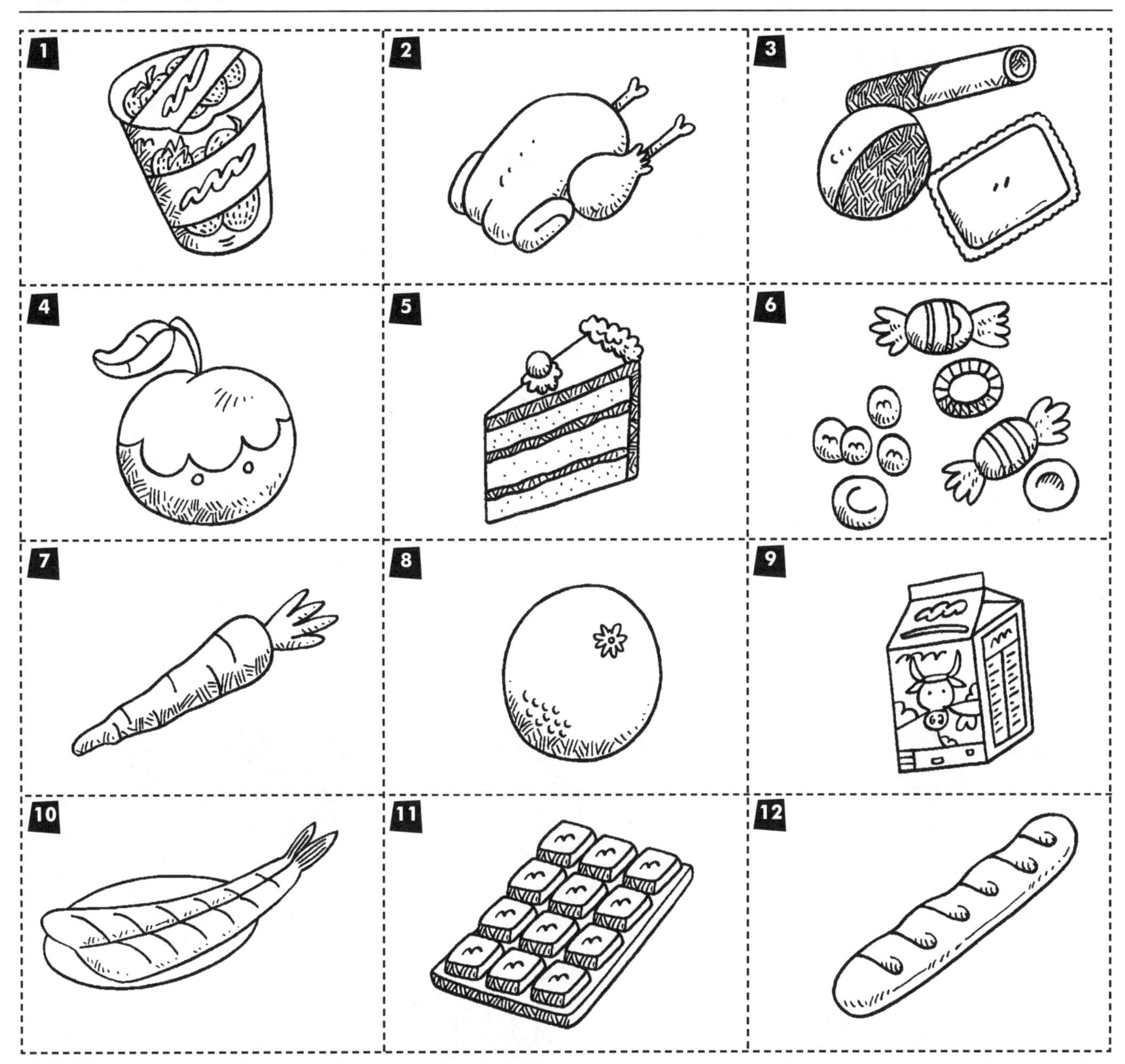

Trouve les 12 mots et écris les dans la liste.

1 un **Ex.** yaourt
2 du ....
3 des ....
4 une ....
5 du ....
6 des ....
7 une ....
8 une ....
9 du ....
10 du ....
11 du ....
12 du ....

b	i	s	c	u	i	t	s	s	c
c	b	o	n	b	o	n	s	c	h
l	h	r	o	t	h	e	y	a	o
a	c	h	o	c	l	i	a	r	c
i	g	â	t	e	a	u	o	o	o
t	a	c	t	e	n	o	u	t	l
r	o	r	a	n	g	e	r	t	a
y	x	p	a	i	m	y	t	e	t
p	r	p	o	i	s	s	o	n	m
a	l	i	p	o	m	m	e	n	i
i	m	p	o	u	l	e	t	o	a
n	y	o	g	a	r	i	e	z	m

En vacances

1 Une journée de vacances

Marc est en vacances. Voilà ce qu'il a fait hier. Mets les phrases dans l'ordre pour décrire sa journée.
Exemple: ...*g*..., ..., ..., ..., ..., ..., ..., ..., ..., ...

a Je me suis reposé au soleil et j'ai dormi.
b ... et je me suis dépêché de rentrer à la maison.
c Enfin, je me suis levé à onze heures et demie.
d Il a commencé à pleuvoir. Je me suis réveillé.
e ... mais je ne me suis pas levé tout de suite.
f L'après-midi, je me suis baigné dans la mer.
g Je me suis réveillé à dix heures, ...
h Je me suis lavé.
i Je me suis vite habillé ...
j Je me suis habillé.

2 Une nuit de vacances

1 Hier soir, Madame Legrand s'est couchée à neuf heures. Pendant la nuit, elle s'est réveillée. Elle a entendu un bruit dans le salon.

2 Elle s'est levée et s'est habillée.

3 Elle est descendue au salon, mais elle s'est arrêtée devant la porte pour prendre un parapluie.

4 Doucement, Madame Legrand a ouvert la porte. Elle a vu quelqu'un près de la fenêtre.

5 Elle s'est approchée de la fenêtre ...

6 ... et elle a trouvé sa fille. Elle avait oublié sa clef.

a *Vrai ou faux?*

1 Madame Legrand s'est couchée de bonne heure. ....
2 Elle a très bien dormi. ....
3 Elle s'est réveillée pendant la nuit. ....
4 Elle s'est fâchée. ....
5 Elle a téléphoné à la police. ....
6 Elle est descendue au salon. ....

b *Réponds aux questions.*

1 Est-ce que Madame Legrand s'est couchée tard?
Non, elle s'est ....
2 Quand est-ce qu'elle s'est réveillée?
....
3 Qu'est-ce qu'elle a entendu?
....
4 Où est-ce qu'elle est descendue?
....
5 Qui est-ce qu'elle a trouvé près de la fenêtre?
....

Une lettre du Sénégal

1 La lettre de Yankuba

Voici une lettre qui vient du Sénégal.
Yankuba Sonko, un garçon de quatorze ans qui habite à la campagne, nous raconte sa journée.
Complète sa lettre avec les mots dans la case.
Exemple: 1 je *me suis réveillé*

me suis levé	me suis préparé	me suis réveillé	nous sommes ... amusés	nous sommes lavés
s'est ... fâchée	s'est ... passée	s'est occupée	s'est occupée	se sont sauvés

Cher Léon,

Hier matin, je (1)............................ très tôt et je (2)............................ vers cinq heures du matin, comme d'habitude. J'ai réveillé ma petite sœur, Boge, et nous (3)............................ . Je n'ai pas mis mon uniforme scolaire immédiatement parce qu'il y avait du travail à faire avant d'aller à l'école.

Après le petit déjeuner (du 'porridge' avec du lait de chèvre), Boge (4)............................ de balayer le plancher et je suis allé chercher de l'eau pour notre mère.

Quand je suis revenu avec l'eau, je (5)............................ pour aller à l'école, et pour ça, j'ai mis mon uniforme scolaire. Boge n'est pas allée à l'école hier. Elle (6)............................ du bébé pendant que notre mère travaillait.

J'ai la chance d'aller à l'école secondaire dans la ville qui est à deux kilomètres de notre village. Après les leçons, j'ai organisé un petit match de football avec mes copains et nous (7)...................... bien ....

Je suis rentré tard à cause du football et ma sœur était très contente de me voir: la pauvre Boge, sa journée ne (8)........... pas très bien ....! Des singes sont arrivés et ils ont mangé beaucoup de plantes dans notre jardin. Boge leur a crié après et ils (9)............................, mais, naturellement, notre mère (10)........... beaucoup ....!

Yankuba Sonko

la chèvre = *goat*
balayer = *to sweep*
se sauver = *to run away*

2 La journée de Boge

Boge raconte sa journée à une amie. Peux-tu compléter l'histoire pour elle? Pour t'aider, regarde la lettre ci-dessus.
Hier, je (1).......................... à cinq heures avec mon frère. Je ne suis pas allée à l'école hier. Je (2).......................... du bébé et de notre chèvre. Pendant la journée, des singes (3).......................... . Ils ont mangé les plantes de Maman. J'ai crié après eux très fort, et ils (4).......................... . Maman (5).......................... .

3 Ma journée

Fais une petite description (vraie ou imaginaire) de ta journée d'hier.

Pour t'aider

Hier, je me suis réveillé(e) à ...
je me suis lavé(e) ...
je (ne) me suis (pas) occupé(e) de ...
je me suis amusé(e)/ennuyé(e)
je (ne) me suis (pas) fâché(e)

À la pharmacie

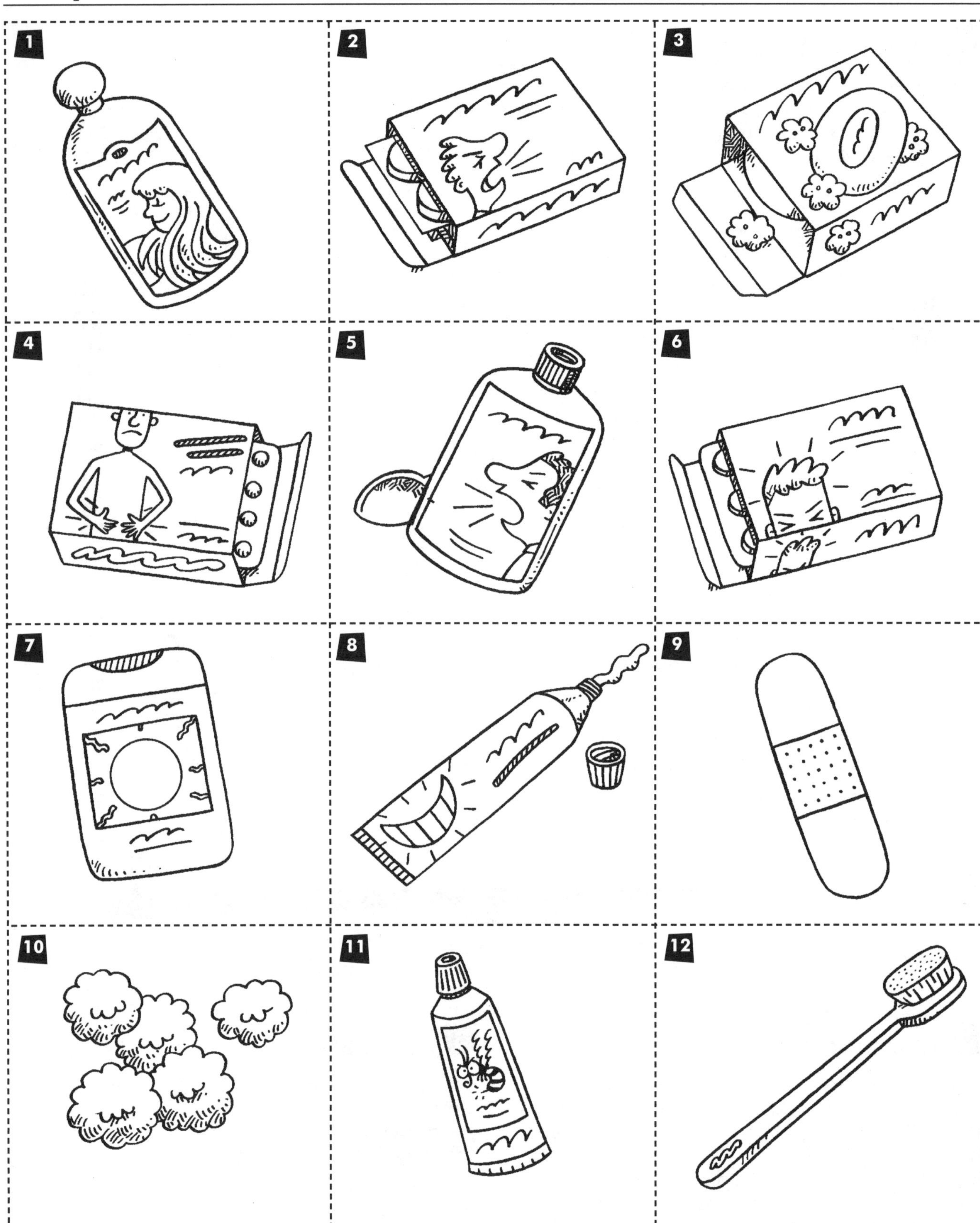

Trouve le bon texte pour chaque image.

Exemple: 1 *b du shampooing*

- **a** un tube de dentifrice
- **b** du shampooing
- **c** une brosse à dents
- **d** une crème solaire
- **e** du sparadrap
- **f** du coton
- **g** du savon
- **h** de l'aspirine
- **i** des pastilles pour la gorge
- **j** du sirop pour la toux
- **k** un médicament pour le mal de ventre
- **l** une crème contre les piqûres d'insectes

Chez le pharmacien

1 Une liste

Tu dois acheter six choses à la pharmacie. Écris ta liste. Voici des idées:

a b c d e

f g h i

à la pharmacie

1 ....
....
2 ....
....
3 ....
....
4 ....
....
5 ....
....
6 ....
....

2 Qu'est-ce qu'on dit?

Complète les bulles pour chaque personne.

Exemple: 1 *Avez-vous quelque chose contre un coup de soleil?*

3 Chasse à l'intrus

Souligne le mot qui ne va pas avec les autres.

1 le genou, la jambe, le pied, la piqûre
2 les yeux, les oreilles, les lunettes, les dents
3 la gorge, le rhume, la bouche, le dos
4 le ventre, le dentifrice, le savon, le sparadrap
5 l'ordonnance, l'œil, le bras, la main

4 C'est quelle maladie ?

Lis la description et devine le mot anglais pour ces maladies. Puis vérifie dans le dictionnaire, si tu veux.

1 J'ai du mal à respirer quelquefois et je supporte mal la fumée. J'ai toujours mon inhalateur sur moi, car je souffre d'asthme.
L'asthme en anglais, c'est '...'.
2 Je suis quelquefois malade en été quand il fait chaud et il y a beaucoup de pollen. J'ai les yeux rouges et gonflés. Je souffre du rhume des foins.
Le rhume des foins, c'est '...' en anglais.
3 Ma mère a de la fièvre et elle a mal partout : aux épaules, aux jambes, à la tête. Le médecin dit que ça va durer une semaine ou plus et, malheureusement, la grippe est une maladie infectieuse.
La grippe, c'est '...' en anglais.

Chez le médecin

1 Tu comprends le médecin?

Complète la liste.

	français	**anglais**
1	Qu'est-ce qui ne va pas?	.... *the matter?*
2	Ouvrez la bouche.	.... *your* ....
3	Ça vous fait mal là?	....
4	Ce n'est pas grave.	*It's not* ....
5	Est-ce que vous dormez bien?	....
6	Buvez beaucoup d'eau minérale.	.... *plenty of* ....
7	Avez-vous de la fièvre?	....
8	Ne mangez rien aujourd'hui.	.... *anything* ....
9	C'est quel nom, s'il vous plaît?	....
10	Restez au lit.	....
11	Prenez un autre rendez-vous.	....
12	Venez me voir, lundi.	....

2 Un acrostiche

a *Complète l'acrostiche.*
b *Qui dit ça, le docteur (D) ou le/la malade (M)?*

1	38 degrés. Vous avez de la ...!	**Ex.** *D*
2	Je ne vois pas bien. J'ai mal aux ...	
3	Je vous donne une ... . Allez à la pharmacie.	
4	Je ne suis pas là le week-end, mais venez ... matin.	
5	J'ai mangé des crevettes et maintenant, j'ai mal au ...	
6	Si vous avez soif, ... de l'eau minérale.	
7	... me voir la semaine prochaine.	
8	Brr, j'ai très ...!	
9	Et maintenant, j'ai trop ...! J'enlève mon pull.	
10	Vous avez mal aux ...? Alors, allez chez le dentiste!	

1 r
2 e
3 n
4 d
5 e
6 z
-
7 v
8 o
9 u
10 s

3 Un rendez-vous

Travaillez à deux. Inventez des conversations.

Conversation 1
Au téléphone
A Je voudrais prendre un rendez-vous, s'il vous plaît.
B ✔ mer. 11.10, ça va?
A ✔
Chez le médecin
B Alors qu'est-ce qui ne va pas?
A
B (2 jours)
A C'est grave?
B ✗

Conversation 2
Au téléphone
B Je voudrais prendre un rendez-vous, s'il vous plaît.
A ✔ ven. 15.40, ça va?
B ✔
Chez le médecin
A Alors qu'est-ce qui ne va pas?
B
A , s'il vous plaît.
Ah, je vois. Prenez ces .
B C'est grave?
A ✗

Des excuses 

Travaillez à deux. Inventez des conversations. Faites des invitations et donnez des excuses à tour de rôle.

Exemple: **A** *Tu veux faire du vélo cet après-midi?*   14h–17h

B *Ah non, je regrette. J'ai mal à la jambe.*

Pour t'aider

Tu veux (+ infinitif) ...?	Je regrette, ...
Tu as envie de (+ infinitif) ...?	Je suis désolé(e), mais ...
Si on (+ imparfait) ...?	Je ne peux pas.
Je (+ présent) ... . Tu veux venir?	C'est impossible.

	invitations	excuses
1	ven. 19h30–22h  CINÉMA	
2	sam.–dim. 	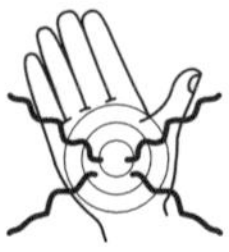
3	sam. 19h30 	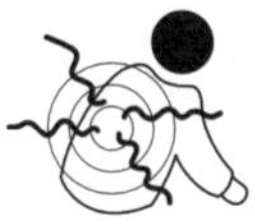
4	17h–18h 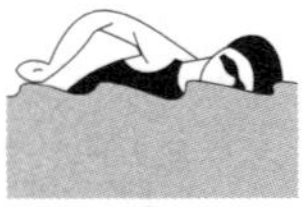	
5	sam. ou dim. 	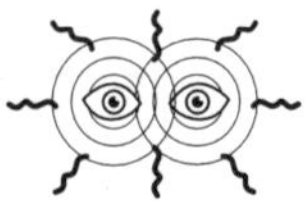
6	mer. 14h–16h 	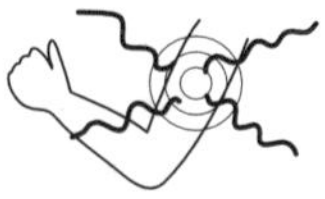
7	12h–13h 	
8	dim. 9h30–12h 	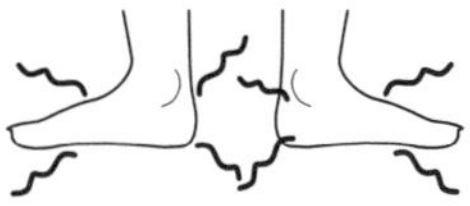

Écoute et parle

1 Les sons français

a Les voyelles

French spellings	Equivalent sound in English	Examples
eu (exception: eu – past participle of 'avoir')	no equivalent in English	f**eu**, curi**eu**x, génér**eu**x
eu, eur, œur	no equivalent in English	l**eur**, c**œur**, n**eu**f
ui	no equivalent in English	l**ui**, h**ui**t, c**ui**sine

Écoute, répète et écris la bonne lettre.

1 ...., **2** ...., **3** ...., **4** ...., **5** ...., **6** ....

a huile c peut e vendeur
b nuit d sœur f veux

b Les consonnes

French spellings	Equivalent sound in English	Examples
x (before a vowel)	as **gs** in e**gg**s	
x (before a consonant)	as **ks** in ki**ck**s	e**x**amen, e**x**emple e**x**cuser, e**x**pliquer
z, **s** (between two vowels)	**z** as in **z**oo	ga**z**, chai**s**e, cho**s**e

Écoute, répète et écris la bonne lettre.

1 ...., **2** ...., **3** ...., **4** ...., **5** ...., **6** ....

a fraise c raison e explosion
b excellent d exact f zèbre

c Des phrases ridicules

Écoute, répète et complète les phrases.

1 Mathieu, très heureux, a fait la queue pour le _ _ _ des œufs.
2 À neuf heures, leur _ _ _ _ _ curieuse veut pleurer avec eux.
3 Une nuit, _ _ _ _ cuisiniers comptent les cuillères avec lui.
4 Il écrit des exercices dans l'examen, puis s'_ _ _ _ _ _ _ et s'en va en excursion.
5 Zut, on a saisi seize _ _ _ _ _ _ _ _ et douze roses dans le zoo.

2 Et après?

Écoute la lettre et dis et écris la lettre qui suit dans l'alphabet.

Exemple: 1 ..d...., **2** ...., **3** ...., **4** ...., **5** ....,
6 ...., **7** ...., **8** ....

3 Au téléphone

Écoute et complète les phrases.

1 Allô. Je vous entends très _ _ _ .
2 Excusez-moi, c'est une _ _ _ _ _ _ _ .
3 C'est _ _ _ _ Legrand à l'appareil.
4 Est-ce que je peux parler à _ _ _ _ _ _ _ _ ?
5 C'est de la part de _ _ _ ?
6 Elle n'est pas _ _ en ce moment.
7 Vous voulez rappeler plus _ _ _ _ ?
8 Je rappellerai ce _ _ _ _ .
9 Je voudrais téléphoner en _ _ _ _ _ _ _ _ _ _ _ _ en PCV.
10 Je me suis trompé de _ _ _ _ _ _ _ .

4 Des conversations

Écoute les questions et réponds comme indiqué, puis écoute pour vérifier.

1 En forme
– Qu'est-ce que tu fais pour rester en forme?
– **sport rég.**
– Qu'est-ce que tu fais comme sport?
– **2 x p. sem.**
– Tu veux venir à la piscine cet après-midi?
– ✗

2 À la pharmacie
– Je peux vous aider?
– Say you'd like something for a sore throat.
– Avez-vous mal à la tête aussi?
– ✗ mais
– Prenez ces pastilles.
– Say thank you and ask the price.
– 3,20 euros, s'il vous plaît.

3 Un accident
– Où est-ce que l'accident s'est produit et à quelle heure?
–

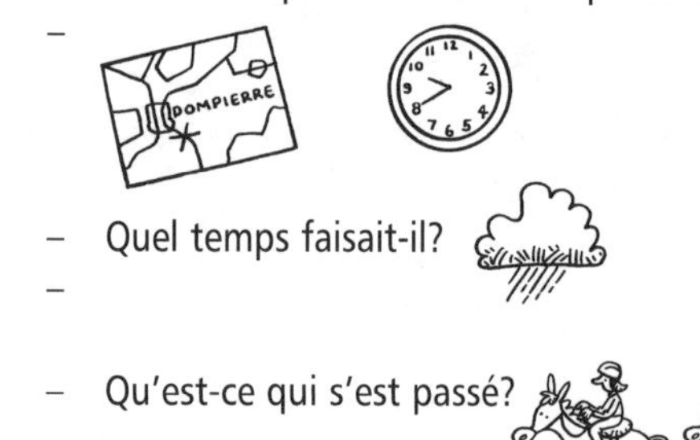

– Quel temps faisait-il?
–
– Qu'est-ce qui s'est passé?
–

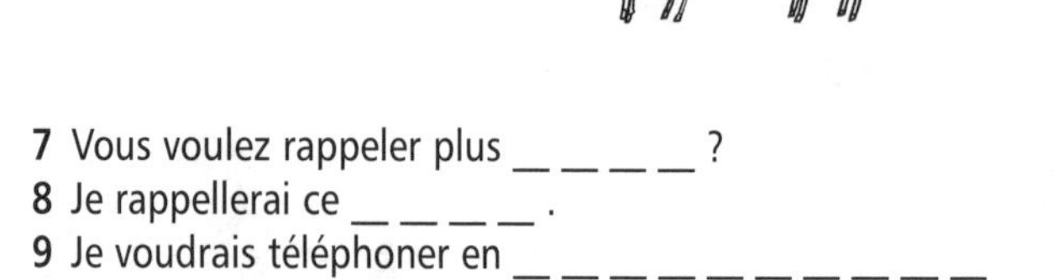

Tu comprends? 

1 Qu'est-ce qu'on a fait?

Écoute les phrases et trouve l'image qui correspond.

Exemple: 1 ..*b*...., **2** ...., **3** ...., **4** ...., **5** ...., **6** ...., **7** ...., **8** ...., **9** ...., **10** ....,

a, c

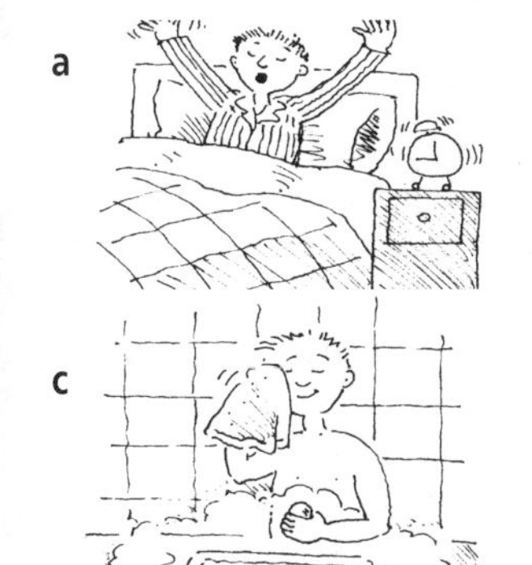

b

d

e

f

g

h

i

j

3 Que fais-tu pour rester en forme?

Écoute les phrases et coche (✔) les bonnes cases.
(Attention! Des fois, il faut cocher plusieurs cases.)

	1	2	3	4	5	6	7	8
a								
b	**Ex.** ✔							
c								
d								
e								
f	**Ex.** ✔							
g								
h								
i								
j								

2 Chez le médecin

Écoute la conversation et choisis la bonne réponse.

Exemple: 1 *b*

1 La dame a mal …
- **a** ☐ à la gorge.
- **b** ☐ au ventre.
- **c** ☐ aux dents.

2 Elle ne veut pas …
- **a** ☐ manger.
- **b** ☐ boire.
- **c** ☐ dormir.

3 Sa maladie a commencé …
- **a** ☐ il y a une semaine.
- **b** ☐ avant-hier.
- **c** ☐ il y a trois jours.

4 Elle a aussi …
- **a** ☐ mal aux pieds.
- **b** ☐ mal à la bouche.
- **c** ☐ de la fièvre.

5 Le docteur dit …
- **a** ☐ que ce n'est pas grave.
- **b** ☐ qu'il ne voit rien.
- **c** ☐ qu'elle doit aller à l'hôpital.

6 Elle reçoit une ordonnance pour …
- **a** ☐ trois repas.
- **b** ☐ des comprimés.
- **c** ☐ de l'eau minérale.

7 Elle doit revenir …
- **a** ☐ si elle a mal aux yeux.
- **b** ☐ si ça va mieux.
- **c** ☐ si ça ne va pas mieux.

Sommaire

Complète le sommaire avec des mots anglais.

1 Saying when you do something

toujours	always
souvent	....
rarement	rarely
régulièrement	regularly
chaque matin	....
pendant la semaine	during the week
une/deux/trois fois par semaine	once/twice/three times a week
ne ... jamais	....
bien/mal	well/badly
vite	....

2 Discussing healthy eating

j'aime manger/boire ...	I like eating/drinking ...
c'est bon/mauvais pour la santé	it's healthy/unhealthy

(see also **Vocabulaire par thèmes**, page 167)

3 Discussing healthy lifestyles and general fitness
(see **Vocabulaire par thèmes**, page 167)

4 Using the imperative (see page 79)

5 Using reflexive verbs in the perfect tense

s'amuser	to enjoy yourself
se baigner	....
se coucher	....
se dépêcher	to hurry
se détendre	to relax
se disputer	....
s'ennuyer	to be bored
s'entendre avec	....
se fâcher	to get angry
s'habiller	....
s'habituer à	to get used to
s'inquiéter	to be worried
s'intéresser à	to be interested in
se laver	to get washed
se lever	....
se mettre à	to start to
se reposer	to lie down
se réveiller	to wake up
se sentir (bien/mal)	.... (well/ill)

6 Identifying parts of the body
(see page 82 and **Vocabulaire par thèmes**, page 167)

7 Using some expressions with the verb *avoir*
(see page 83)

8 Buying basic medical supplies at the chemist's

des pastilles pour la gorge	cough pastilles
de l'aspirine	aspirin
des comprimés (m pl)	....
du shampooing	shampoo
une crème contre les piqûres d'insectes	cream for ....
un tube de dentifrice	a tube of toothpaste
du coton	cotton wool
une brosse à dents	....
du sparadrap	sticking plaster
une crème solaire	sun cream
du sirop pour la toux	cough medicine
du savon	....
un médicament pour le mal de ventre	medication for indigestion

9 Asking for and understand advice at the chemist's

Je voudrais ...	I'd like ...
Avez-vous ...?/Donnez-moi ...	Have you got ...?/Give me ...
Prenez ces pastilles, etc.	.... pastilles, etc.
Si ça ne va pas mieux ... demain/dans deux jours ... prenez un rendez-vous avec le docteur.	If it's not better ... tomorrow/in two days ... make an .... with the doctor.

10 Making an appointment at the doctor's or dentist's

Je voudrais prendre un rendez-vous avec le docteur/dentiste, s'il vous plaît.	I'd like to make an appointment with the doctor/dentist, please.
C'est à quel nom?	What .... is it?

11 Talking to a doctor/dentist and understand them

Qu'est-ce qui ne va pas?	What's the matter?
J'ai mal à la gorge/aux dents, etc.	My throat hurts/teeth hurt, etc.
Ouvrez la bouche.	....
Montrez-moi la dent.	Show me the tooth.
C'est grave?	Is it serious?
Prenez ce médicament.	.... this medicine.
Mettez cette crème.	Put on this ointment.
Restez au lit.	....
Revenez dans trois jours.	Come back in three days.

12 Using *depuis* with the present tense

Depuis combien de temps?	For how long?
Depuis quand?	Since when?
Depuis deux jours.	....
Depuis lundi.	Since Monday.

13 Giving and understanding details of an accident

Où est-ce que l'accident s'est produit?	Where did the accident happen?
Quelle heure était-il?	What time was it?
Quel temps faisait-il?	What was the .... like?
Quel âge avait la personne?	How old was the person?
Que faisait-elle?	What was he/she doing?
Qu'est-ce qui s'est passé?	What ....?

Rappel 3

1 Sept magasins

Écris le nom du magasin où on peut acheter ces produits.

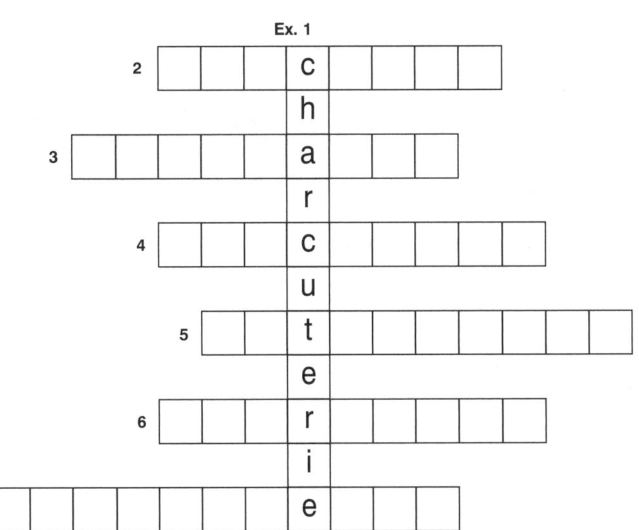

2 Qu'est-ce qu'on a oublié?

Regarde la liste et le panier.
Qu'est-ce qu'on a oublié?

500 g de tomates
125 g de pâté
2 baguettes
trois pains au chocolat
un paquet de biscuits
un kilo d'oranges
un litre de lait

1 paire de chaussettes 'fantaisie'
1 bracelet et 1 peluche pour Caroline
2 paquets de bonbons (pour Jean et Alain)
2 cartes d'anniversaire
3 cartes postales

un stylo, et du papier à lettres
un jeu de cartes
2 bouteilles de coca
des chaussettes noires
2 paquets de chips (grands)
des lunettes de soleil

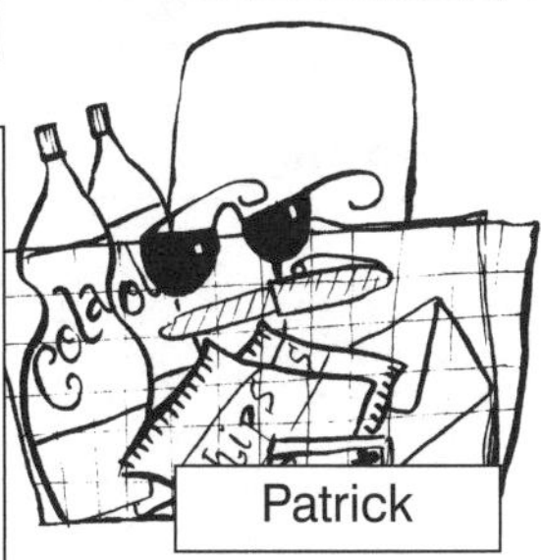

3 Des achats

Chaque personne a l'argent exact pour une chose illustrée.
Qu'est-ce qu'on achète?
Exemple: 1 Elle achète ***une tablette de chocolat.***

1 Karima a deux euros cinquante.
Elle achète ....
2 Ibrahim a douze euros vingt.
Il achète ....
3 Lise a dix euros quarante.
Elle achète ....
4 Julie a dix-neuf euros trente-cinq.
Elle achète ....
5 Charlotte a vingt-cinq euros.
Elle achète ....
6 Nicolas a quinze euros quatre-vingt-dix.
Il achète ....
7 Raj a vingt-six euros soixante-dix.
Il achète ....
8 Stéphanie a huit euros cinquante-neuf.
Elle achète ....

Presse-Jeunesse 6

Deux peintres modernes (page 88)

1 C'est qui?

C'est Picasso (P) ou Matisse (M)?

1	Il était espagnol.	**Ex.** *P*
2	Pendant son enfance, il s'intéressait déjà à la peinture.	
3	Il aimait utiliser les couleurs primaires.	
4	C'est peut-être le plus grand artiste du 20e siècle.	
5	Il faisait des collages avec du papier colorié.	
6	Il est mort à l'âge de 92 ans.	
7	C'est sa mère qui l'a encouragé à faire de la peinture.	
8	Il aimait faire des portraits de ses amis.	

2 Un acrostiche

1 **Ex.**

						1						
2						t						
3						a						
4						b						
5						l						
6						e						
7						a						
8						u						
9						x						

1 J'aime les ... de Picasso, surtout Guernica.
2 Matisse et Picasso étaient deux ... importants du 20e siècle.
3 Picasso a fait beaucoup de ... de femmes.
4 – À mon avis, Picasso est l'artiste le plus ... du 20e siècle.
5 Matisse choisissait souvent des ... primaires.
6 D'habitude, les artistes aiment peindre ou ... .
7 Matisse aimait ... des tableaux harmonieux et joyeux.
8 Le père de Picasso était professeur de ... .
9 Matisse a fait de ... tableaux avec du papier découpé.

3 C'est facile à comprendre

Use the context to guess the meaning of these words.

	français	anglais
1	des centaines	....
2	des gravures	....
3	exprimer	....
4	la guerre civile	....
5	une appendicite	....
6	une canne à pêche	....
7	les couleurs vives	....
8	directement	....

4 Les mots en famille

Use familiar words to help you guess the new words.

	français	anglais
1	couper	....
	découpé	....
2	vivre	....
	la vie	....
	vif (vive)	....
3	un dessin	....
	dessiner	....
	une bande dessinée	....
4	une peinture	....
	peindre	....
	le papier peint	....

Ce n'est pas mon type!

1 Vrai ou faux? (page 89)

Use the context to help you understand the story.
Écris vrai (V) ou faux (F).

1	Vincent invite Manon et Sandra au cinéma.	**Ex.** *F*
2	Manon et Sandra acceptent tout de suite.	
3	Vincent n'est pas sportif.	
4	Manon dit que Vincent est arrogant.	
5	Manon et Sandra aiment porter un jean et un pull.	
6	Les filles se disent qu'elles ne vont pas aller à la boum.	
7	Sandra veut prêter un jean à sa mère.	
8	Manon et sa mère sont allées dans un magasin de mode.	
9	Sandra est étonnée de voir Manon à la boum.	
10	Vincent a déjà une petite amie.	

2 Autrement dit

Sometimes the same meaning is expressed in different ways. In the story, find a different way of saying these phrases.

Exemple: 1 *il est trop sportif*
1 il s'intéresse trop au sport
2 je ne veux pas mettre une robe chère
3 il est quelle sorte de garçon?
4 il réussit au collège
5 voilà ma petite amie

3 5-4-3-2-1

Regarde l'image numéro 7. Trouve ...
5 vêtements..
4 choses à manger ....
3 boissons ....
2 choses avec des enregistrements musicaux ....
1 animal ....

ÉPREUVE 6 Écouter

6/14

A Où a-t-on mal?

Pour chaque conversation, choisis la bonne image.

Ex. [*G*] **1** [ ] **2** [ ] **3** [ ] **4** [ ] **5** [ ] **6** [ ]

A **B** **C** **D** **E** **F** **G** **H**

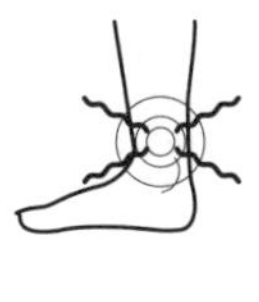
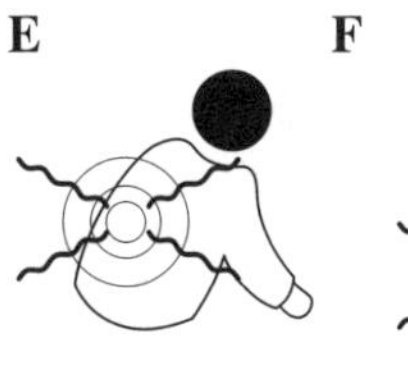
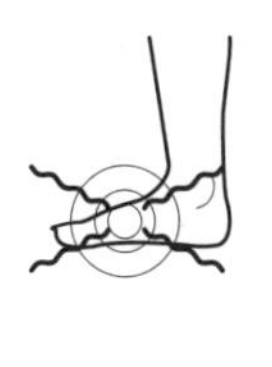
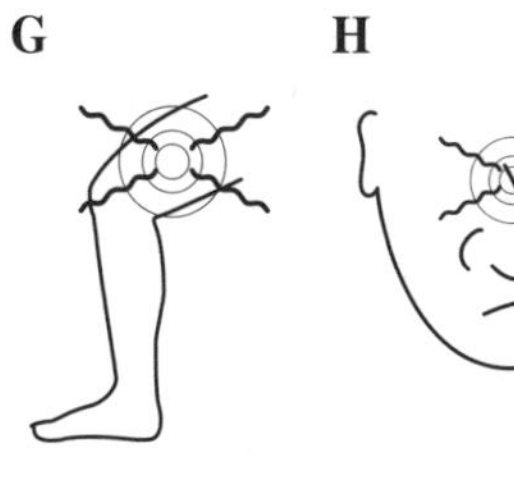

/6

B À la pharmacie

On explique ses symptômes. Pour chaque client, choisis le bon médicament.

Ex. [*H*] **1** [ ] **2** [ ] **3** [ ] **4** [ ] **5** [ ]

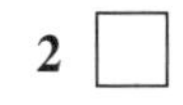

A **B** **C** **D**

E **F** **G** **H**

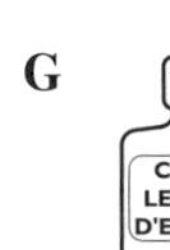

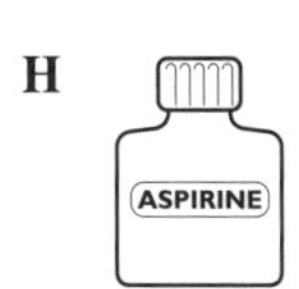

/5

C Rendez-vous

Écoute ces conversations téléphoniques. Le rendez-vous est pour quand? Où?
Complète la grille **en français**.

	Quand	**Où**
Ex.	*16h30*	*chez le dentiste*
1		
2		
3		
4		

/8

D Un accident

Listen to this news report, then answer the questions **in English**.

1 Where did the accident happen? ....

2 What was the weather like? (Give two details) ....

3 Approximately how many vehicles were involved? ....

4 What are we told about the condition of the injured? ....

....

5 What happened as a result of the accident? ....

....

6 What did the leader of the emergency services blame for the accident? ....

....

/6

Total: /25

Carte A

A En forme

You are talking to a young French person about keeping fit. Your teacher or another person will play the part of the French person and will speak first.

1. Say you go swimming.
2. Say you go twice a week.
3. Say you go to school by bike.
4. Say you eat too much.

Carte B

A En forme

Tu parles avec un(e) jeune Français(e). Je suis le/la jeune Français(e).

1. Alors, que fais-tu pour rester en forme?
2. Ah bon. Tu fais ça souvent?
3. C'est tout?
4. Tu dois être vraiment en forme!
5. Moi aussi.

Carte A

B À la pharmacie

[When you see this – ! – you will have to respond to a question you have not prepared.]

[When you see this – ? – you must ask a question.]

While you are in France, you have an upset stomach, and you go to the chemist's. Your teacher or another person will play the part of the French chemist and will speak first.

1. Symptômes (deux détails)
2. !
3. Nourriture
4. Docteur?

Carte B

B À la pharmacie

Tu parles avec un(e) pharmacien(ne) français(e). Je suis le/la pharmacien(ne) français(e).

1. Je peux vous aider, monsieur/mademoiselle?
2. Ah oui. Vous êtes malade depuis quand?
3. Qu'est-ce que vous avez mangé récemment?
4. Bon.
5. Non. Prenez ce médicament.

ÉPREUVE 6 Lire (1)

6/16

A Les médicaments

Look at these extracts from medicine labels, then answer the questions **in English**.

1 Deux comprimés trois fois par jour

2 À prendre avec les repas

3 Sirop contre le mal de tête

4 Prenez une cuillerée tous les soirs

5 Médicament efficace contre le mal de ventre

When would you take each medicine?

1 ....

2 ....

3 ....

4 ....

5 ....

/5

B En forme

Moi, je fais très peu d'exercice. Quelquefois, mes copains vont à la piscine, et je les accompagne, mais je n'aime vraiment pas ça. – **Sylvie**

Je ne suis pas fort en sport, et je déteste les sports d'équipe, mais j'aime bien la randonnée, alors tous les week-ends, je pars à la campagne. C'est excellent pour la forme, et on n'a pas besoin de s'entraîner. – **Alain**

Je fais de la danse toutes les semaines, et j'essaie de manger sainement, mais à part ça, je ne fais pas grand-chose. – **Mireille**

Pour rester en forme, je joue au foot le dimanche, et je vais à un club de gym deux fois par semaine. Puis, tous les matins, je fais 10 kilomètres à pied. – **Jawad**

Je ne fais pas d'exercice pour le plaisir, mais tous les jours, je vais au bureau à vélo, car il n'y a pas de car, et je n'ai pas mon permis de conduire. Mais je n'utilise jamais mon vélo pour faire des promenades. – **Gaëlle**

Le soir et le week-end, je suis toujours fatigué – bien trop fatigué pour faire du sport. Mais en fait, je n'en ai pas besoin. Je suis assez en forme à cause de mon travail. Je travaille sur les autoroutes; c'est un boulot très physique. – **Frédéric**

Je n'ai vraiment pas le moral récemment – et c'est à cause du sport. Ce n'est pas le sport qui me déprime, mais le fait que je me suis cassé le bras, et donc je ne peux pas en faire. Pour moi, le sport est très important. – **Raja**

Lis ces e-mails, puis réponds aux questions. Pour chaque question, écris simplement le prénom de la personne.

Ex. Qui fait beaucoup de sports?

Jawad

1 Qui est en forme sans faire de sport?

....

2 Qui fait rarement d'activité sportive?

....

3 Qui fait de l'exercice tous les jours, sans faire de sport?

....

4 Qui ne peut pas faire de sport?

....

5 Qui ne fait rien de spécial pour rester en forme?

....

6 Qui aime faire des promenades?

....

/6

C Un régime équilibré

Lis cet article d'un magazine pour les jeunes. Puis fais l'activité sur la feuille **Lire (2) 6/17**.

Mangez sainement!

Pour être en forme, pas besoin de renoncer aux aliments qui te donnent plaisir. Tu dois aimer ce que tu manges, et manger ce que tu aimes – mais avec modération.

- **Les choses sucrées:** du chocolat de temps en temps, en petite quantité, c'est bon pour le moral, et ça, ça fait du bien.
- **Les fruits et les légumes:** quand tu veux, autant que tu veux – mais au moins cinq par jour. Ils coupent la faim, sans trop de calories. Entre les repas, choisis un fruit ou un légume cru.
- **Les produits laitiers:** pour avoir des os et des dents sains, tu dois en prendre régulièrement – mais attention au cholestérol.
- **Les matières grasses:** pour la cuisine, essaie de faire cuire tes steaks au grill ou au barbecue – ça donne meilleur goût, et c'est plus sain.
- **Viande rouge:** si tu aimes un bon steak ou une côtelette, pourquoi pas? C'est une bonne source de vitamines et de protéines. Mais une ou deux fois par semaine, pas tous les soirs!
- **Autres viandes et poisson:** comme la viande rouge, source de protéines, et moins de matières grasses. À manger quand tu veux.
- **Aliments industriels (plats préparés, biscuits, chips):** attention! Il y a souvent beaucoup de sel ou de sucre. Les produits frais, que tu prépares toi-même, sont meilleurs.
- **Coca, café:** avec modération – mais choisis plus souvent de boire de l'eau – c'est naturel. Tu dois en boire au moins un litre et demi par jour.

ÉPREUVE 6 Lire (2)

C Un régime équilibré (suite)

Coche (✔) les conseils qui, d'après l'article, sont vrais.

1	Mange la nourriture qui te fait plaisir.	✔
2	Mange un peu de chocolat quelquefois.	
3	Mange souvent des légumes.	
4	Ne mange jamais entre les repas.	
5	Utilise les produits laitiers sans limite.	
6	Si possible, fais la cuisine sans matière grasse.	
7	Mange la viande rouge avec modération.	
8	Mange souvent du poisson.	
9	Évite la nourriture industrielle.	
10	Ne bois que des boissons gazeuses.	

6

D Des problèmes

Read this letter to the problem page of a magazine, and the reply. Then answer the questions in English.

Cher Quinze ans,

Je suis tellement malheureux. Ça ne va vraiment pas dans ma vie. Je suis fatigué tout le temps, car je ne dors pas bien la nuit – mais le matin, je reste au lit jusqu'à midi.

Mon travail scolaire en souffre. Mes parents se sont disputés à cause de ça. Ma mère dit que c'est normal à mon âge, et qu'il faut simplement attendre que je trouve une petite amie. Mais mon père s'est fâché: il dit que je suis tout simplement paresseux, et que si ça continue, il ne va plus me donner d'argent de poche.

Ne me dis pas d'en parler à mes copains, car je n'en ai pas. Et je n'aurai jamais une petite amie. Personne ne m'aime, car je suis gros et j'ai des boutons partout.

La semaine dernière, je me suis mis à fumer, car je pensais que comme ça, je ferais partie de la bande, et que ça me détendrait, mais ça n'a pas marché.

Qu'est-ce que je peux faire? Aidez-moi.

Philippe (13 ans, La Rochelle)

Cher Philippe

Je ne suis pas d'accord avec ta mère, car ce n'est pas normal de se sentir toujours fatigué comme ça. Mais pour changer, il faut faire des efforts. Alors, voilà ce que tu dois faire.

D'abord, trouve une activité qui te plaît – le footing, le vélo, n'importe quoi – et fais ça pendant au moins une heure tous les jours. Ce n'est pas l'exercice qui fatigue, mais le manque d'exercice.

Puis, arrête de fumer tout de suite. Les cigarettes font que tu ne peux pas dormir, et l'odeur est affreuse – c'est pas comme ça que tu vas avoir des amis!

Commence à bien manger – beaucoup de légumes, moins de hamburgers, frites, etc. Tu perdras des kilos et tu auras moins de boutons. Je ne te garantis pas une petite amie, mais tu seras plus populaire, car tu te sentiras mieux en toi, et tu auras plus de confiance.

Écris-moi dans un mois pour me donner de tes nouvelles.

Quinze ans

1 Why is Philippe depressed? (Give two reasons) ....

....

2 Give the reaction of one of his parents to his problems? ....

....

3 Why did he start smoking? (Give one reason) ....

....

4 What does the reply say about exercise? ....

....

5 What does it say about smoking? (One detail) ....

....

6 How does the magazine reply say its suggestions will help Philippe? (Two points) ....

....

8

Total: 25

ÉPREUVE 6 **Écrire** **6/18**

A Questionnaire

Fill in this questionnaire **in French** about your favourite foods.

Fruit: ....

Légume: ....

Produit sucré: ....

Produit laitier: ....

4

B Je suis en forme

Write an e-mail **in French** to a website forum about what you do to keep fit.

Mentionne: – une activité sportive

– ce que tu manges

– ce que tu ne fais pas

....

....

....

....

6

C Des verbes

Put the verbs in the following sentences into the perfect tense.

Ex. Elle se couche à dix heures. ....*Elle s'est couchée à dix heures.*....

1 Je m'amuse le week-end. ....

2 Vous vous ennuyez à la plage. ....

3 Ma mère se fâche avec moi. ....

4 Tu te réveilles à sept heures. ....

5 Ils se disputent avec leurs copains. ....

6 Nous nous lavons dans la salle de bains. ....

6

D Un accident

Tu as vu un accident, et tu le décris à la police.
Réponds à ces questions **en français**:

- Qu'est-ce qui s'est passé?
- Où?
- Donne un autre détail.

....

....

....

....

....

....

9

Total: 25

Bon anniversaire!

1 Bon anniversaire, Nicole

Aujourd'hui, c'est l'anniversaire de Nicole. Mets ces phrases dans le bon ordre.

1 lui a téléphoné Sa copine

....

2 a envoyé une carte lui Sa correspondante

....

3 Sa grand-mère une longue lettre lui a écrit

....

4 lui Son petit ami de prendre un verre au café a proposé

....

5 un bon anniversaire Ses voisins lui ont souhaité

....

6 Et on beaucoup de cadeaux a offert lui

....

2 Les cadeaux de Nicole

Qu'est-ce qu'on lui a offert comme cadeaux?

Exemple: 1 *... offert un appareil-photo.*

1 Qu'est-ce que ses parents lui ont offert?

....

2 Qu'est-ce que ses grands-parents lui ont offert?

....

3 Qu'est-ce que son frère lui a offert?

....

4 Qu'est-ce que sa sœur lui a offert?

....

5 Qu'est-ce que sa copine lui a offert?

....

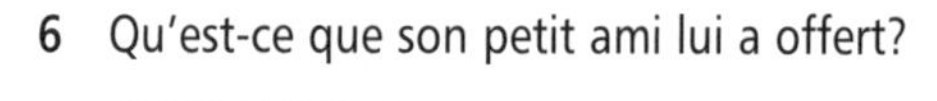

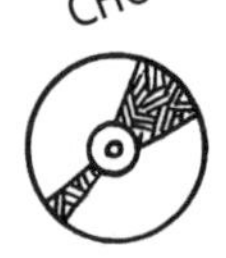

CHOCOLATS

6 Qu'est-ce que son petit ami lui a offert?

....

3 Mots croisés

Horizontalement

1 On la voit à Paris. C'est un des monuments les plus hauts. (deux mots) (4, 6)

5 – Est-ce que tu as écrit à Marion?
– Oui, je ... ai envoyé une carte postale. (3)

6 – Tu prends la jupe verte?
– Oui, je ... prends. (2)

1				2			3		4
	■	■	■		■	■		■	
5			■	6		■		■	
	■	■	■		■	7		■	
8			■	■	9	■		■	
	■	■	■	■		■		■	
	■	10	11	■		■		■	
	■	■	12			13		14	
	■	■	■	■	■		■		■
15					■		■	16	

7 – C'est déjà les vacances?
– Oui, ... part demain! (2)

8 C'est une boisson alcoolisée. On le sert souvent aux repas en France. Il peut être rouge ou blanc. (3)

10 – Tu as vu mon nouveau t-shirt?
– Oui, ... est dans le salon. (2)

12 On l'écrit sur une enveloppe. Ça indique où une personne habite. (7)

15 On la voit souvent en hiver, surtout à la montagne. Elle est blanche et elle tombe du ciel. (5)

16 – Est-ce que tu connais le garçon là-bas?
– Non, je ne ... connais pas. (2)

Verticalement

1 On la trouve dans presque toutes les maisons. Beaucoup de gens la regardent tous les soirs. (10)

2 – Où est ma chemise?
– ... est sur le lit. (4)

3 On l'apprend à l'école et on le parle en France, au Québec et dans d'autres pays. (8)

4 On peut l'acheter à l'épicerie ou au supermarché. C'est une boisson non-alcoolisée. (8)

9 – Tu vas téléphoner à tes parents?
– Oui, je vais ... téléphoner ce soir. (4)

11 – Tu aimes la tarte?
– Non, je ... trouve trop sucrée. (2)

13 On la boit toute seule et on l'utilise pour faire d'autres boissons. (3)

14 On le met sur la table avec le poivre. (3)

Au camping

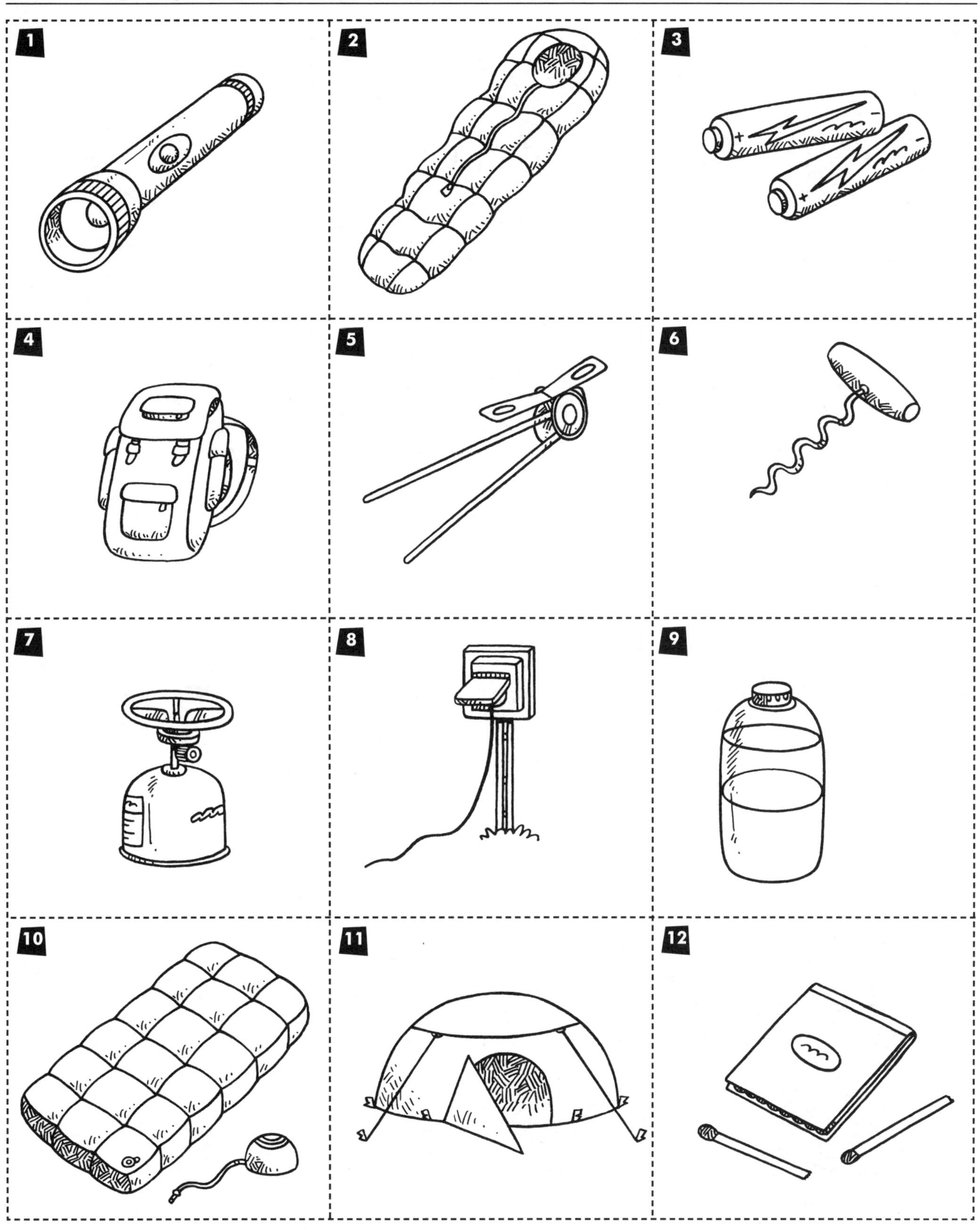

Trouve le bon texte pour chaque image.

Exemple: 1e *une lampe de poche*

a une tente
b un tire-bouchon
c un sac de couchage
d un camping-gaz
e une lampe de poche
f une bouteille d'eau
g un sac à dos
h un matelas pneumatique
i des piles (f pl)
j des allumettes
k un ouvre-boîte
l la prise de courant

Au gîte

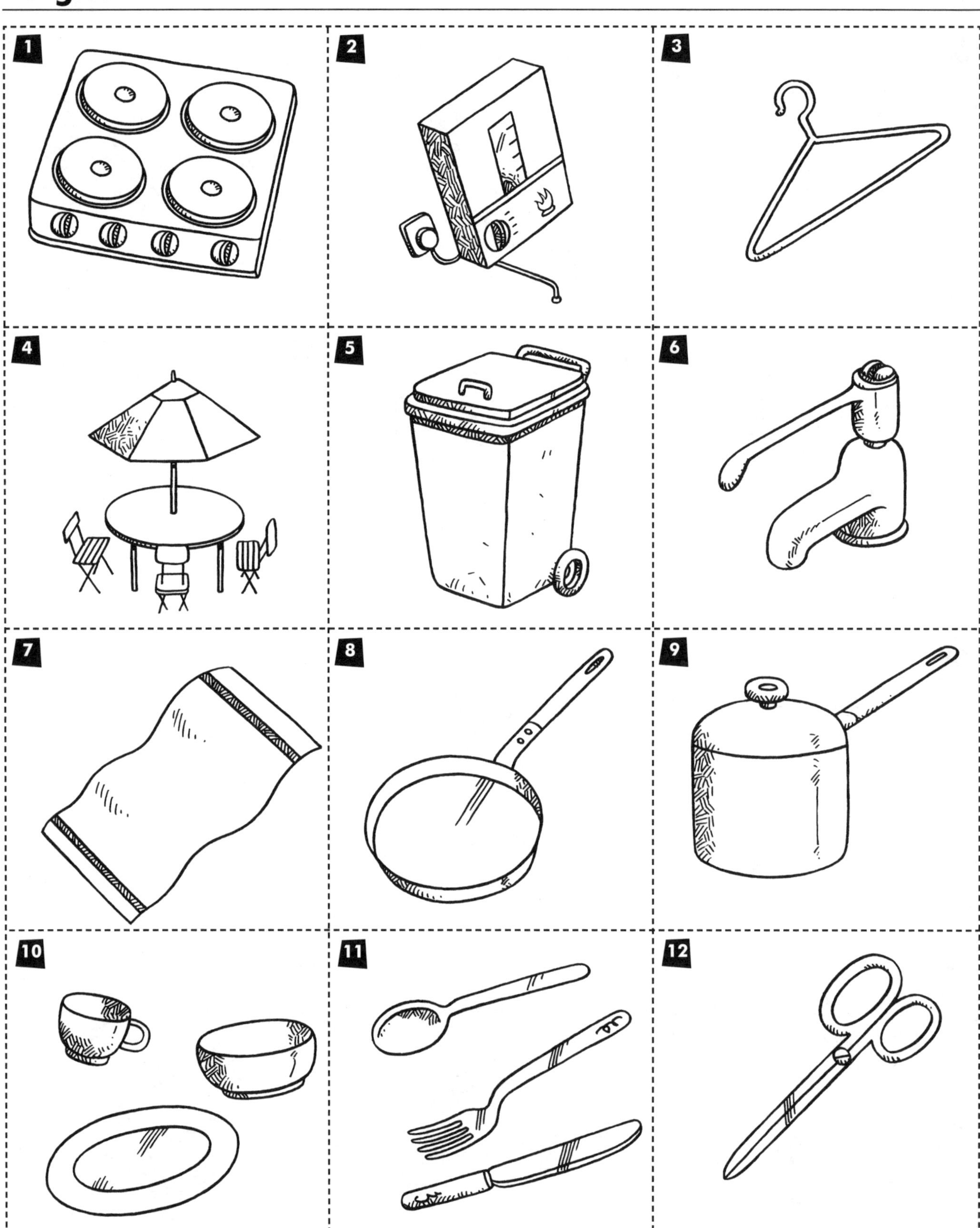

Écris le bon texte pour chaque image.

Exemple: 1d *une cuisinière*

a	un cintre	**d**	une cuisinière	**g**	une casserole	**j**	un robinet
b	un salon de jardin	**e**	la poubelle	**h**	les couverts (m pl)	**k**	une poêle
c	une paire de ciseaux	**f**	la vaisselle	**i**	un chauffe-eau	**l**	une serviette

Jeux de mots

1 Un acrostiche

Complète l'acrostiche avec les noms des objets sur les images. Les premières lettres de chaque mot donnent le nom de quelque chose qui est très utile dans la maison.

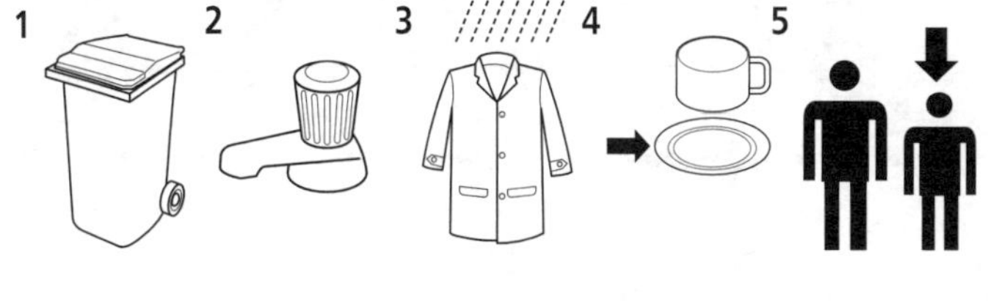

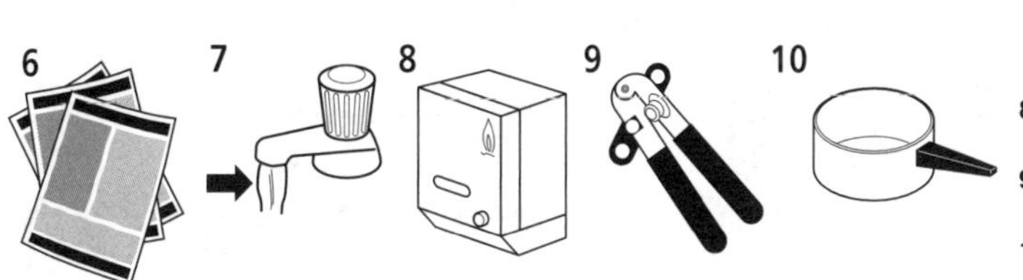

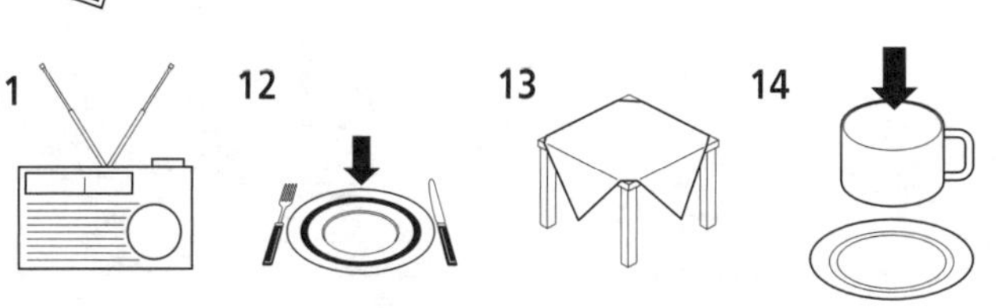

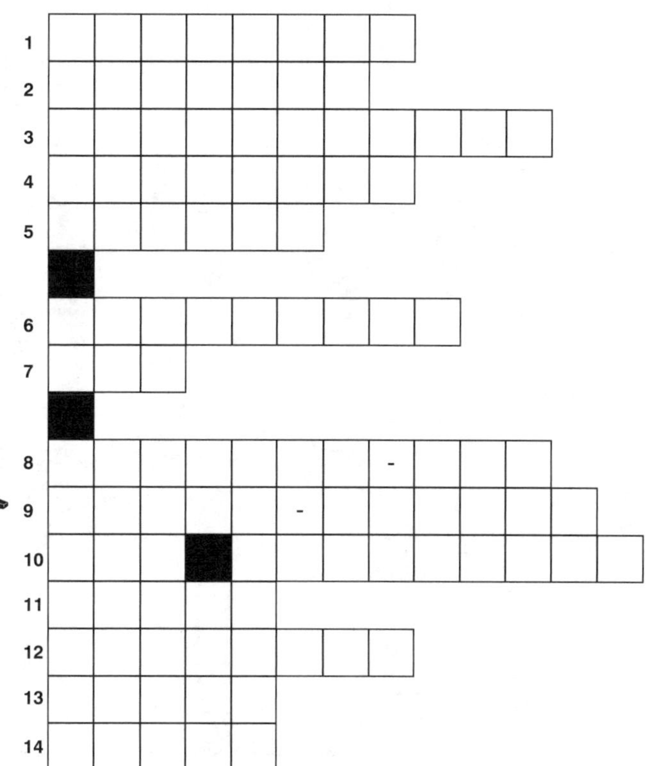

2 Dans la cuisine

Regarde l'image, lis les phrases et écris les mots corrects.

1 Il y en a six. _ _ _ _ _ _ _ _ _
2 Il y en a deux. _ _ _ _ _ _ _ _ _
3 Il y en a quatre. _ _ _ _ _ _ _ _ _ _
4 Il y en a un. _ _ _ _ _ _
5 Il y en a une. _ _ _ _ _ _
6 Il y en a trois. _ _ _ _ _
7 Il y en a cinq. _ _ _ _ _ _ _ _ _ _ _ _ _

3 Vous avez du café?

Tu es au supermarché et tu cherches ces choses.

a *Complète les phrases.*
b *Regarde la 'liste' et coche (✔) la bonne case (**Oui ...** si la chose se trouve dans la liste, **Non ...** si la chose ne se trouve pas dans la liste).*

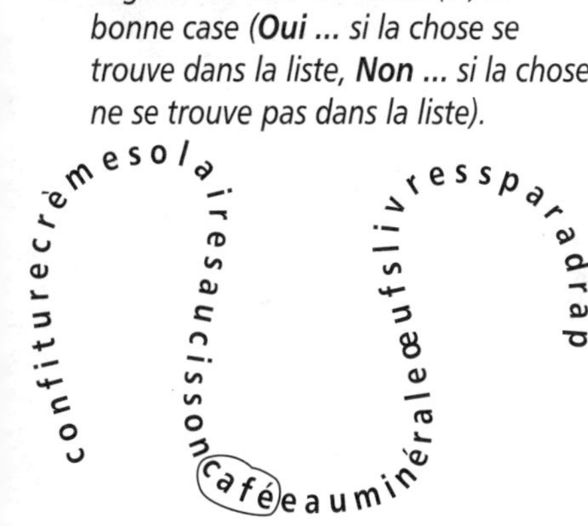

1	Vous avez du ? **Ex.** *café*	Oui, j'en ai.	✔
		Non, je n'en ai pas.	
2	Vous avez des ?	Oui, j'en ai.	
		Non, je n'en ai pas.	
3	Est-ce qu'il y a de la ?	Oui, il y en a là-bas.	
		Non, il n'y en a pas.	
4	Vous avez de l' ?	Oui, j'en ai.	
		Non, je n'en ai pas.	
5	Est-ce qu'il y a du ?	Oui, il y en a là-bas.	
		Non, il n'y en a pas.	
6	Vous vendez du ?	Oui, j'en vends.	
		Non, je n'en vends pas.	
7	Je cherche de la .	Vous en trouvez là-bas.	
		Je regrette, je n'en vends pas.	
8	Je cherche des	Il y en a là-bas.	
		Je regrette, il n'y en a pas.	
9	Est-ce qu'il y a des ?	Oui, il y en a là-bas.	
		Non, il n'y en a pas.	
10	Vous avez du ?	Oui, j'en ai.	
		Non, je n'en ai pas.	

Les étages et les chambres

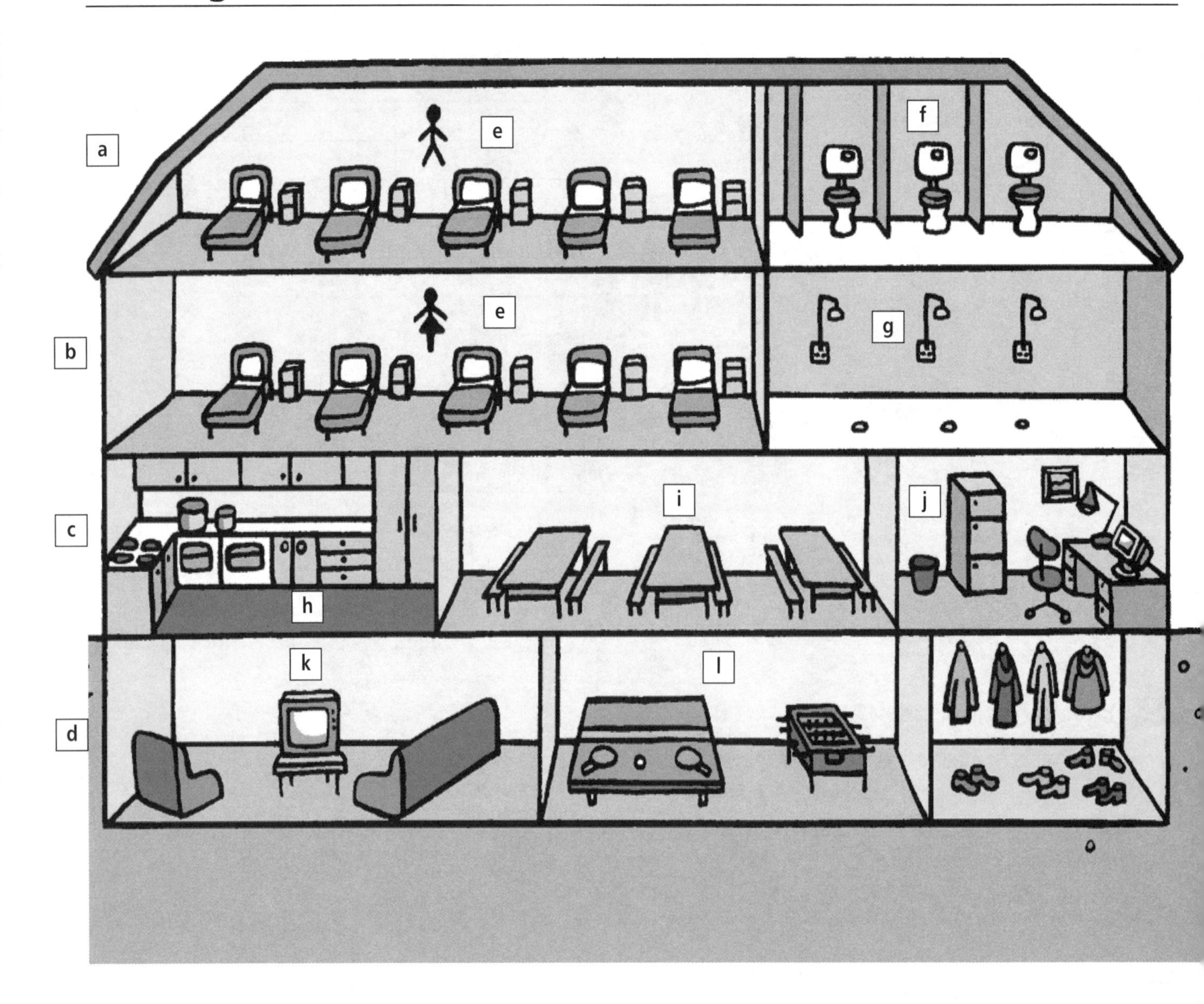

a Trouve le bon texte pour chaque partie de l'auberge de jeunesse.

Exemple: 1 i

1 la salle à manger
2 le dortoir
3 le deuxième étage
4 la salle de jeux
5 le premier étage
6 les toilettes
7 la salle de séjour
8 le sous-sol
9 la cuisine
10 les douches
11 le bureau
12 le rez-de-chaussée

b Regarde l'image et écris vrai (V) ou faux (F).

1	La cuisine est au rez-de-chaussée.	**Ex.** *V*
2	Le dortoir des garçons est au premier étage.	
3	La salle de séjour est au rez-de-chaussée.	
4	Les douches sont au sous-sol.	
5	Les toilettes sont au deuxième étage.	
6	Le bureau ne se trouve pas au premier étage.	
7	Le dortoir des filles est à côté de la cuisine.	
8	La cuisine est entre la salle à manger et le bureau.	

Un plan de l'auberge de jeunesse

a *Complète les questions.*
Exemple: **1** – *Où se trouve la chambre numéro 4?*

b *Travaillez à deux. Posez les questions et répondez à tour de rôle.*
Exemple: – *Où se trouve la chambre numéro 4?*
– *C'est au rez-de-chaussée.*

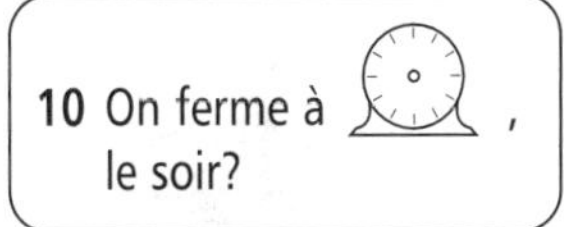

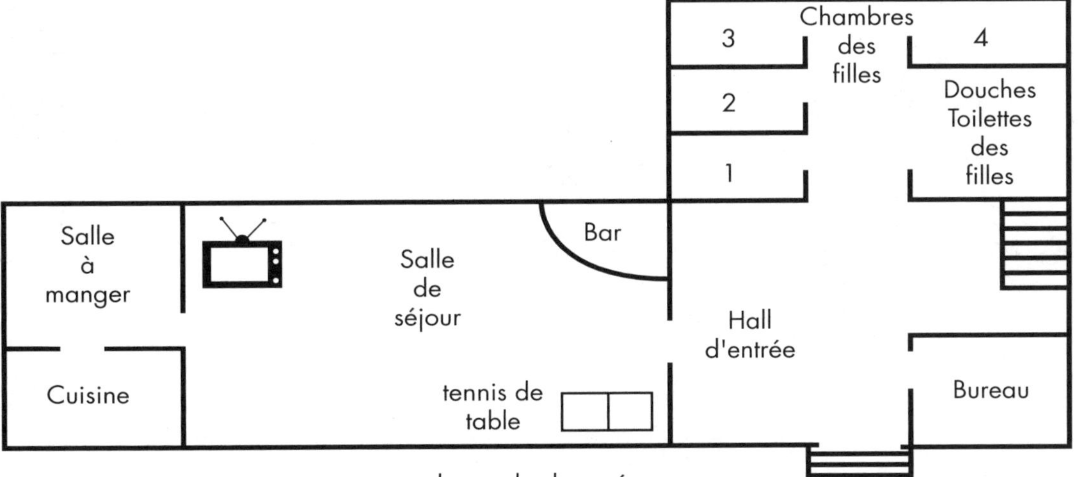

le rez-de-chaussée

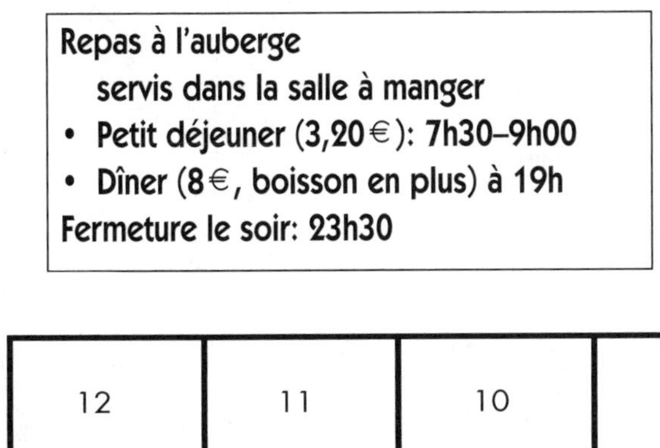
Repas à l'auberge
servis dans la salle à manger
- **Petit déjeuner (3,20 €): 7h30–9h00**
- **Dîner (8 €, boisson en plus) à 19h**

Fermeture le soir: 23h30

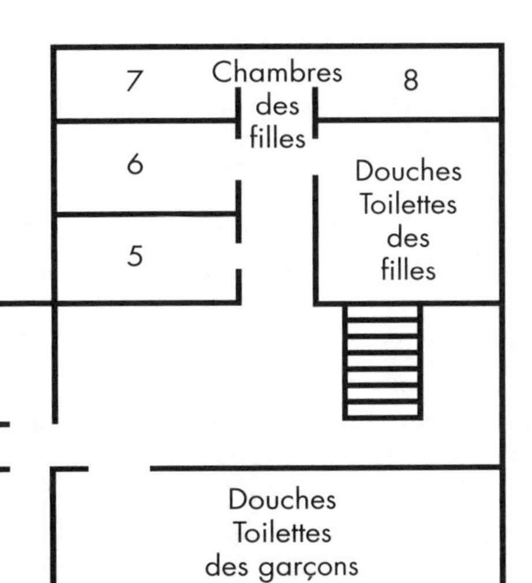

le premier étage

Complet!

a Trouve la bulle correcte pour chaque image.

Exemple: 1 *c*

a Camping à la ferme: vous pouvez camper ici.
b Pas de problème! Allons à un autre camping!
c Cette année, je veux aller dans un hôtel.
d Qu'est-ce que je dois écrire?
e – On ne peut pas faire ça, c'est trop cher. On va faire du camping.
– Mais Papa, tout le monde fait ça!
f Avec cet argent, nous pouvons aller à un hôtel!
g Zut! On ne peut pas entrer avec Lulu.
h Oui, oui, bonne idée!

b Complète le résumé avec les mots dans la case.

Exemple: 1 d *discutait*

La famille Chauvet (**1**)...... des vacances. Mathilde voulait aller dans un hôtel, mais son père (**2**)...... que c'était trop cher. Ils (**3**)...... de faire du camping, mais les enfants n'(**4**)...... pas contents parce que tout le monde faisait ça.
En août, ils (**5**)...... en voiture avec leur chien et ils sont allés à un camping. Cependant, c'(**6**)...... complet. À un autre camping, il y (**7**)...... de la place, mais les chiens étaient interdits. Enfin, ils ont trouvé une ferme où on (**8**)...... faire du camping, mais c'était trop dangereux.
Soudain, Jean-Luc (**9**)...... une bonne idée. Ils (**10**)...... chez eux et ils ont monté les tentes dans le jardin. Des touristes (**11**)...... pour rester au camping 'Chez Nous'.
Avec l'argent du camping, la famille Chauvet (**12**)...... à un hôtel!

a a dit **b** a eu
c avait **d** discutait
e est allée **f** étaient
g était
h ont décidé
i ont payé
j pouvait
k sont partis
l sont retournés

Écoute et parle

1 Les sons français

a Les voyelles
When a vowel (a, e, i, o, u) is followed by m or n, the vowel is pronounced differently. These are called 'nasal vowels' and there are four of them.

Nasal vowel	Examples
-am, -an, -em, -en	**cam**ping, bl**an**c, **em**ploi,
-on, -om	m**on**, m**on**tre, h**om**me
-im, -in, -aim, -ain	**im**per, **in**génieur, f**aim**, m**ain**
-um, -un	**un**, br**un**, parf**um**, l**un**di

Écoute, répète et écris la bonne lettre.
1 ...., **2** ...., **3** ...., **4** ....,
5 ...., **6** ...., **7** ...., **8** ....

a album
b ambition
c enfant
d enfin
e évidemment
f gomme
g impressionnant
h quelqu'un

b Des phrases ridicules
Écoute, répète et complète les phrases.
1 Cent enfants chantent au _ _ _ _ en même temps.
2 Le _ _ _ du cochon de mon oncle Léon est Melon.
3 Cinq trains importants apportent du _ _ _ _ au magasin.
4 Lundi, j'ai emprunté un album _ _ _ _ de quelqu'un à Verdun.

2 Et après?

Écoute le numéro et dis et écris le numéro qui suit.
Ex. ..14... ....

3 Quand, exactement?

Écoute, répète et complète les phrases.
1 L'_ _ _ _ _ dernière, j'ai commencé à apprendre à jouer de la guitare.
2 Tu as vu l'émission sur le match à la télé hier _ _ _ _?
3 _ _ _ _ _ _ _ dernier, je n'ai rien fait d'intéressant.
4 Qu'est-ce que tu vas faire _ _ _ _ _ _ _ matin?
5 L'année _ _ _ _ _ _ _ _ _ _, je voudrais aller au Canada.
6 Dans _ _ _ _ jours, j'irai à Paris.
7 Tu viendras au concert la _ _ _ _ _ _ _ _ _ prochaine?
8 Je ne sais pas ce que je ferai plus _ _ _ _ dans la vie.

4 Des conversations

Écoute les questions et réponds comme indiqué, puis écoute pour vérifier.

1 Projets de vacances
– Où est-ce que tu vas aller pendant les vacances?
– **Québec** 

– Vous y allez pour combien de temps?
– **3 sem. – 15.07–04.08**
– Comment allez-vous voyager?
–  

2 Au camping
– Bonjour!
– Say hello and ask if they have a place for a caravan for three nights.
– Oui, il y a de la place. C'est pour combien de personnes?
– 

– C'est à quel nom, s'il vous plaît?
– Say your name is Parker.
– Comment ça s'écrit?
– Answer the question.

3 Au téléphone
– Allô, Martin. Tu es en vacances! Où es-tu?
– 

– Qu'est-ce que tu as fait?
– **Hier + visiter l'aquarium +** 
– Et qu'est-ce que tu vas faire?
– **demain**

Tu comprends?

1 Tu prends ça?

Loïc fait sa valise. Écoute la conversation et coche (✔) la bonne case.

		prend	ne prend pas
a			
b			Ex. ✔
c			
d			
e			
f			
g			
h			
i			
j			

3 On arrive à l'auberge

Écoute les conversations et complète les détails sur l'auberge de jeunesse.

Exemple: 1 *c 8,50*

a cuisine **b** 2 **c** 8,50 **d** télévision **e** sous-sol **f** 2,17 **g** 2,70 **h** repas

Auberge de jeunesse

Tarifs

Une nuit: (1) .... €

Petit déjeuner: (2) .... €

Location de draps: (3) .... €

- 32 places en dortoirs de 4 à 8 lits. Douches et sanitaires communs.
- L'auberge ne fait pas de (**4**) .... , mais il y a une (**5**) .... pour vous permettre de préparer vous-même vos repas.
- Une salle de séjour avec (**6**) .... et jeux de société est à votre disposition au (**7**) ....
- L'auberge est située dans une ancienne école à (**8**) .... km du centre du village.

2 Des problèmes au camping

Écoute les conversations avec le gardien d'un camping et choisis la bonne réponse.

Exemple: 1 *c*

1 Les douches ...
- **a** ☐ sont trop basses.
- **b** ☐ sont trop sales.
- **c** ☐ sont trop froides.

2 On nettoie ...
- **a** ☐ la salle de jeux.
- **b** ☐ la piscine.
- **c** ☐ le bureau d'accueil.

3 On a cassé ...
- **a** ☐ la tente.
- **b** ☐ des chaises.
- **c** ☐ des tables.

4 Qu'est-ce qui ne marche pas?
- **a** ☐ Le branchement électrique.
- **b** ☐ La caravane.
- **c** ☐ Les douches.

5 Le gardien doit ...
- **a** ☐ casser des bouteilles.
- **b** ☐ ouvrir des boîtes.
- **c** ☐ nettoyer la poubelle.

6 La machine à laver ...
- **a** ☐ n'est pas arrivée.
- **b** ☐ ne marche pas.
- **c** ☐ marche bien depuis hier.

7 Les toilettes sont ...
- **a** ☐ très chères.
- **b** ☐ très sales.
- **c** ☐ tout près.

8 Pour ouvrir la barrière du camping, il faut ...
- **a** ☐ avoir une clef.
- **b** ☐ payer 5 euros.
- **c** ☐ attendre cinq minutes.

Sommaire

Complète le sommaire avec des mots anglais.

1 Talking about holiday plans

je vais passer ...	I'm going to spend ...
dix jours	ten days
une semaine	....
quinze jours	a fortnight
un mois	....
au bord de la mer	at the seaside
à la campagne	....
à la montagne	in the mountains
à l'étranger	....
dans une famille française	with a French family
chez mes grands-parents	at my grandparents'
je vais voyager ...	I'll travel ...
en avion	....
en bateau	by boat
en train	by train
en voiture	by car
à vélo	....
on va ...	we're going ...
faire du camping	to go camping
louer un gîte	.... a gîte
aller à l'hôtel	to go to an hotel

2 Describing things to take on holiday

une lampe de poche	....
des piles (f pl)	batteries
un sac à dos	....
une valise	suitcase

3 Understanding the use of *lui* and *leur* (see page 92)

*Je **lui** achète un cadeau.*	I buy a present for him/her.
*Je **lui** envoie toujours une carte postale.*	I always send a postcard to him/her.
*Je **leur** prête souvent mes CD.*	I often .... my CDs to them.
*Je **leur** téléphone ou je leur écris.*	I telephone them or I write to them.

4 Booking in at a campsite

Avez-vous de la place, s'il vous plaît?	Have you any room please?
C'est pour deux adultes et un enfant.	It's for two adults and a child.
C'est pour une tente/ une caravane/un camping-car.	It's for a tent/ a caravan/a camper van.
C'est pour deux nuits.	It's for ....

5 Understanding campsite notices

les blocs sanitaires (m pl)	washrooms
le bureau d'accueil	reception (office)
le branchement électrique	connection to electricity
complet	full up
les douches (f pl)	....
l'eau potable (f)	drinking water
un emplacement	a place (on a campsite)
la poubelle	....
la salle de jeux/de télévision	games/television room
le terrain de jeux/de sports	sports ground
les toilettes (f pl)	toilets

6 Coping on a self-catering holiday in a gîte

(see also **Vocabulaire par thèmes**, page 167)

allumer/fermer l'électricité/le gaz	to turn on/off the electricity/gas
Où est l'épicerie la plus proche?	Where is the nearest grocer's?
Où est-ce qu'on peut obtenir une carte de la région?	Where can we get ....?
Est-ce qu'il y a des cintres?	Are there any ....?

7 Buying food (see **Vocabulaire par thèmes**, page 166)

8 Understanding the use of *en* (see page 97)

9 Understanding the use of *qui* and *que*

(see page 98)

10 Dealing with some holiday problems

Je regrette, mais la machine à laver ne marche pas.	I'm sorry, but the washing machine isn't working.
nous avons cassé	we ....
nous avons perdu	we have lost
Pouvez-vous nous prêter ... ?	Can you lend us ... ?
Pouvez-vous nous appeler un plombier?	Can you .... a plumber for us?

11 Staying at a youth hostel

une auberge de jeunesse	....
le bureau d'accueil	....
la carte d'adhérent	membership card
Avez-vous de la place?	Have you any room?
C'est pour une (deux, trois, etc.) nuit(s).	It's for one (two, three, etc.) night(s).
Vous voulez louer des draps?	Do you want to hire sheets?
Vous êtes au dortoir 4/dans la chambre 6.	You are in dormitory 4/in bedroom 6.
Où sont les dortoirs/ les douches/les toilettes?	Where are the dormitories/ the showers/the toilets?
Où est la salle de séjour/ la cuisine?	Where is the lounge/ ....?
Est-ce qu'il y a une salle de jeux?	Is there a games room?
au sous-sol/rez-de-chaussée/ premier/deuxième étage	in the basement/on the ground/first/second floor
L'auberge ferme à quelle heure, le soir?	What time does the hostel close at night?
Est-ce qu'on peut prendre des repas à l'auberge?	Can you get meals in the hostel?

Presse-Jeunesse 7

Des vacances (page 104)

1 Autrement dit

*Trouve des expressions dans le **jeu-test** qui ont presque le même sens que ces mots.*

1 un(e) ami(e)
2 tu te mets
3 des personnes
4 tu vas nager
5 immédiatement
6 principalement

2 Les auberges de jeunesse

Beaucoup de jeunes passent des vacances dans une auberge de jeunesse. Que sais-tu sur les AJ?
Lis les questions et trouve les bonnes réponses.

Exemple: 1 *f*

1 Qui peut aller dans les AJ?
2 Combien est-ce que ça coûte?
3 Comment est-ce qu'on obtient une carte d'adhérent?
4 Est-ce qu'il faut réserver à l'avance?
5 Est-ce qu'on organise des stages de ski?
6 Est-ce qu'on peut prendre des repas dans les auberges de jeunesse?
7 Dans quels pays est-ce qu'on trouve des auberges de jeunesse?

a On peut toujours prendre le petit déjeuner et quelquefois, on peut prendre d'autres repas.
b Il faut s'adresser à Hostelling International dans son pays.
c On organise des stages de ski en hiver dans des auberges qui sont situées à la montagne.
d On trouve des auberges de jeunesse dans plus de cinquante pays du monde.
e Il est prudent de réserver à l'avance, surtout pendant les vacances scolaires.
f Toutes les personnes qui ont la carte d'adhérent de l'association sont admises. Il n'y a pas de limite d'âge.
g Le tarif varie suivant la catégorie de l'auberge, mais c'est moins cher qu'un hôtel!

La nature et l'environnement (page 105)

1 Des explications

Lis les deux textes dans le livre et complète les textes ci-dessous avec les mot dans la case.

souvent	canal	célèbre	dangereux	décrire	grand
insecte	eau	noirs	œufs	plantes	rouge	vivent

Le crapauduc
Un crapaud est un amphibien. Il ressemble à une grenouille, mais il est plus (**1**).................. En France, les crapauds mesurent environ 10 cm et ils (**2**).................
principalement sur terre. Ils viennent à l'eau seulement pour pondre des (**3**)..................
Par contre, une grenouille vit près de l'(**4**)..................
Le mot 'aqueduc' vient du latin. Il désigne un (**5**).............. qui transporte de l'eau. Le Pont du Gard est un (**6**)................. pont-aqueduc en France.
Un crapauduc est un mot inventé pour (**7**).................un passage qui permet aux crapauds et aux autres petites bêtes d'éviter un obstacle (**8**)................., comme une autoroute ou une ligne de la SNCF.

Des insectes
Une coccinelle est un petit insecte orange ou (**9**)................. avec des points (**10**)..............................
Les coccinelles se nourrissent de pucerons.
Un puceron est un petit (**11**)................. noir ou vert qui vit (**12**)................. en colonie sur des plantes et des arbres. Ces insectes détruisent des (**13**)................. .

2 The prefix re-

*The prefix **re-** often adds the sense of doing something again or redoing something. Work out what these verbs mean.*

1 refaire
2 remettre
3 remplacer
4 renvoyer
5 repayer
6 réunir
7 revenir

Sport ... sport ... sport (page 105)

1 Tu as bien compris?

*Answer the questions **in English**.*

1 Which is the only grand slam tennis tournament played on grass? ....
2 In which countries are the other tournaments played?
....
3 Which is the older sport, golf or basketball?..................
4 Where was basketball invented? ....
5 Where did golf originate?...
6 What did the original golf players use for golf clubs?
....

2 Des mots en famille (page 105)

Use familiar words to help you guess new words.

	français	**anglais**
1	le monde	....
	tout le monde	....
2	vite	....
	la vitesse	....
3	la neige	....
	neiger	....
	un bonhomme de neige	....
4	une glace	....
	le hockey sur glace	....
	un glaçon	....
	glacial	....

ÉPREUVE 7 Écouter

7/12

A Au camping

Écoute ces conversations. Pour chaque conversation, coche (✔) la bonne image.

Ex. A ☐ B ☑ C ☐ D ☐

1 A ☐ B ☐ C ☐ D ☐

2 A ☐ B ☐ C ☐ D ☐

3 A ☐ B ☐ C ☐ D ☐

4 A ☐ B ☐ C ☐ D ☐

5 A ☐ 6,94€ B ☐ 69,40€ C ☐ 79,14€ D ☐ 79,40€

—
5

B Les vacances

On parle de ses projets de vacances. Où va-t-on? Pour chaque conversation, choisis la bonne phrase.

Ex. F 1 ☐ 2 ☐ 3 ☐ 4 ☐ 5 ☐ 6 ☐

A au bord de la mer
B à la montagne
C à la campagne
D à l'étranger
E dans un gîte
F dans un hôtel
G dans un camping
H près d'un lac

—
6

C Qu'est-ce qu'on prend?

Hélène et Paul vont faire du camping. Qu'est-ce qu'ils prendront? Pour chaque personne, fais une liste de trois choses. Écris une lettre dans chaque case.

Hélène prendra: ☐ ☐ ☐ Paul prendra: ☐ ☐ ☐

A B C D E F G H I J

—
6

D Des problèmes en vacances

Listen to Luc and Mireille, then answer the questions **in English**.

Luc:

1 Name three of the problems that Luc found at the campsite. ....

....

2 Why did Luc find this particularly disappointing? ....

....

Mireille:

3 Why could Mireille and her family not prepare proper meals? ....

....

4 What did the kitchen not have? ....

....

5 What was the result of this? ....

....

6 What other problem did they have? ....

....

—
8

Total: —
25

Carte A

A Au camping

You arrive at a French campsite, and are talking to the warden. Your teacher or another person will play the part of the warden and will speak first.

1 Ask if there is room for a tent.

2 Say it's for two adults and two children.

3 Say how many nights you want to stay.

4 Ask how much it costs.

Carte B

A Au camping

Tu parles avec le/la gardien(ne) du camping. Je suis le/la gardien(ne).

1 Oui, monsieur/mademoiselle. Je peux vous aider?

2 Oui, bien sûr. C'est pour combien de personnes?

3 Pas de problème.

4 Très bien.

5 Trente euros quarante.

Carte A

B Les vacances

[When you see this – ! – you will have to respond to a question you have not prepared.]

You are talking to a young French person about your next holiday. Your teacher or another person will play the part of the French person and will speak first.

1 Gîte

2 Où exactement.

3 !

4 Deux activités

Carte B

B Les vacances

Tu parles avec un(e) jeune Français(e). Je suis le/la jeune Français(e).

1 Qu'est-ce que tu vas faire en vacances cette année?

2 Ah bon. Tu vas où?

3 Tu pars avec qui? Pour combien de temps?

4 Qu'est-ce que tu vas faire là-bas?

5 Alors, amuse-toi bien!

ÉPREUVE 7 Lire (1)

A L'inventaire du gîte

Pour chaque article sur l'inventaire, choisis la bonne image.

A 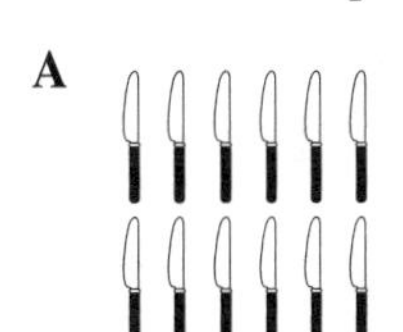

B 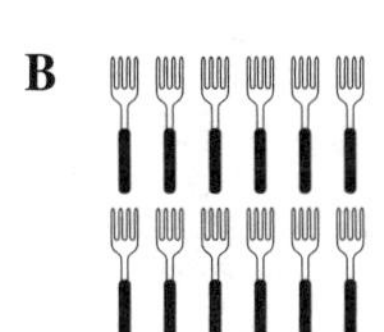

C 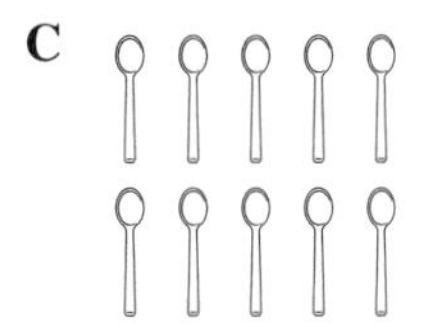

D 

E 

F 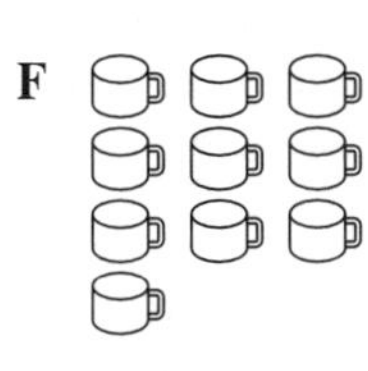

G 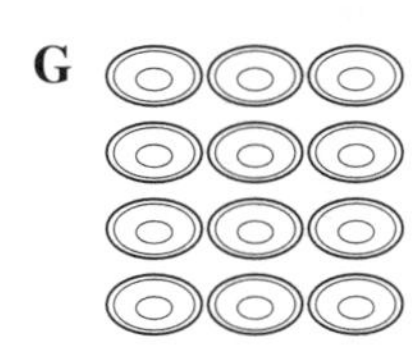

H 

Ex.	2 paires de ciseaux	*H*
1	3 casseroles	
2	12 verres	
3	10 cuillères	
4	12 assiettes	
5	12 couteaux	
6	10 tasses	

— / 6

B À l'auberge de jeunesse

Tu arrives à l'auberge de jeunesse. Lis le règlement, puis remplis les blancs.

- Location des draps et des sacs de couchage: adressez-vous au gardien avant 21h00.
- Repas du soir: 19h30 – réservation obligatoire avant 18h30.
- Petit déjeuner: vous avez accès à la cuisine entre 7h00 et 8h00.
- La préparation des repas dans les dortoirs est formellement interdite.
- Défense de fumer partout dans l'auberge.
- La porte extérieure sera fermée à partir de 23h00.
- Vous êtes priés de respecter le silence entre 0h00 et 6h30.

Utilise à chaque fois un mot / une expression dans la case.

fumer minuit louer réserver le petit déjeuner faire la cuisine le gardien onze heures neuf heures jouer

Ex. Pour les sacs de couchage, on doit voir *le gardien* .

1 On ne peut pas .... dans les dortoirs.

2 On doit préparer .... soi-même.

3 On peut .... les draps.

4 On ne peut pas .... dans l'auberge.

5 On doit rentrer avant ....

6 Si on veut prendre le dîner, on doit ....

— / 6

C Où aller en vacances?

Lis ces petites annonces. Puis fais l'activité sur la feuille **Lire (2) 7/15**.

A
Hôtel ** Ritz (Nice, Côte d'azur)**
Chambres tout confort; restaurant superbe; piscine et gymnase; beau temps garanti

B
Camping ** Delmar (Méditerranée)**
Animations et spectacles tous les soirs; plage à 100m; Fast-food (plats chauds à emporter); barbecues

C
Gîte de campagne (Bretagne)
Maison ancienne à 3 ch; cuisine moderne; chauffage central; très bien équipé; beaux paysages

D
Camping des champs (Normandie)
Calme et repos; 26 emplacements ombragés; douches chaudes; alimentation; pêche à la ligne; randonnées

E
Studio/appartement (La Rochelle)
1 lit; coin cuisine; vue sur mer; 13e étage; disco au rez-de-chaussée; fast-food à proximité

F
Hôtel ** Lion d'or (Atlantique)
Petit hôtel familial dans port de pêche pittoresque; excellente cuisine; personnel sympa; nous aimons recevoir les petits clients et nos amis les animaux

C Où aller en vacances? (suite)

Qu'est-ce que tu recommandes aux clients suivants? Écris la bonne lettre.

1	Jeune couple; pas d'enfants; adorent danser et faire de la voile	
2	Famille – 2 enfants + chien; mère veut se reposer; n'aiment pas les grandes villes	
3	Couple riche; cherchent le soleil et le luxe	
4	Quatre adolescents; cherchent le soleil, la mer, les distractions	
5	Couple, 45 ans; aiment la campagne et le confort	

/5

D En vacances

Read Nathalie's letter, then answer the questions **in English**.

J'ai passé deux semaines dans le Roussillon avec ma famille. Nous étions dans un camping au Barcarès.

Mon frère et moi, nous nous sommes bien amusés. Il y avait la mer à deux cents mètres, et le camping était très animé – tous les soirs, on a eu un concert, un barbecue, un bal, un concours de boules. Mais ça n'a pas tellement plu à ma mère. D'abord, elle n'aime pas beaucoup faire du camping, car elle dit que c'est toujours elle qui fait le travail, pendant que mon père joue au golf avec ses copains. C'est vrai d'ailleurs, mon père n'a rien fait, mais moi, j'ai toujours fait la vaisselle avec Nicolas. Elle a dit aussi qu'il a fait trop chaud, mais moi j'adore ça.

Cette année, mon père aussi n'était pas très content des vacances, car c'est son meilleur copain qui a gagné le tournoi de golf, et mon père était seulement sixième. Je lui ai dit que c'était parce qu'il était trop vieux maintenant, mais il a dit que c'était à cause du vent, qui a commencé à souffler très fort à partir du quinze août.*

Je crois que l'année prochaine, on ira dans un hôtel en Bretagne, où il fera moins chaud, où il y aura moins de vent, et où le golf sera plus facile! Mais moi, je préférerais retourner dans le Roussillon, car c'est vraiment chouette.

Nathalie

*le tournoi = *the tournament*

1 Why did Nathalie like the campsite? ....

2 Why does her mother not like camping? ....

3 Does Nathalie think this is fair comment? (Give two details) ....

4 What happened to make Nathalie's father unhappy with the holiday? ....

5 What did he blame for this? ....

6 What did Nathalie tell him? ....

7 What does Nathalie think will happen next year? ....

/8

Total: /25

ÉPREUVE 7 Écrire

7/16

A Les provisions

Complète cette liste **en français**.

Ex.  **1**  **2**  **3** 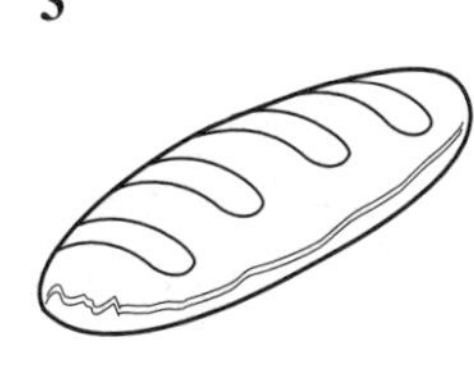 **4** 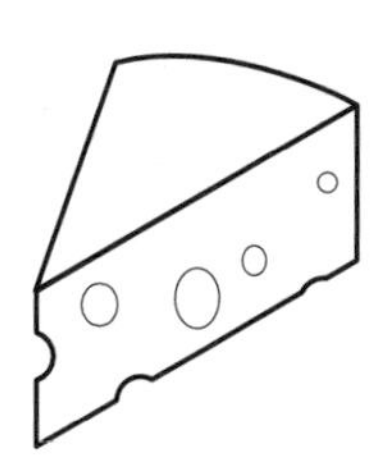

..yaourt.......................... .... /4

B On réserve au camping

Write an e-mail **in French** to book at a French campsite.
Donne les détails suivants:

....

....

Août						
1	2	3	4	5	6	7
8	9	10	11	12	13	14
15	16	17	18	19	20	21
22	23	24	25	26	27	28
29	30	31				

.... /6

C Des phrases

In each sentence fill in the blank with **qui**, **que** (**qu'**), **lui** or **leur**.

1 Hier, c'était l'anniversaire de mariage de mes parents. Je .... ai donné un cadeau.
2 C'est ma mère .... a pris cette photo.
3 Où est le livre .... je t'ai prêté?
4 Ta mère s'inquiète. Quand est-ce que tu vas .... téléphoner?
5 Ma sœur est triste. Je vais .... parler.
6 J'adore le CD .... elle m'a donné.

/6

D Les vacances

Écris une lettre **en français** à un(e) ami(e) pour parler de tes vacances récentes.

– Décris l'hôtel (le camping, etc.).
– Parle d'un problème que tu as eu.
– Dis ce que tu feras l'année prochaine.

....

....

....

....

....

.... /9

Total: /25

La Guyane Française

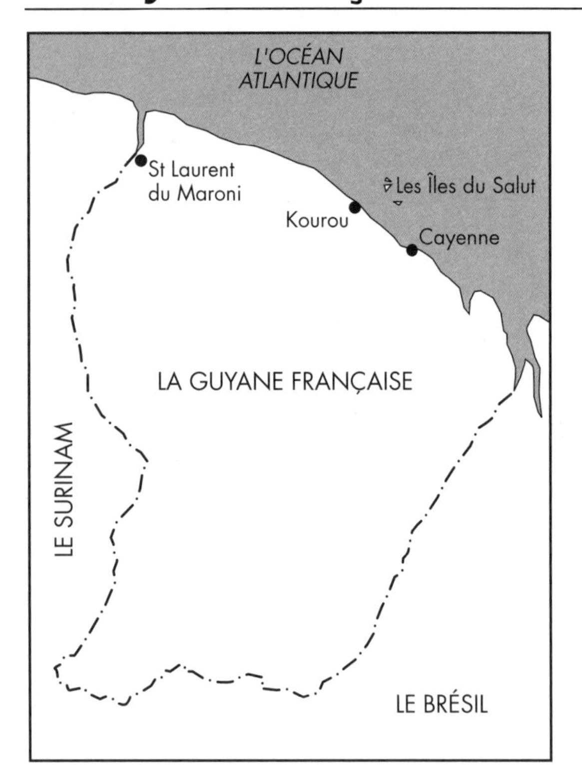

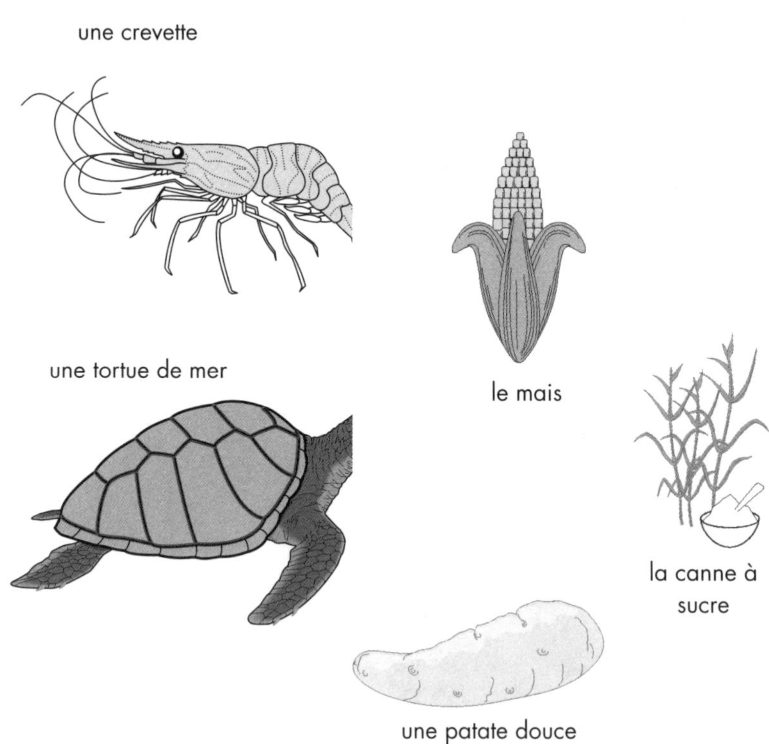

Nom:	La Guyane Française
Situation:	en Amérique du Sud, bordé par le Surinam, le Brésil et l'océan Atlantique
Population:	173,000 habitants
Gouvernement:	Département d'Outre-mer (D.O.M.)
Langues principales:	le français, le créole
Climat:	tropical: 30°C en moyenne la saison des pluies (de janvier à juin) la saison sèche (de juillet à décembre)
Capitale:	Cayenne
Monnaie:	l'euro
Décalage horaire: **Quand il est 12h00 à Londres, il est ...**	 ... 9 heures du matin (GMT –3)
Aspects du paysage:	assez plat avec beaucoup de fleuves la forêt d'Amazonie occupe 95% du pays
Activités économiques:	la canne à sucre, le maïs, les patates douces les crevettes le bois (le bois de rose, etc.) le centre spatial à Kourou (des fusées Ariane)
Fêtes et festivals:	le carnaval de mardi gras (février ou mars)
Aspects touristiques:	Cayenne — le port, la place de Palmistes, le musée départemental, le village chinois Kourou — le Centre Spatial Guyanais Les îles du Salut — (autrefois des prisons) pour voir des perroquets, des tortues de mer, etc. La forêt d'Amazonie
Activités sportives:	sur la côte: le surf, la planche à voile, la voile
Quand partir:	août à novembre

La Polynésie Française

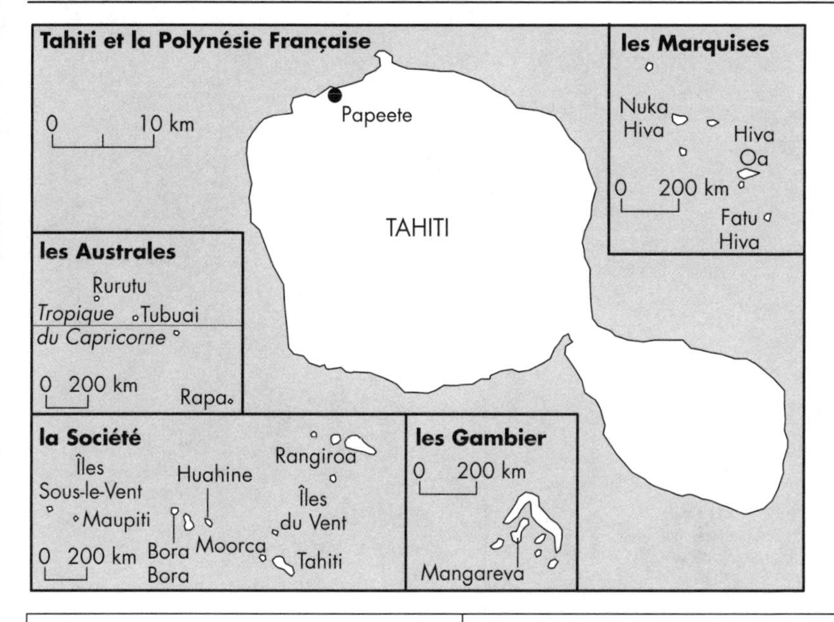

une méduse

Nom:	La Polynésie Française
Situation:	118 îles dans le Pacifique Sud, regroupées dans cinq archipels: la Société — où se trouvent l'île de Tahiti et la capitale, Papeete; la majorité de la population habite ici les Australes — 5 îles hautes (semblables à des montagnes posées à la surface de l'océan, ceinturées par une couronne corallienne qui forme le récif barrière) et 1 atoll autour d'un lagon les Tuamotu — 77 atolls les Gambier — situés à 1 600 km de Tahiti les Marquises — environ 15 îles près de l'équateur
Population:	220 000 habitants
Gouvernement:	Territoire d'Outre-mer (T.O.M.)
Langues principales:	le français, le tahitien
Climat:	tropical avec deux saisons distinctes: la saison des pluies (de novembre à avril) 30°C, lourd et humide; la saison sèche (de mai à octobre) 26°C en moyenne, sec et plus frais
Capitale:	Papeete
Monnaie:	Le franc CFP (franc cours Pacifique)
Décalage horaire: **Quand il est 12h00 à Londres, il est …**	 … 2 heures du matin. (GMT moins 10)
Aspects du paysage:	118 îles nées d'éruptions volcaniques; des lagons
Activités économiques:	le tourisme, la pêche, les perles
Aspects touristiques:	Papeete: le front de mer, le marché municipal le mont Marau les tours du lagon un spectacle de danse tahitienne Les Marquises – des sites archéologiques
Activités sportives:	la plongée sous-marine (avec et sans bouteille) le surf, la voile des randonnées à pied et à cheval Aux Marquises, la visite de sites archéologiques
Quand partir:	juin à octobre

Le Sénégal

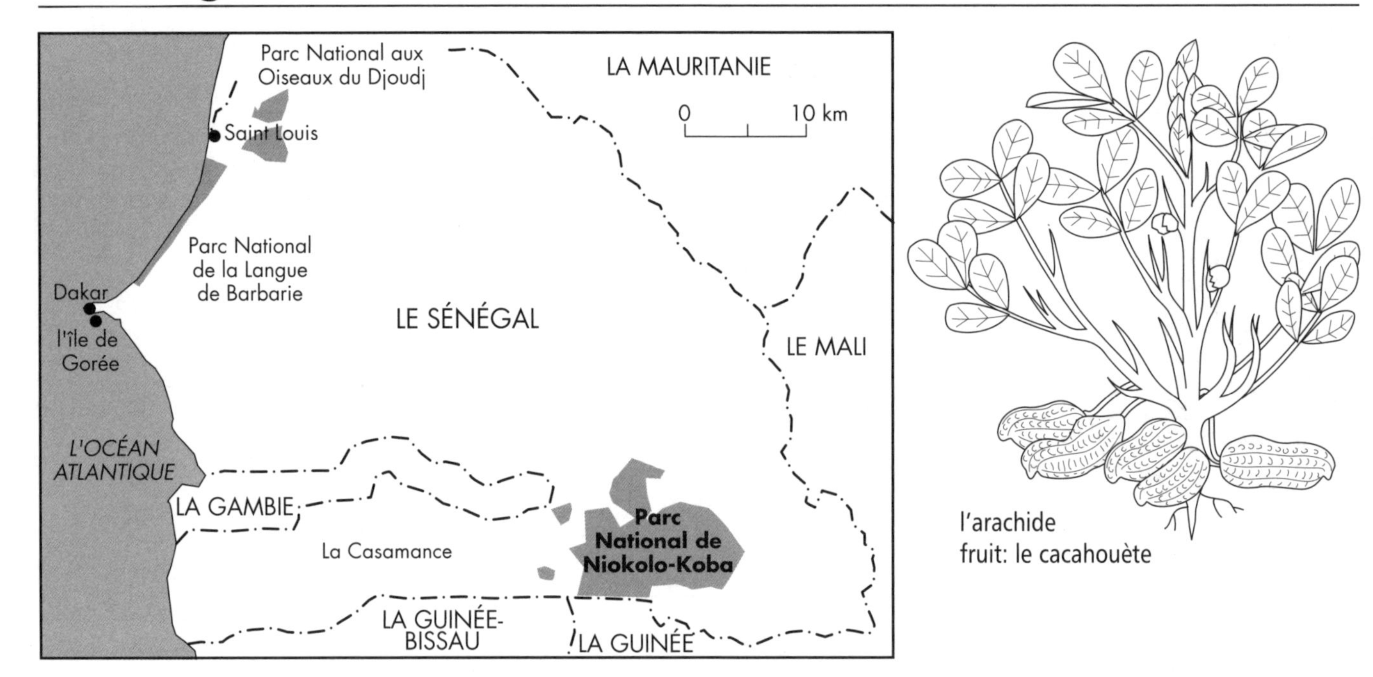

Nom:	Le Sénégal
Situation:	À l'extrême ouest de l'Afrique, bordé au nord par la Mauritanie, à l'est par le Mali, au sud par la Guinée et la Guinée-Bissau, au centre par la Gambie et à l'ouest par l'océan Atlantique. Au nord de l'équateur (latitude de 12 à 17°)
Population:	9,4 millions d'habitants
Gouvernement:	pays indépendant
Langues principales:	le français (langue officielle), le wolof
Climat:	tropical avec deux saisons distinctes: la saison des pluies (juin à octobre): 30°C la saison sèche (novembre à mai): entre 24 et 27°C.
Principales villes:	Dakar, la plus ancienne ville d'Afrique occidentale.
Monnaie:	Le franc CFA
Décalage horaire: **Quand il est 12h00 à Londres, il est ...**	... 12h au Sénégal. (Le Sénégal est à l'heure GMT.)
Aspects du paysage:	savane avec des arbres (cocotier, acacia, baobab, palmier, etc.); essentiellement plat
Activités économiques:	l'agriculture: l'arachide, le riz, le coton la pêche le tourisme
Aspects touristiques:	Dakar: le Marché de Sandaga, le musée IFAN (Institut fondamental d'Afrique noire) Île de Gorée – la Maison des esclaves Saint-Louis – l'ancienne capitale du Sénégal le Parc national de Djoudj et le Parc national de la Langue de Barbarie – pour les oiseaux le Parc national de Niokolo-Koba – pour les hippopotames, les antilopes, les crocodiles, etc. Casamance – des plages magnifiques
Activités sportives:	la natation, le football, la randonnée à pied
Quand partir:	novembre à février

Le Québec

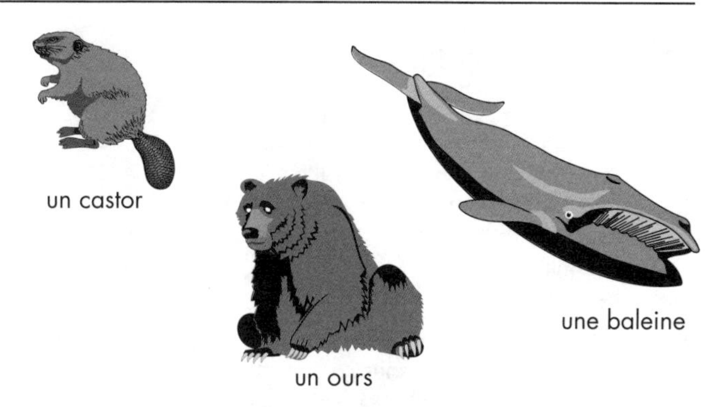

Le Québécois

Le français parlé au Québec a certaines particularités. Voici quelques différences.

français	**québécois**
faire des courses	magasiner
c'est ennuyeux	c'est platte
une voiture	un char
un petit ami	un chum

Nom:	Le Québec
Situation:	une grande province dans l'est du Canada
Population:	7 138 000 habitants
Gouvernement:	une province du Canada
Langues principales:	le français, l'anglais
Climat:	L'hiver et l'été sont deux saisons très marquées. Le printemps est court et l'automne commence tôt (dès la mi-août dans certaines régions). L'hiver (octobre – avril) températures très basses; en janvier –6 à –22°C L'été (juin – août) 30°C en moyenne.
Villes principales:	Québec (capitale), Montréal, Trois-Rivières
Monnaie:	le dollar canadien
Décalage horaire: **Quand il est 12h00 à Londres, il est …**	… 5h à Montréal (GMT-7)
Aspects du paysage:	une immense province, divisée en deux par le fleuve Saint-Laurent forêts, lacs, rivières
Activités économiques:	le bois et le papier journal l'énergie hydroélectrique le cuivre, l'aluminium les technologies de l'information, l'aérospatiale, l'industrie pharmaceutique
Fêtes et festivals:	Février: Carnaval de Québec (pendant 10 jours, défilés, sculptures sur neige, danse, musique) Juin-juillet: Festival international de jazz de Montréal
Aspects touristiques:	Montréal — la vieille ville, le Parc du Mont-Royal, des musées (le Biodôme, la Biosphère), la Ronde (parc d'attractions) Québec — la vieille ville, des musées Tadoussac — pour l'observation des baleines et des bélugas. La Gaspésie (le Rocher Percé), un paradis des oiseaux
Activités sportives:	en hiver: les sports de neige: le ski, le patinage, la motoneige en été: la randonnée à pied et à cheval, le canoë, le rafting, le cyclisme etc
Quand partir:	juin à octobre pour apprécier la nature décembre à mars pour les sports d'hiver

Les pays et les régions francophones

1 Le français dans le monde

Complète le texte avec les mots dans la case.

a francophones	b Guyane	c indépendants
d parlent	e personnes	f Sénégal

Il y a 160 millions de (**1**)........................... dans plus de 50 pays et régions du monde qui (**2**)........................... français. On appelle ces pays les pays (**3**)........................... La plupart de ces pays sont des anciennes colonies françaises, comme le (**4**)........................... et le Maroc. D'autres régions, comme la (**5**)........................... et la Martinique, sont des départements d'outre-mer (les DOM). Il y a aussi des territoires d'outre-mer (les TOM), comme la Polynésie Française, qui sont liés à la France mais qui sont plus (**6**)........................... et qui ont leur propre système de gouvernement.

2 Des régions francophones

Trouve une région pour chaque catégorie.

1 un pays francophone en Europe

....

2 une région francophone en Amérique du nord

....

3 une île francophone

....

4 un pays francophone en Afrique

....

5 un pays francophone en Asie

....

6 une région francophone en Océanie

....

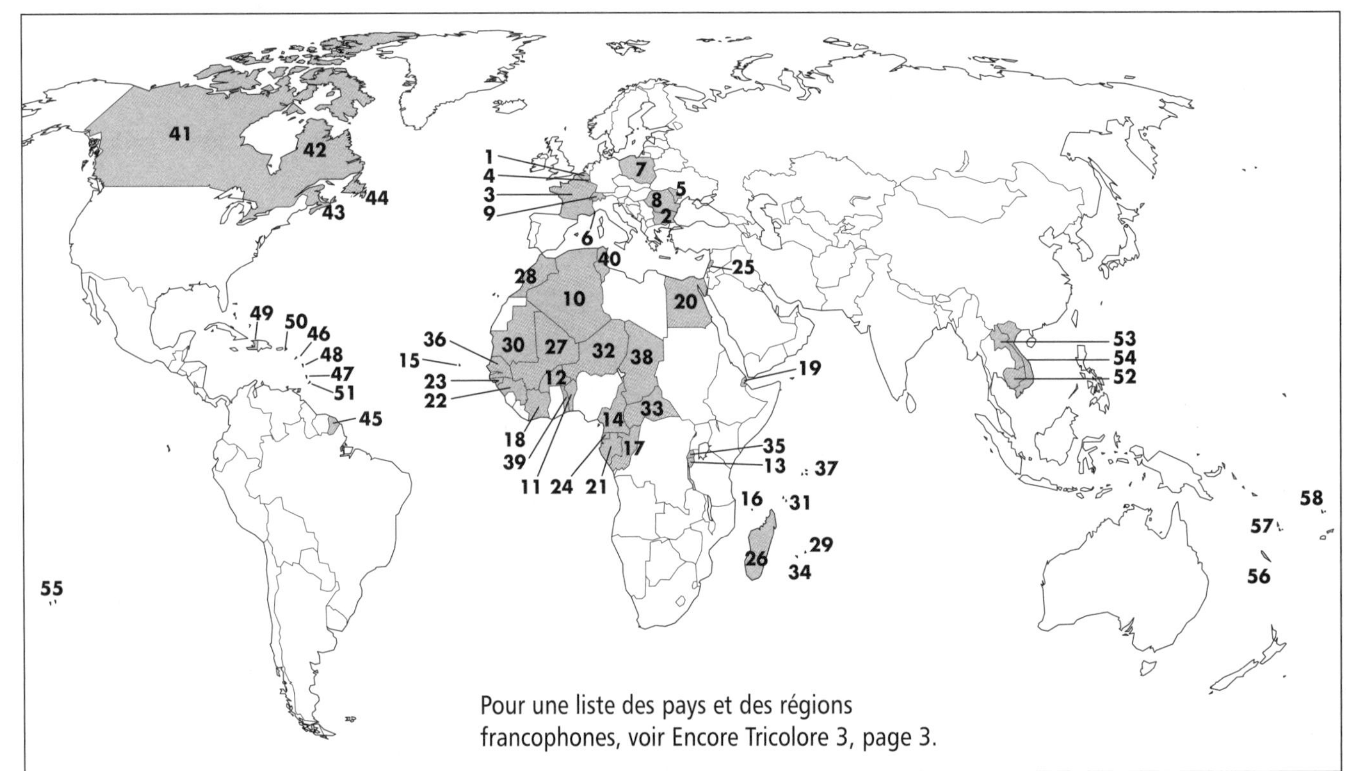

Pour une liste des pays et des régions francophones, voir Encore Tricolore 3, page 3.

3 Une région francophone

a *Choisis une région francophone et complète les détails.*
b *Travaillez à deux pour inventer une conversation sur la région.*

– Aujourd'hui, dans notre émission 'Francophonie', on va parler de .... D'abord, où se trouve ....?
– .... se trouve ....
– Qu'est-ce qu'on y parle, comme langues?
– ....
– Et quelle est la capitale ou la ville principale?
– C'est ....
– Le climat, c'est comment?
– ....
– Et comme monnaie, qu'est-ce qu'on utilise?
– On utilise ....
– Qu'est-ce qu'on peut visiter dans la région?
– ....
....
....
– Et comme activités sportives, qu'est-ce qu'on peut faire?
– ....
– Quel est le meilleur moment pour visiter la région?
– ....

Les pays du monde

1 Les vacances prochaines

Lis les détails, décide quel voyage tu vas choisir et quand tu vas partir.
Complète la lettre à ton/ta correspondant(e).

Cher/chère ....

En .... (juin, juillet, août) prochain, je vais aller (au Canada/en Italie/en Irlande/en Afrique etc.)
....

Je prendrai l'avion à .... , puis je vais voyager (en voiture/en train/en car)
....

Je vais partir le .... et je vais revenir le ....

Nous allons (faire du camping/aller dans un hôtel/loger chez une famille)
....
....

Pendant les vacances, je voudrais voir
....
....
....
....
....
....
....

À bientôt,
....

Circuit en Italie
Visitez Rome, Florence et Venise en car.
Demi-pension dans des hôtels 4 étoiles.
Vols: départ Paris–Rome, retour Venise–Paris.
15 jours.

Découvrez le Canada
Pays des trois océans, des 500 000 lacs, des montagnes, des forêts, des plaines.
Traversée du Canada par le train.
Demi-pension dans des hôtels 3 étoiles.
Vol aller-retour Paris–Montréal

Safari en Afrique
Regardez vivre en liberté les lions, les girafes, les éléphants et les gorilles.
Vol aller-retour Paris–Nairobi.
21 jours, 4 nuits à l'hôtel à Nairobi, 16 nuits sous la tente.

Découvrez l'Irlande
Passez une semaine en famille et faites la connaissance de la vraie Irlande.
Vol aller-retour Paris–Dublin.
Une semaine.

2 Une carte postale

Tu es en vacances. Écris une carte postale à tes amis. Réponds aux questions.

- Tu passes des vacances où et avec qui?
- Quand es-tu arrivé(e)?
- Qu'est-ce que tu as fait hier?
- C'était bien?
- Quel temps fait-il?
- Qu'est-ce que tu vas faire demain?
- Quand est-ce que tu vas rentrer à la maison?

3 Des pays du monde

Est-ce que tu peux penser à ...
4 pays d'Europe continental?
3 pays qui font partie du Royaume-Uni?
2 pays d'Amérique?
1 pays qui est aussi une île?

....
....
....
....
....
....
....

En ville

Trouve le bon texte pour chaque image.

Exemple: 1 e *un cinéma*

a un parc/un jardin public
b un théâtre
c une bibliothèque
d une piscine
e un cinéma
f une patinoire
g un bowling
h un château
i une cathédrale
j un musée
k un centre commercial
l un stade

On doit faire ça – il le faut

1 En vacances en France

Complète les phrases avec ***il faut*** *ou* ***il ne faut pas****.*

Exemple: 1a *il faut*

1 Pour aller de Grande-Bretagne en France,
 a .... traverser la Manche.
 b .... traverser les Alpes.

2 Quand on voyage par le train,
 a .... composter votre billet.
 b .... aller à la gare routière.

3 Pour acheter un billet à la gare,
 a .... aller à la consigne.
 b .... aller au guichet.

4 Si une famille française vous invite à dîner,
 a .... dire que le repas était délicieux.
 b .... arriver en retard.

5 Quand vous avez passé des vacances agréables chez une famille française,
 a .... dire 'Merci, j'en ai assez mangé'.
 b .... dire 'Merci beaucoup de votre hospitalité'.

6 Pour changer de l'argent,
 a .... aller à la piscine.
 b .... entrer dans une banque.

7 Pour acheter des timbres, quand le bureau de poste est fermé,
 a .... aller au commissariat.
 b .... aller à un tabac.

8 Pour envoyer une lettre,
 a .... la mettre dans une boîte aux lettres.
 b .... la mettre dans une poubelle.

9 Pour acheter une carte de la région,
 a .... entrer dans une patinoire.
 b .... entrer dans une librairie.

10 Pour acheter des médicaments,
 a .... aller à la mairie.
 b .... aller à la pharmacie.

2 Un acrostiche

Complète l'acrostiche avec les formes du verbe devoir.

1 Les gouvernements ... travailler ensemble pour protéger l'environnement. (7)
2 Tu ... recycler du papier. (4)
3 On ... réduire la pollution. (4)
4 Moi, je ... éteindre la lumière quand je sors d'une pièce. (4)
5 Vous ... tous consommer moins d'électricité. (5)
6 Nous ... aller en ville à pied de temps en temps. (6)
7 Les gens ne ... pas jeter des papiers dans la rue ni des piles dans la nature. (7)
8 On ... améliorer les transports en commun. (4)

3 Pour protéger l'environnement

Complète les textes avec les mots dans la case.

bain calculatrices doit douche piles rejette

Attention aux piles

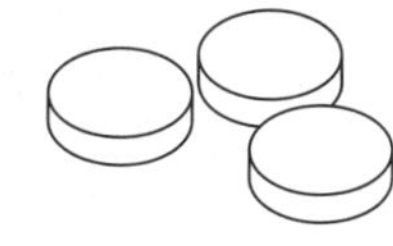

On **(1)**.......................... faire attention quand on rejette des piles.
Les **(2)**.......................... sont inoffensives quand on les utilise, mais elles deviennent toxiques pour l'environnement quand on les **(3)**.......................... Une pile bouton (utilisée dans des montres, des **(4)**.......................... et des appareils-photos) peut, seule, contaminer 1m³ de terre (ou 400m³ d'eau).

Une douche ou un bain?

Il faut prendre une douche au lieu d'un bain.
Pour prendre un **(5)**.........................., on utilise environ 300 litres d'eau, mais pour une **(6)**.........................., on utilise seulement environ 70 litres.

Tu comprends?

1 Pour protéger l'environnement

Écoute les conversations 1–7 et trouve l'image qui correspond.

Exemple: 1 *e*

1 ......, 2 ......, 3 ......, 4 ......,
5 ......, 6 ......, 7 ......

a

e

b

f

c
Piste cyclable

g
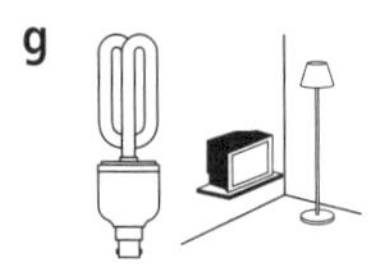

d

3 La Martinique

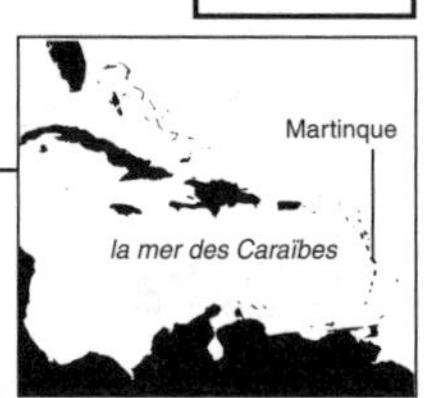

Écoute l'interview et complète la fiche avec des mots dans la case.

a 25 **b** avril **c** bibliothèque **d** carnaval **e** cathédrale
f l'euro **g** mai **h** mer **i** musée **j** natation

Nom:	La Martinique
Situation:	une île tropicale dans la (**1**) .... des Antilles, au nord de l'Amérique du Sud
Population:	400 000 habitants
Gouvernement:	Département français d'outre-mer (DOM)
Langues:	français (langue officielle), créole
Climat:	tropical température moyenne (**2**) .... °C une saison sèche: de décembre à (**3**) .... une saison humide: de (**4**) .... à novembre possibilité de pluies violentes et cyclones les mois les plus chauds: juillet et août
Principales villes:	Fort-de-France (capitale), Saint-Pierre
Monnaie:	(**5**) ....
Aspects du paysage:	la montagne Pelée (1 397 m), un volcan en activité
Activités économiques:	agriculture (banane, canne à sucre) et tourisme
Fêtes et festivals:	février–mars (5 jours qui précèdent le mercredi des Cendres), le (**6**) .... de la Martinique le 8 mai, à Saint-Pierre, la commémoration de l'éruption de la montagne Pelée
Aspects touristiques:	Plages chaudes, paysage tropical, marchés Fort de France: un jardin public, la (**7**) .... Saint-Louis, la (**8**) .... Schloelcher (construite à Paris, puis démontée et transportée en Martinique) Saint-Pierre: le (**9**) .... Vulcanologique
Activités sportives:	tous les sports nautiques: la (**10**) .... , la planche à voile, la plongée, le canyoning la randonnée à pied, à VTT

2 Ma ville, Caen

Écoute la conversation et choisis la bonne réponse. **Exemple: 1** *b*

1 – Caen, c'est une grande ville?
– C'est une ville moyenne avec environ ...
a ☐ 72 000 habitants.
b ☐ 112 000 habitants.
c ☐ 212 000 habitants.

2 – C'est où exactement?
– C'est en Normandie, dans ...
a ☐ l'ouest.
b ☐ le nord-ouest.
c ☐ le nord.

3 – C'est au bord de la mer?
– Non, pas vraiment, mais ce n'est pas loin d'Ouistreham, qui est ...
a ☐ au bord de la mer.
b ☐ un port.
c ☐ sur la côte.

4 – C'est comment comme ville?
– C'est une ville ...
a ☐ touristique et historique.
b ☐ ancienne et pittoresque.
c ☐ moderne et intéressante.

5 Guillaume le Conquérant a fondé la ville. Il a construit deux abbayes et ...
a ☐ une belle maison.
b ☐ une tour.
c ☐ un château.

6 Plus tard, Guillaume est devenu roi ...
a ☐ d'Angleterre.
b ☐ d'Allemagne.
c ☐ d'Italie.

7 – Qu'est-ce qu'on peut voir dans la ville?
– Il y a des monuments historiques et il y a aussi le Mémorial de la Paix, qui est un musée ...
a ☐ sur la première guerre mondiale.
b ☐ sur la deuxième guerre mondiale.
c ☐ sur les guerres de religion.

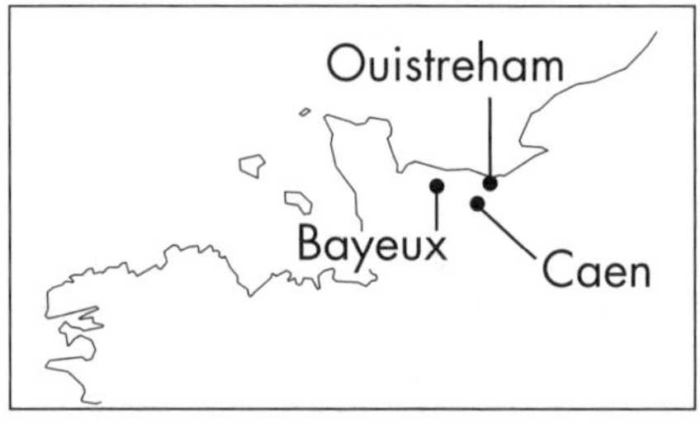

8 – Et dans la région? Qu'est-ce qu'il y a à voir?
– On peut visiter la ville de Bayeux, qui est à ...
a ☐ 2 km.
b ☐ 12 km.
c ☐ 20 km.

9 Là, on peut voir la célèbre tapisserie de la Reine Mathilde, qui était la ...
a ☐ mère de Guillaume.
b ☐ femme de Guillaume.
c ☐ fille de Guillaume.

10 À Bayeux, il y a aussi ...
a ☐ une très belle cathédrale.
b ☐ un parc d'attractions.
c ☐ une belle piscine.

Sommaire

Complète le sommaire avec des mots anglais.

1 Understanding information about an area or country

		les pays	
la côte	....	*l'Allemagne (f)*	Germany
l'équateur (m)	equator	*la Belgique*	Belgium
un fleuve	....	*l'Espagne (f)*	....
une forêt	forest	*la France*	France
francophone	French-speaking	*la Grèce*	....
une île	island	*l'Irlande (f)*	Ireland
un lac	lake	*l'Irlande du Nord (f)*	Northern Ireland
loin	far	*l'Italie (f)*	Italy
la mer	....	*la Suisse*	Switzerland
la montagne	mountain	*l'Angleterre (f)*	England
l'océan (m)	ocean	*l'Écosse (f)*	....
un pays	....	*le Royaume-Uni*	UK
une plage	beach	*le pays de Galles*	Wales
plat	flat	*les Pays-Bas (m pl)*	Netherlands
les continents			
l'Afrique (f)	Africa	*le Canada*	Canada
l'Amérique (f)	America	*le Maroc*	Morocco
l'Antarctique (f)	Antarctic	*le Sénégal*	Senegal
l'Asie (f)	Asia	*les États-Unis (m pl)*	USA
l'Australie (f)	Australia		
l'Europe (f)	Europe		

2 Using the pronouns *me, te, nous* and *vous*
(see also page 109)

Ça t'intéresse?	Does that interest you?
Viens me voir.	Come and see me.

3 Talking about towns and villages

C'est ...	It's ...
une grande ville	a large town
une ville moyenne	a medium-sized town
une petite ville	a small town
un village	a village
à la campagne	in the country
à la montagne	in the ....
sur la côte	on the coast
près de ...	near ...

4 Saying where a place is situated

dans le nord	in the north	*dans l'ouest*	in the west
dans le sud	in the south	*au centre*	in the centre
dans l'est	in the east		

5 Talking about your town and area

une bibliothèque	....
une cathédrale	cathedral
un château	castle, stately home
une gare (routière)	....
un hôtel de ville	town hall
un marché	market
un musée	museum
un office de tourisme	tourist office
un centre sportif/un complexe sportif	sports centre
un parc (d'attractions)	(theme) park
une patinoire	....
une piscine	....
une piste de ski artificielle	dry ski slope
un stade	....
une station-service	petrol station
un théâtre	theatre
une zone/rue piétonne	pedestrian precinct/street
à ... kilomètres de ...	... kilometres from ...
près de ...	near ...
une ville touristique/industrielle	a tourist/industrial town
un quartier	district
Il n'y a rien à faire.	There's nothing to do.
Ça me plaît, comme ville.	I like it as a town.
À mon avis, c'est trop tranquille ici.	I think it's too quiet here.
On a besoin d'un cinéma.	We need a cinema.

6 Using the verb *devoir* to say that you 'have to' or 'must' do something (see page 112)

7 Understanding information about the environment

un arbre	....
augmenter	to increase
la circulation	....
le climat	climate
la couche d'ozone	ozone layer
les déchets (m pl)	....
les dégâts (m pl)	damage
l'effet de serre (m)	greenhouse effect
une espèce	species
éteindre	to switch off
un incendie	fire
une inondation	flood
une marée noire	oil slick
la pluie	....
polluer	to pollute
polluant	polluting
une poubelle	dustbin
le recyclage	recycling
les transports en commun (m pl)	public transport
trier	to sort (e.g. rubbish)
une usine	....

8 Using *il faut* and *il ne faut pas* + infinitive
(see also page 116)

Il faut réduire la pollution.	We must reduce pollution.
Il ne faut pas détruire les forêts.	We mustn't destroy the forests.

Rappel 4

1 Le jeu des sept différences

Stéphanie et Nicolas ont choisi presque les mêmes repas, mais il y a sept différences. Regarde bien les plateaux pour les trouver.

Exemple: *Sur le plateau de Stéphanie, il y a une bouteille d'Orangina, mais sur le plateau de Nicolas, il y a de la limonade.*

ou *Stéphanie a choisi de l'Orangina, mais Nicolas a pris de la limonade.*

Le plateau de Stéphanie

Le plateau de Nicolas

2 Un acrostiche

Complète l'acrostiche avec les mots qui manquent.

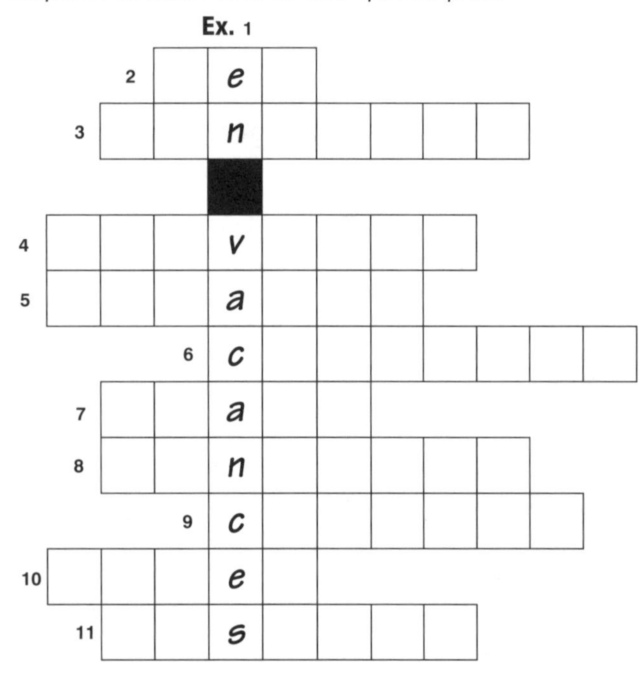

1 Cet été, nous allons en France … … (2, 8)
2 Nous allons au bord de la … (3)
3 Moi, je vais à la … : nous louons un gîte dans les Alpes. (8)
4 Je voudrais acheter quelque chose de typique comme … (8)
5 Quand on voyage en avion, il ne faut pas avoir trop de … (7)
6 Ma cousine va à la … pour des vacances à la ferme. (8)
7 Moi, j'adore la … : On peut faire des châteaux de sable, puis nager dans la mer. (5)
8 Je porte toujours mes … de soleil. (8)
9 Nous allons faire du … . Nous avons une grande tente. (7)
10 Quand je serai riche, je resterai dans un … de luxe. (5)
11 Il y aura une belle … où je peux nager ou me relaxer. (7)

3 Des mots en groupes

Trouve le mot qui ne va pas avec les autres. (Si possible, dis pourquoi.)

Exemple: 1 *boisson (On fait du sport dans les autres.)*

1 piscine, stade, boisson, gymnase
……………………………………………
2 framboise, jambon, ananas, cerise
……………………………………………
3 pharmacie, librairie, pâtisserie, géographie
……………………………………………
4 dessin, oreille, jambe, pied
……………………………………………
5 escalade, natation, peinture, équitation
……………………………………………
6 charcuterie, biologie, informatique, chimie
……………………………………………
7 bibliothèque, anniversaire, université, mairie
……………………………………………
8 facteur, ordinateur, dessinateur, vendeur
……………………………………………

4 5-4-3-2-1

Trouve …

5 couleurs ……………………………
4 verbes ……………………………
3 mois ……………………………
2 jours ……………………
1 numéro ……………

rouge août mettre dimanche blanc
jouer seize jaune venir marron
noir mars juin faire vendredi

A On habite où?

Regarde la carte.
Pour chaque personne, indique où il/elle habite.

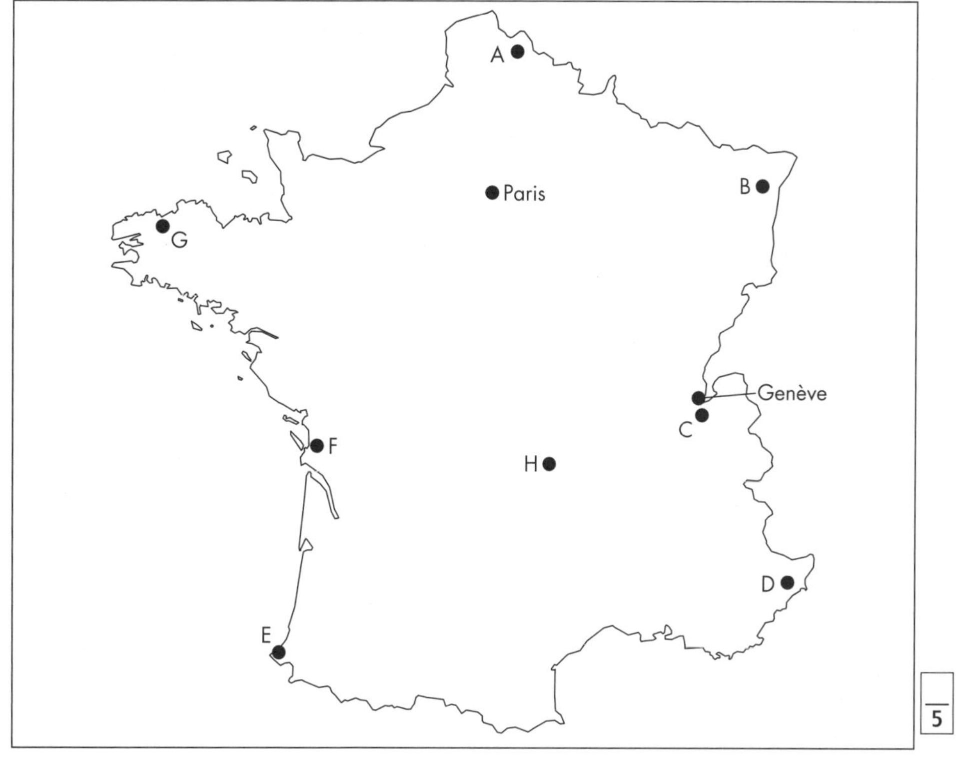

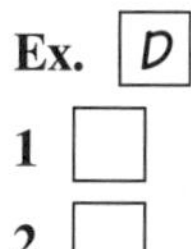

Ex. *D*
1 ☐
2 ☐
3 ☐
4 ☐
5 ☐

/5

B La protection de l'environnement

On parle de quoi? Pour chaque personne, choisis la bonne image.

Ex. *E* 1 ☐ 2 ☐ 3 ☐ 4 ☐ 5 ☐ 6 ☐

A

B 

C

D 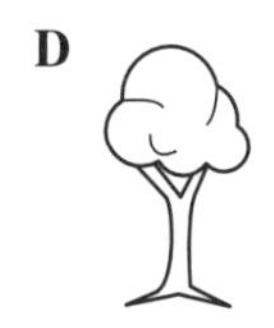

E 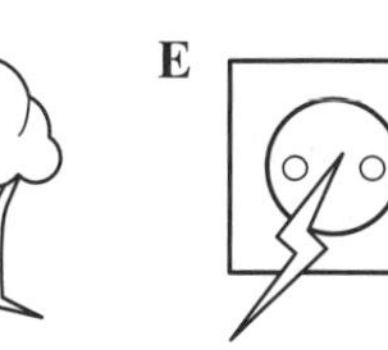

F 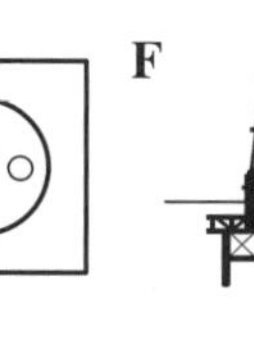

G 

H 

/6

C Des excuses

Pourquoi est-ce qu'on dit non? Pour chaque personne, choisis la bonne excuse.

Ex. *B* 1 ☐ 2 ☐ 3 ☐ 4 ☐ 5 ☐ 6 ☐

A Je suis fatigué(e).
B Je vais rester à la maison.
C Je suis malade.
D J'ai mal aux dents.
E Mes parents vont sortir.
F Je vais faire du shopping.
G Mon frère est malade.
H J'ai beaucoup de travail à faire.

/6

D Des voyages

On parle des voyages. Qu'est-ce qu'on a aimé? Qu'est-ce qu'on n'a pas aimé?
Complète la grille **en français** en utilisant les mots dans la case.

		aimé	n'a pas aimé
Ex.	Marc	*le paysage*	*la capitale*
1	Hélène		
2	Jean		
3	Louise		
4	Karim		

les animaux
la capitale
le climat
la forêt
les habitants
les jeunes
la nourriture
le paysage
les plages
les poissons
le sport
les touristes
le voyage

/8

Total: /25

Carte A

A Ta ville

You are talking to a young French person about your town. Your teacher or another person will play the part of the French person and will speak first.

1 Say where your home town/village is.

2 Say what there is to do there.

3 Say what you think of your town/village.

4 Ask your friend where he/she lives.

Carte B

A Ta ville

Tu parles avec un(e) jeune Français(e). Je suis le/la jeune Français(e).

1 Ta ville est où, exactement?

2 Qu'est-ce qu'il y a à faire à ...?

3 Que penses-tu de ...?

4 Ah bon!

5 J'habite à Paris.

Carte A

B L'environnement

[When you see this – ! – you will have to respond to a question you have not prepared.]

[When you see this – ? – you must ask a question.]

You are talking to a young French person about the environment. Your teacher or another person will play the part of the French person and will speak first.

1 Problème

2 Solution

3 !

4 Espèces en danger?

Carte B

B L'environnement

Tu parles avec un(e) jeune Français(e). Je suis le/la jeune Français(e).

1 À ton avis, quel est le plus grand problème pour l'environnement?

2 Et qu'est-ce qu'on peut faire?

3 Tu fais du recyclage?

4 Bon.

5 Réponse appropriée (par exemple: On doit protéger les éléphants.)

ÉPREUVE 8 Lire (1)

8/14

A L'environnement

Lis les conseils pour protéger l'environnement. Pour chaque conseil, choisis la bonne image.

A 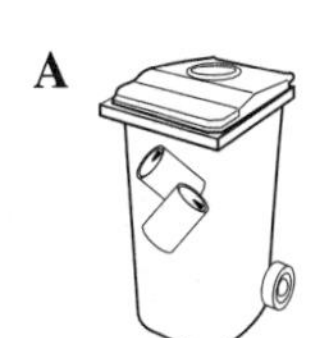 B 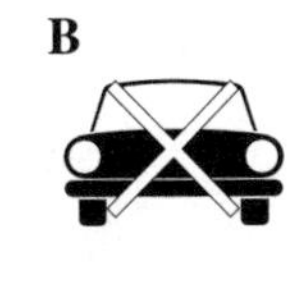 C  D  E  F 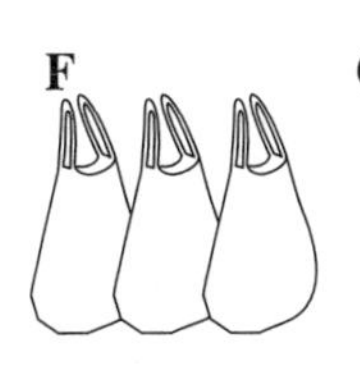 G 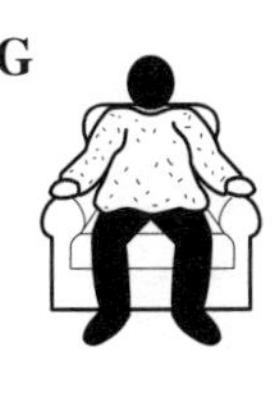 H 

Ex.	Vous devez baisser la température du chauffage central.	G
1	Vous devez réutiliser vos sacs en plastique.	
2	Il faut réduire la circulation.	
3	Il ne faut pas arroser le jardin en plein soleil.	
4	Vous devez recycler les boîtes.	
5	Vous ne devez pas laisser couler le robinet quand vous vous brossez les dents.	
6	Il ne faut pas jeter les papiers par terre.	

/6

B Le tourisme

Lis les publicités. Pour chaque publicité, choisis le bon endroit.

A  B 

C  D  E  F 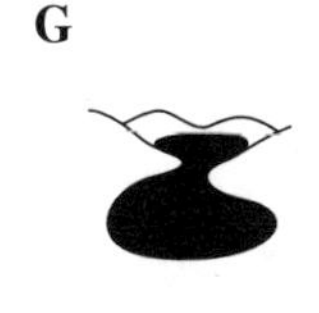 G H 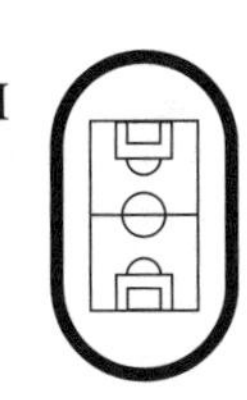

Ex.	Avec une trentaine d'arrivées par jour, nous sommes à quelques heures de toutes les capitales européennes.	A
1	Vous pouvez voir une des plus belles collections de vieux vêtements de France.	
2	Sur 28 hectares, 30 espèces rares d'arbres et de plantes.	
3	Les champions de la première division vous proposent la visite guidée de leur terrain tous les après-midis.	
4	Pour les amateurs de sports nautiques, vous avez la base de ski nautique.	
5	Venez retrouver la forme. Plus d'une centaine d'activités, du handball à l'aquagym.	
6	La plus grande église de la région. Messe chantée tous les dimanches à 10h30.	

/6

ÉPREUVE 8 Lire (2)

C Les pays francophones

Remplis les blancs en utilisant les mots dans la case.

langues	Europe	îles	climats	monde	forêt	Afrique	rivière	montagne	Belgique

Il y a une cinquantaine de pays dans le (**1**)........................... où on parle français. Dans certains, comme la Suisse et la Belgique, on parle aussi une ou plusieurs autres (**2**)...........................; en Suisse, par exemple, on parle aussi allemand et italien, et en **Ex.** ....*Belgique*......., on parle flamand. Mais les pays francophones ne se trouvent pas seulement en (**3**)........................... Il y en a partout dans le monde, et on y trouve tous les (**4**)........................... et tous les terrains, de la (**5**)........................... amazonienne de la Guyane aux (**6**)........................... tropicales de la Polynésie.

6

D Le forum sur l'environnement

Read these e-mails from a website forum on the environment. Then answer the questions **in English**.

Moi, ce qui me pose un problème, c'est la pollution atmosphérique. J'ai un petit frère qui est asthmatique. Nous habitons à Paris, et quelquefois en été, il ne peut pas sortir à cause de ça. C'est pas juste! À mon avis, on doit interdire les voitures en centre ville les jours où il y a de la pollution.

Habib (Paris XXe)

C'est dégoûtant comme on fait souffrir notre planète. On la remplit de déchets, et en plus, on gaspille* toutes les ressources. D'ici 50 ans*, il n'y aura plus assez de pétrole, ni de gaz, ni de beaucoup d'autres ressources. Nous les jeunes, nous devons recycler le plus possible, prendre les transports en commun, et surtout persuader nos parents de voter vert.

Justine (47 Villeneuve)

*gaspiller = *to waste*
*d'ici 50 ans = *50 years from now*

1 Which environmental problem is Habib most worried about, and why? (2 marks) ....

....

2 What solution does he propose? ....

....

3 What is Justine's main concern? ....

....

4 Who does she aim her suggestions at? ....

....

5 Name two of the things she says they could do. (2 marks) ....

....

7

Total: 25

ÉPREUVE 8 Écrire

8/16

A C'est quel pays?

Remplis les blancs avec le nom du pays **en français**.

Ex. Paris est la capitale de la [flag] ....*France*..

1 Au [flag] .... , on parle français et anglais.

2 Mon cousin habite en [flag] ....

3 Je voudrais aller aux [flag] ....

4 On parle français et flamand en [flag] ....

/4

B Ma ville

Write an e-mail **in French** to your French friend to tell him/her about your town.
Réponds à ces questions:

- Où exactement se trouve ta ville?
- C'est quelle sorte de ville?
- Que penses-tu de ta ville?

....

....

....

....

/6

C On doit faire quoi?

Fill in the blanks in the following sentences with the appropriate part of the verb **devoir**.

Ex. Tu ...*dois*................................ absolument voir ce film.

1 Vous .... prendre le train.

2 On .... faire attention aux serpents.

3 Il .... finir ses devoirs.

4 Tu me .... dix euros.

5 Ils .... rester à la maison.

6 Nous .... partir maintenant.

/6

D L'environnement/Les pays francophones

EITHER

a) Écris une lettre sur l'environnement à un magazine pour les jeunes.
Mentionne:
- un problème
- un exemple
- une solution

OR

b) Imagine que tu es allé(e) en vacances dans un pays francophone.
Parle
- du climat
- du paysage
- de tes opinions

....

....

....

/9

Total: /25

A On a mal

On est à la pharmacie. Pour chaque personne, choisis la bonne image.

Ex. B 1 ☐ 2 ☐ 3 ☐ 4 ☐ 5 ☐ 6 ☐

B Les métiers

Qu'est-ce qu'ils font dans la vie? Pour chaque personne, choisis la bonne image.

Ex. G 1 ☐ 2 ☐ 3 ☐ 4 ☐ 5 ☐ 6 ☐

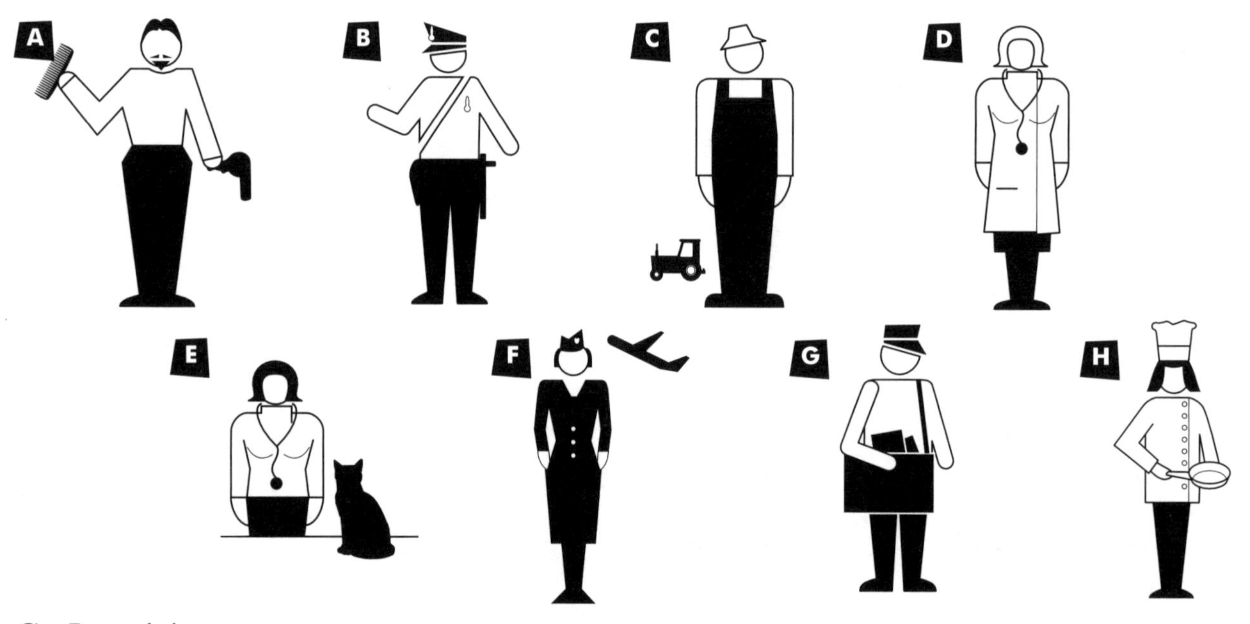

C La météo

Remplis les blancs en français. Utilise les mots/expressions dans la case.

A couvert **B** du soleil **C** un peu **D** très froid **E** du vent **F** beau **G** très chaud **H** de la pluie **I** beaucoup **J** du brouillard **K** quelquefois

Ex. Près de Paris, il y aura ....*J du brouillard*.........., mais il y aura ....*B du soleil*............... de temps en temps.

1 À l'ouest, il fera .... le matin. Le temps sera .... l'après-midi, mais le soir, il y aura ....

2 En Bretagne, il ne fera pas .... et plus tard, il y aura ....

3 En montagne, il neigera .... et il fera ....

D La forme

Pour chaque personne, choisis la bonne phrase.

Ex. [B] 1[ ] 2[ ] 3[ ] 4[ ] 5[ ] 6[ ]

A Je mange trop de choses sucrés.
B Je fais beaucoup de sport.
C Je ne fumerai jamais.
D J'ai bu de l'alcool.
E J'adore le fast-food.
F Je suis végétarien(ne).
G Je ne fais pas assez d'exercice.
H Mon problème, c'est les matières grasses.

/6

E Les films, les livres et les émissions télé

C'est quel genre? Pour chaque personne, choisis la bonne image.

Ex. [D] 1[ ] 2[ ] 3[ ] 4[ ] 5[ ] 6[ ]

A B C D E F G H

HeHe!

/6

F La famille et les amis

Listen to this conversation, then answer the questions in English.

1 Mention one good thing and one bad thing Halima says about her parents. (2 marks)

....

2 How does she get on with her brother?

....

3 Why? (Give two reasons) (2 marks)

....

4 In what way are friends important to Halima?

....

/6

Carte A

A Les loisirs

You are talking to a young French person about leisure activities. Your teacher or another person will play the part of the French person and will speak first.

1 Say what you like doing.

2 Say where you go.

3 Say how often you do it.

4 Ask your friend what his/her favourite sport is.

Carte B

A Les loisirs

Tu parles avec un(e) jeune Français(e). Je suis le/la jeune Français(e).

1 Qu'est-ce que tu fais pour t'amuser?

2 Où est-ce que tu fais ça?

3 Tu fais ça souvent?

4 Ah bon!

5 J'adore le tennis.

Carte A

B1 Un stage en entreprise

[When you see this – ! – you will have to respond to a question you have not prepared.]

You are talking to a young French person about your recent work experience. Your teacher or another person will play the part of the French person and will speak first.

1 Say where you worked.

2 Say what hours you worked.

3 !

4 Say what job you would like to do.

Carte B

B1 Un stage en entreprise

Tu parles avec un(e) jeune Français(e). Je suis le/la jeune Français(e).

1 Alors, c'était où, ton stage en entreprise?

2 Tu as travaillé beaucoup d'heures?

3 Qu'est-ce que tu as pensé du travail?

4 Très bien/C'est dommage. (as appropriate)

5 Qu'est-ce que tu veux faire dans la vie?

Carte A

B2 Un voyage scolaire

[When you see this –! – you will have to respond to a question you have not prepared.]

You are talking to a young French person about a recent school trip. Your teacher or another person will play the part of the French person and will speak first.

1 Say where you went.

2 Say how long the journey took.

3 Say what you did during the trip

4 !

Carte B

B2 Un voyage scolaire

Tu parles avec un(e) jeune Français(e). Je suis le/la jeune Français(e).

1 Alors, c'était où, cette visite scolaire?

2 Le voyage a duré combien de temps?

3 Qu'est-ce que tu as fait exactement?

4 Qu'est-ce que tu as pensé de la visite?

5 C'est bien/dommage. (as appropriate)

Carte A

C Les vacances

[When you see this – ! – you will have to respond to a question you have not prepared.]

[When you see this – ? – you must ask a question.]

You are talking to a young French person about your holiday plans. Your teacher or another person will play the part of the French person and will speak first.

1 Sorte de vacances

2 Où, cette année

3 !

4 L'année dernière?

Carte B

C Les vacances

Tu parles avec un(e) jeune Français(e). Je suis le/la jeune Français(e).

1 Qu'est-ce que tu aimes comme vacances?

2 Et cette année, où vas-tu?

3 Tu pars quand? Avec qui?

4 Bon.

5 Je suis allé(e) en France.

Moi, ma famille et mes amis
- Quel âge as-tu?
- Tu as des frères ou des sœurs?
- Décris ton/ta meilleur(e) ami(e).
- Tu t'entends bien avec ta famille? Pourquoi/Pourquoi pas?
- Quelles sont les qualités d'un(e) ami(e)?

À la maison
- Tu t'es levé(e) à quelle heure ce matin?
- Et le week-end, à quelle heure est-ce que tu te lèves, normalement?
- Qu'est-ce que tu as dans ta chambre?
- Quand est-ce que tu fais tes devoirs?
- Que feras-tu à la maison, ce week-end?

Les vacances
- Où vas-tu en vacances?
- Qu'est-ce que tu fais en vacances?
- Tu préfères aller à un hôtel ou à un camping? Pourquoi?
- Parle-moi de tes vacances l'année dernière.
- Si tu étais riche, où voudrais-tu aller? Pourquoi?

Les loisirs
- Quel est ton passe-temps préféré?
- Qu'est-ce que tu aimes lire?
- Qu'est-ce que tu as fait, le week-end dernier?
- Que feras-tu ce soir pour t'amuser?
- Parle-moi d'un film que tu as vu/un livre que tu as lu récemment.

Au collège
- Quelle est ta matière préférée?
- Où est-ce que tu manges, à midi?
- Que penses-tu du collège?
- Quelle matière est-ce que tu n'aimes pas? Pourquoi?
- Qu'est-ce que tu vas étudier l'année prochaine? Pourquoi?

La forme
- Qu'est-ce que tu aimes manger et boire?
- Quel est ton sport préféré?
- Qu'est-ce qu'on doit/ne doit pas manger pour être en forme?
- Que fais-tu pour être en forme?

Le travail
- Que fait ta mère/ton père dans la vie?
- Et toi, qu'est-ce que tu voudrais faire?
- Où feras-tu ton stage en entreprise?
- Il y a un emploi que tu ne voudrais pas faire? Pourquoi?

A La classe

C'est qui? Pour chaque image, écris le prénom.

A	B	C	D
		Ex. *François*	

E	F	G

Ex. François est assez grand. Il a les cheveux bruns et frisés.
1 Anne-Marie est petite. Elle a les cheveux longs et blonds.
2 Philippe est très grand. Il a les cheveux courts et noirs.
3 Claire est de taille moyenne, aux longs cheveux marron.
4 Luc est le plus petit de la classe. Il a les cheveux courts et frisés.
5 Hélène est grande. Elle a les cheveux longs et blonds.
6 Martin est de taille moyenne. Il a les cheveux longs et marron.

/6

B En Dordogne

Remplis les blancs dans cette brochure en français. Utilise les mots dans la case.

A avion **B** calmes **C** canoë **D** cinéma **E** futur
F musée **G** passé **H** semaine **I** séjour **J** sportives

Une **Ex. H** *semaine*............... en Dordogne

◆ Pour un **(1)**........................ gourmand.
Venez essayer la cuisine régionale dans un de nos restaurants célèbres. Venez découvrir nos marchés fermiers, où on vend tous les produits du pays.

◆ Pour un voyage dans le **(2)** ....
Trouvez dans la vallée de la Vézère le **(3)** .... de la Préhistoire, où vous découvrirez les origines de l'Homme; ou la ville médiévale de Sarlat, avec ses jongleurs et son théâtre de la rue.

◆ Pour des vacances **(4)** ....
Nos activités:
(5).................... ou rafting en eau vive sur la Dordogne, randonnées à cheval, à VTT ou même à pied, il y en a pour tous les goûts. Vous pouvez même survoler notre magnifique région en **(6)** .... ou en hélicoptère si ça vous dit!

/6

C Les parcs d'attractions

Lis ces e-mails, envoyés à un forum du web, au sujet des parcs d'attractions.

Salut!

Moi, je suis plutôt contre ces parcs d'attractions. Même en France, ils sont trop américains. On mange vite, on passe vite d'attraction en attraction. Il n'y a qu'une chose qui n'est pas rapide – et ça, c'est les queues. Moi, en vacances, je préfère me décontracter un peu, être à l'aise, ne pas courir. Et si je passe mes vacances en France, c'est parce que j'aime le style, la nourriture, les coutumes, le paysage de ce pays.
Benjamin (13½ ans)

Hello!

Pour moi, les parcs d'attractions sont chouettes. Il y a toujours quelque chose à faire, chaque minute de la journée – et de la soirée. Quand je pars en vacances 'normales' avec mes parents, je m'ennuie très vite, car mes parents aiment regarder les vieux bâtiments, les églises, ou passer des heures dans un restaurant. Le parc d'attractions, c'est 'mes' vacances, on fait ce que moi je veux faire. C'est peut-être égoïste, mais c'est cool!
Stéphanie (12 ans)

Hi!

Je voudrais bien aimer les parcs d'attractions, comme tous mes copains, mais je ne peux pas. Pourquoi? Parce que ça me fait peur. C'est vrai. J'ai le vertige – je n'aime même pas regarder par une fenêtre du troisième étage. Alors les montagnes russes – non merci!!!! Le problème, c'est que je ne peux pas le dire, même à mes amis. Alors je dois inventer des excuses pour ne pas y aller: 'Mon père ne veut pas' ou 'Ma sœur ne les aime pas'.
Christian (13 ans)

Maintenant, pour chaque phrase, écris vrai (V), faux (F) ou pas mentionné (PM).

Ex.	Benjamin est déjà allé aux États-Unis.	PM
1	Benjamin croit que les parcs ne sont pas vraiment français.	
2	Il n'aime pas la vie française.	
3	Stéphanie trouve les vacances normales barbantes.	
4	Elle pense que les parcs d'attractions, ce sont des vacances idéales.	
5	Christian adore les attractions extrêmes.	
6	Il aime aller en vacances avec sa famille.	

6

D Le logement

Lis les phrases, puis réponds aux questions. Écris **deux lettres** à chaque fois.

A En vacances, je ne m'occupe de rien; je ne fais même pas mon lit. C'est ça, les vacances!
B Je n'ai pas beaucoup d'argent, et je n'aime pas partager une chambre.
C Nous sommes une famille nombreuse, alors l'hôtel est trop cher, mais nous aimons un peu de confort.
D J'aime partir à pied, avec juste un petit sac à dos, et j'adore rencontrer d'autres jeunes.
E Ma mère n'aime pas faire la cuisine ni la vaisselle en vacances.
F J'aime être en plein centre-ville, mais comme étudiant, je n'ai pas le prix d'une chambre d'hôtel.
G Avec trois petits enfants, on doit être loin des autres; moi, je n'aime pas les tentes, alors une petite maison, c'est l'idéal.
H J'adore être le plus possible en plein air, retourner un peu à la nature.

1	Qui a fait du camping?		
2	Qui est allé à une auberge de jeunesse?		
3	Qui est allé à un hôtel?	A	
4	Qui a loué un gîte?		

7

E Une star

Read this article about Faudel, then answer the questions **in English**.

Paris est devenu un centre de préservation de la tradition musicale algérienne, le raï. Son succès encourage les vocations des interprètes de raï *made in France*.

Faudel est l'emblème de ces enfants de l'immigration. Il est né le 6 juin 1978 à Mantes-la-Jolie, une banlieue parisienne. Son père, originaire de Chlef en Algérie, travaille aux usines Renault, et sa mère, du village de Hennaya, est employée de maison.

À la maison, il y avait toujours de la musique, la soul et le reggae de ses sept frères, tous musiciens, ou le raï de ses parents. C'est sa grand-mère qui lui a appris à chanter le raï pendant ses visites en Algérie, l'été. À l'âge de douze ans, Faudel crée son premier groupe, 'Les étoiles de raï', qui joue aux fêtes du quartier.

Un an plus tard, il rencontre Mohammed Mestar, dit Momo, ancien guitariste professionnel et, aidé par lui, commence à travailler avec Mc Solaar et d'autres grands de la chanson. Il fait quelques cours de métallurgie au collège, mais c'est la musique qui est son vrai métier. Il signe un contrat pour cinq albums, et décide de ne plus aller au lycée, mais de réaliser son rêve d'être salarié à 18 ans.

employée de maison = *housekeeper*

1 What is 'raï'?

....

....

2 Who is Faudel a role model for?

....

....

3 How did he learn 'raï'? (Give two details)

....

....

4 At what sort of occasions did he first appear in public?

....

....

5 What decision did he take when he was eighteen?

....

....

/6

F Un accident

Lis cette description d'un accident, puis coche les phrases qui sont vraies.

Lundi dernier, vers huit heures du matin, j'étais dans la rue de la Poste.

Normalement, mon père m'emmène au collège en voiture, mais en ce moment il est aux États-Unis, alors je dois y aller à pied.

Je suis arrivé au carrefour, et j'attendais aux feux pour traverser la route nationale. J'ai vu les feux changer au rouge, et j'étais sur le point de mettre le pied sur la chaussée quand j'ai entendu un cri. C'était une jeune fille à côté de moi, qui a vu arriver un gros camion.

Le chauffeur a essayé de freiner – j'ai entendu le bruit des freins – mais il allait beaucoup trop vite. Heureusement, personne ne traversait à pied, mais un monsieur dans une petite Citroën commençait à sortir de la rue de la Poste. Le camion n'a pas pu s'arrêter, et il a heurté la portière droite de la voiture.

Le chauffeur du camion est descendu, et a couru vers la voiture. Moi, j'ai sorti mon portable, et j'ai appelé les services de secours.

Le conducteur de la voiture avait évidemment mal au bras et à la tête, mais on ne pouvait pas l'aider à sortir, car la portière était bloquée.

Après quelques minutes, les pompiers sont arrivés, et ils ont réussi à sortir le conducteur de sa voiture, et ils l'ont emmené à l'hôpital.

Signé: *Jean-Luc Dubois*

Ex.	L'accident s'est passé lundi dernier.	✔
1	Jean-Luc allait à la Poste.	
2	D'habitude, il va à l'école avec son père.	
3	Son père était à la maison ce jour-là.	
4	Jean-Luc devait traverser la grande route.	
5	L'accident était le résultat d'un excès de vitesse.	
6	Des piétons essayaient de traverser.	
7	Le camion allait trop vite pour s'arrêter.	
8	Le chauffeur du camion n'était pas gravement blessé.	
9	Le conducteur a dû rester dans son véhicule.	

/6

A Des animaux

Write **in French** the names of these six animals.

Ex. un chat

1 ....

2 ....

3 ....

4 ....

5 ....

6 ....

/6

B Les loisirs

Complète ce questionnaire sur les loisirs **en français**.

Ex.	À la télé, j'aime regarder:	*les feuilletons*
1	Comme sport, j'aime:	....
2	mais je n'aime pas:	....
3	Mon passe-temps préféré, c'est:	....
4	Ma musique préférée, c'est:	....
5	Comme instrument, je joue:	....
6	Le week-end, j'aime:	....

/6

C La routine de tous les jours

Écris un e-mail à ton ami(e) français(e).
Dis ce que tu fais:

- le matin
- à midi
- le soir.

/7

D Au collège

Écris une lettre à un(e) ami(e) français(e).
Parle:

- des matières
- des devoirs
- des clubs.

/6

E L'hôtel

Écris une lettre à un magazine français pour parler de l'hôtel où tu as passé tes vacances.

- Situation exacte de l'hôtel
- Description de l'hôtel
- Problème à l'hôtel

/6

F Un échange

Écris un e-mail à ton ami(e) français(e) pour faire des projets pour son séjour chez toi.

- Propose une excursion.
- Parle des activités que vous ferez.
- Pose-lui une question sur ses loisirs.

/6

Encore Tricolore 3

Name

RECORD SHEET FOR Contrôle

Foundation
NC levels 4–6

Listening (AT1)	Task	Points	Level achieved ✓
	A		
	B		
	C		
	D		
TOTAL	(25)		

Reading (AT3)	Task	Points	Level achieved ✓
	A		
	B		
	C		
	D		
TOTAL	(25)		

Speaking (AT2)	Task	Points	Level achieved ✓
	A		
	B		
Conversation			
TOTAL	(25)		

Writing (AT4)	Task	Points	Level achieved ✓
	A		
	B		
	C		
	D		
TOTAL	(25)		

Encore Tricolore 3

Name

RECORD SHEET FOR Contrôle

Higher
NC levels 5–7

Listening (AT1)	Task	Points	Level achieved ✓
	C		
	D		
	E		
	F		
TOTAL	(25)		

Reading (AT3)	Task	Points	Level achieved ✓
	C		
	D		
	E		
	F		
TOTAL	(25)		

Speaking (AT2)	Task	Points	Level achieved ✓
	A		
	B		
Conversation			
TOTAL	(25)		

Writing (AT4)	Task	Points	Level achieved ✓
	C		
	D		
	E		
	F		
TOTAL	(25)		

Chantez! Quelle semaine! (1)

Chantez! Quelle semaine! (2)

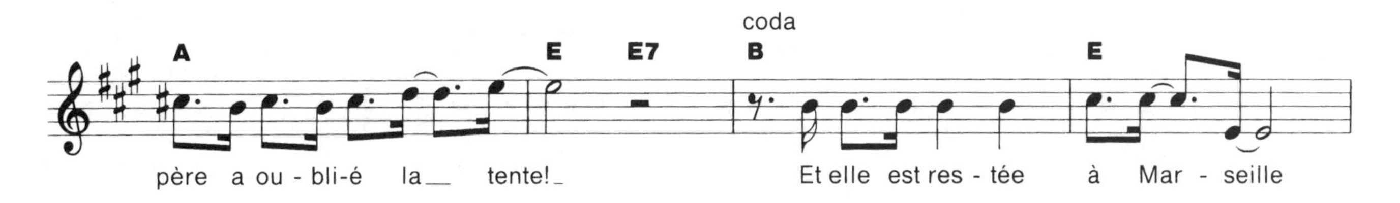

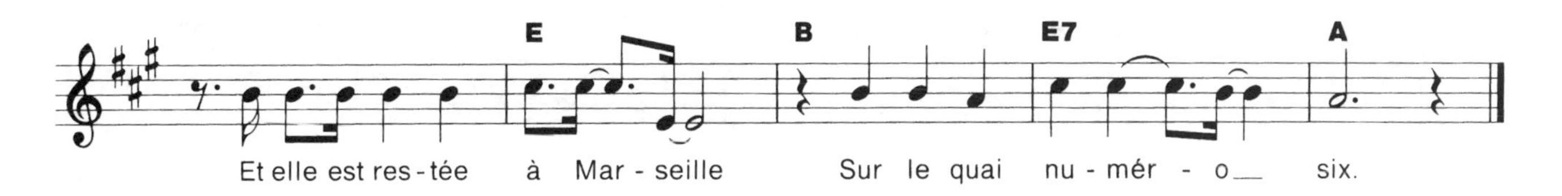

1
Lundi, j'ai téléphoné
À ma copine,
Et puis j'ai demandé,
'Tu viens à la piscine?'
Mais ma copine a oublié,
Elle n'est pas venue.
Et moi, j'ai supposé
Qu'elle ne m'aime plus.

2
Mardi, j'ai téléphoné
À ma petite sœur,
Et puis j'ai demandé,
'Tu viens m'chercher en voiture?'
Mais ma sœur m'a oublié,
Elle n'est pas venue.
Et je suis rentré à pied,
Même si je n'ai pas voulu.

3
Mercredi, je suis resté
À la maison.
Ma mère m'a demandé
De balayer le balcon.
Mais ma mère m'a oublié,
Elle m'a laissé dehors.
Et j'ai passé toute la nuit
Avec le vent du nord.

Jeudi, rendez-vous à l'hôpital,
Six heures dans la salle d'attente.
Vendredi, on est parti faire du camping.
Mon père a oublié la tente!

4
Le week-end est arrivé,
J'ai pris le train pour Nice.
J'ai demandé au porteur
De porter ma valise.
Mais le porteur a oublié
De monter ma valise
Et elle est restée à Marseille,
Et elle est restée à Marseille,
Sur le quai numéro 6.

Chantez! Paris magnifique

1 Nous avons visité
La Tour Eiffel cet été,
Et le Louvre, un grand musée,
Paris, Paris magnifique.

2 On a pris le métro,
Et aussi un des bateaux,
De la Seine, tout est si beau,
Paris, Paris magnifique.

3 Un jour, nous sommes allés
Jusqu'à l'Île de la Cité,
Nous avons beaucoup marché,
Paris, Paris magnifique.

4 Nous nous sommes promenés
Le long des Champs-Élysées
Où on trouve de beaux cafés,
Paris, Paris magnifique.

5 On est parti de bonne heure,
Avec Philippe et sa sœur,
Pour aller au Sacré-Cœur,
Paris, Paris magnifique.
Paris, Paris magnifique.

Chantez! Les vacances d'autrefois

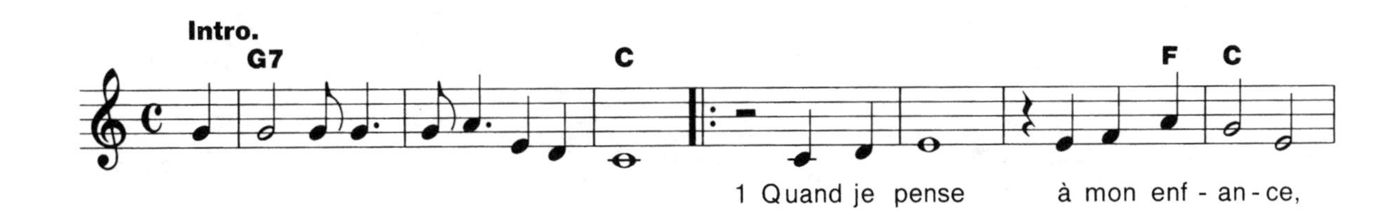

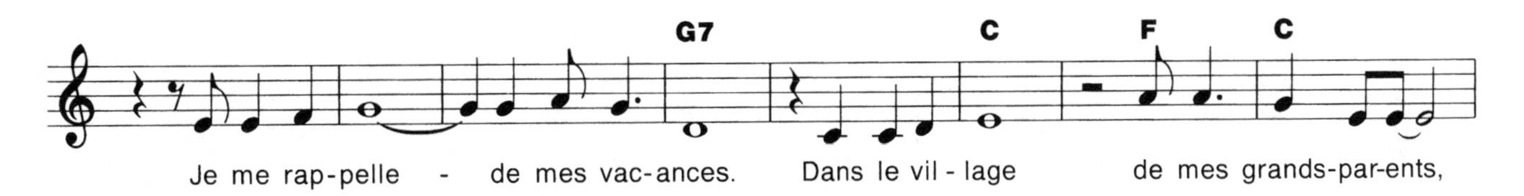

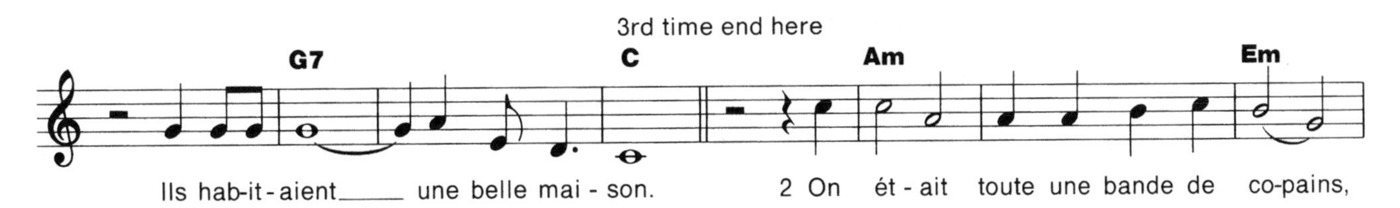

1 Quand je pense à mon enfance,
Je me rappelle de mes vacances.
Dans le village de mes grands-parents,
Ils habitaient une belle maison.

2 On était toute une bande de copains,
On partait de bon matin.
La journée, on se baignait dans la rivière,
Le soir, on dansait en plein air.

3 Aux mois de juin, de juillet, d'août,
Le soleil brillait, il faisait beau.
Nous, on était vraiment contents,
On se promenait tous en vélo.

4 On était toute une bande de copains,
On partait de bon matin.
On jouait au volley sur la plage,
On faisait du camping sauvage.

5 Le dernier jour, on a fait la fête,
On préparait un grand repas,
Il y avait Jean-Luc, Franck et Colette,
Et on jouait de la guitare.

Chantez! Tout ça, je le ferai demain

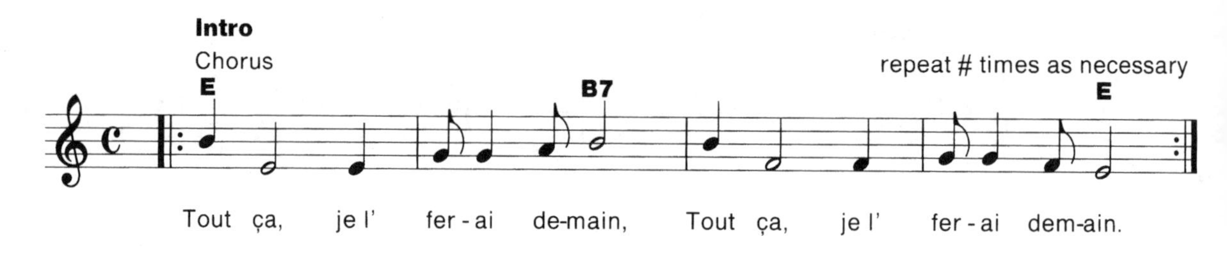

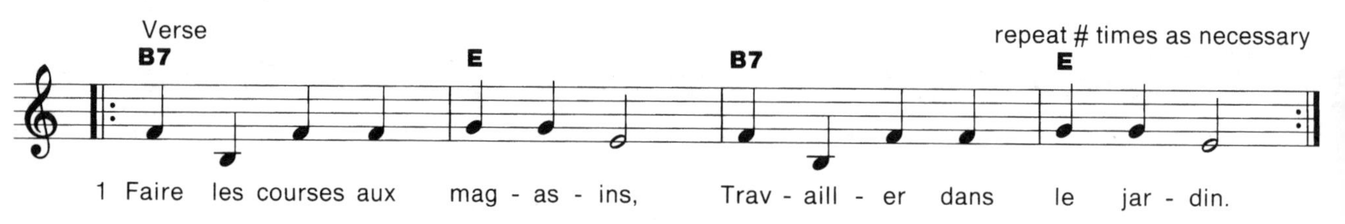

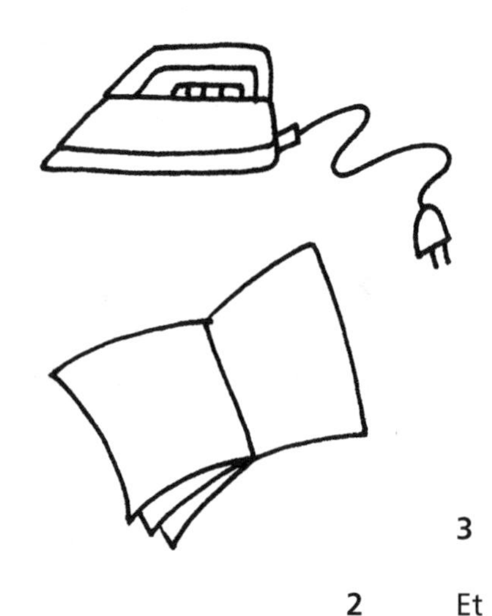

Tout ça, je le ferai demain,
Tout ça, je le ferai demain.

6 Repasser les vêtements,
Aller chercher de l'argent.

5 Ranger la bibliothèque,
Et préparer les biftecks.

4 Ensuite laver la voiture,
Faire la vaisselle, ouf! c'est dur.

3 Puis enlever la poussière,
Nettoyer la cuisinière.

2 Et passer l'aspirateur,
Réparer l'ordinateur.

1 Faire les courses aux magasins,
Travailler dans le jardin.

Tout ça, je le ferai demain,
Tout ça, je le ferai demain.

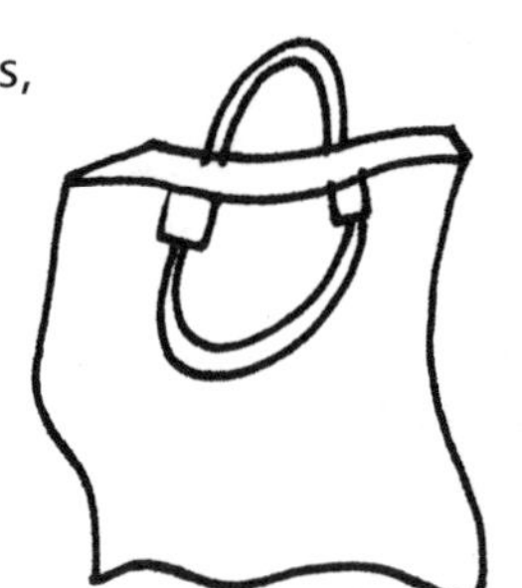

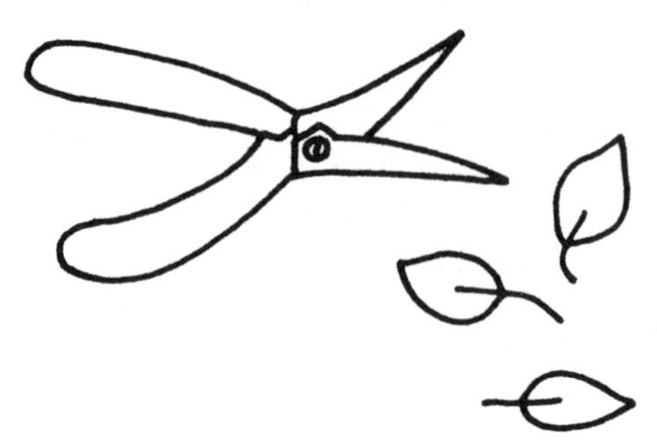

Chantez! Pour aller à la plage (1)

Chantez! Pour aller à la plage (2)

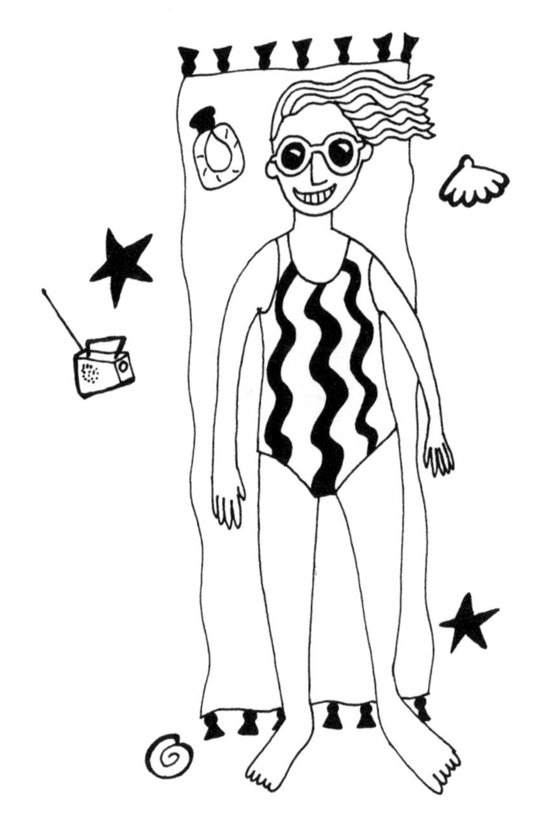

1 – Pardon, Messieurs-Dames,
La plage, c'est près d'ici?
– Prenez la première rue à droite,
– Allez jusqu'au bout de la rue.
– Ah, Monsieur, je suis désolé(e),
Mais pour aller à la plage,
C'est assez compliqué.

2 – Pardon, Messieurs-Dames,
La plage, c'est près d'ici?
– Allez tout droit jusqu'au tournant,
– Prenez la première rue à droite,
– Allez jusqu'au bout de la rue.
– Ah, Monsieur, je suis désolé(e),
Mais pour aller à la plage,
C'est assez compliqué.

3 – Pardon, Messieurs-Dames,
La plage, c'est près d'ici?
– Descendez la rue jusqu'au pont,
– Allez tout droit jusqu'au tournant,
– Prenez la première rue à droite,
– Allez jusqu'au bout de la rue.
– Ah, Monsieur, je suis désolé(e),
Mais pour aller à la plage,
C'est assez compliqué.

4 – Pardon, Messieurs-Dames,
La plage, c'est près d'ici?
– Prenez la deuxième rue à gauche,
– Descendez la rue jusqu'au pont,
– Allez tout droit jusqu'au tournant,
– Prenez la première rue à droite,
– Allez jusqu'au bout de la rue.
– Ah, Monsieur, je suis désolé(e),
Mais pour aller à la plage,
C'est assez compliqué.

5 – Pardon, Messieurs-Dames,
La plage, c'est près d'ici?
– Allez tout droit jusqu'aux feux,
– Prenez la deuxième rue à gauche,
– Descendez la rue jusqu'au pont,
– Allez tout droit jusqu'au tournant,
– Prenez la première rue à droite,
– Allez jusqu'au bout de la rue.
– Ah, Monsieur, je suis désolé(e),
Mais pour aller à la plage,
C'est assez compliqué.

6 – Merci bien, Messieurs-Dames,
La plage, je l'ai trouvée.
Je suis allé(e) ici et là,
J'ai tourné à gauche et à droite.
Oui, c'est vrai, c'était compliqué,
Ce n'était pas tout près et j'ai beaucoup marché,
Mais j'ai quand même continué,
Et puis, j'y suis arrivé(e)!

Rubrics and instructions

Les instructions

Arrange ... les mots correctement	*Arrange ... the words correctly*
Change ...	*Change ...*
les mots en couleurs/soulignés	*the words in colour/underlined*
de partenaire	*partner*
de rôle	*roles*
Choisis ...	*Choose ...*
les bonnes phrases	*the right sentences*
la bonne réponse dans la liste	*the right answer in the list*
les bons mots pour finir la phrase	*the right words to finish the sentence*
parmi les mots dans la case	*from the words in the box*
Coche ...	*Tick ...*
la bonne phrase	*the right sentence*
la case	*the box*
Complète ...	*Complete ...*
avec la forme correcte du verbe	*with the correct part of the verb*
avec les mots dans la case	*with the words in the box*
la grille	*the grid*
le tableau	*the table*
les phrases	*the sentences*
en français	*in French*
Corrige ...	*Correct ...*
les erreurs/les fautes	*the mistakes*
les phrases fausses	*the wrong sentences*
Décris ...	*Describe ...*
Dis ...	*Say ...*
pourquoi	*why*
Donne ...	*Give ...*
les renseignements	*the information*
des conseils	*some advice*
ton avis/opinion	*your opinion*
Écoute ...	*Listen ...*
la conversation	*to the conversation*
l'exemple	*to the example*
Écris ...	*Write ...*
le mot qui ne va pas avec les autres	*the word which doesn't go with the others*
une phrase	*a sentence*
la bonne lettre	*the right letter*
les numéros qui correspondent	*the numbers which correspond*
les détails	*the details*
une petite description	*a short description*
un article	*an article*
une lettre	*a letter*
une carte postale	*a postcard*
un e-mail	*an e-mail*
une réponse	*a reply*
dans le bon ordre	*in the correct order*
environ ... mots	*about ... words*
tons avis avec des raisons	*your opinion with reasons*
Explique ...	*Explain ...*
comment	*how*
pourquoi	*why*
Fais correspondre ...	*Match up ...*
Fais ...	*Write/Make up*
une description	*a description*
une liste	*a list*
un résumé	*a summary*
Finis ...	*Finish ...*
les phrases	*the sentences*
Identifie ...	*Identify ...*
les phrases correctes	*the correct sentences*
Indique ...	*Indicate ...*
si les phrases sont vraies (V) ou fausses (F) ou pas mentionnées (PM)	*if the sentences are true or false or not mentioned.*
Lis ...	*Read ...*
l'histoire	*the story*
la lettre	*the letter*
les phrases suivantes	*the following sentences*
le texte	*the text*
Mentionne ...	*Mention ...*
Met ...	*Put ...*
les mots/les images dans le bon ordre	*the words/the pictures in the right order*
la bonne lettre dans la case	*the right letter in the box*
Note ...	*Note ...*
les différences	*the differences*
deux/trois détails	*two or three details*
les numéros qui correspondent	*the numbers which correspond*
Pose ... des questions	*Ask ... some questions*
Prépare ...	*Prepare ...*
un dépliant	*a leaflet*
Qui est-ce?	*Who is it?*
Qui dit quoi?	*Who says what?*
Raconte ...	*Talk about ...*
ce que tu as fait	*what you did*
les choses que tu as faites	*the things that you did*
les impressions	*your impressions*
Regarde ...	*Look at ...*
cette publicité	*this publicity*
les images	*the pictures*
la carte	*the map*
Remplis ...	*Fill in ...*
la grille/les blancs	*the grid/the blanks*
en français	*in French*
Réponds ...	*Answer ...*
à ce questionnaire	*this questionnaire*
à la lettre	*the letter*
à toutes les questions	*all the questions*
Souligne ...	*Underline ...*
la bonne réponse	*the right answer*
Travaillez à deux	*Work in pairs*
Trouve ...	*Find ...*
la bonne réponse à chaque question	*the right answer to each question*
les erreurs	*the mistakes*
la phrase qui correspond à chaque image	*the sentence which goes with each picture*
le titre qui correspond à chaque texte	*the title which goes with each text*
Utilise ...	*Use ...*
les mots dans la case/ la liste ci-dessous	*the words in the box/ list below*
Vérifie ...	*Check ...*
les réponses	*the answers*
Vrai ou faux	*True or false*

D'autres expressions

À deux	In pairs
Chasse à l'intrus	Find the odd one out
Mots mêlés	Word search
Pour t'aider ...	To help you ...
Qu'est-ce que ça veut dire?	What does that mean?

English and French spelling patterns – Reference

Cognates and false friends
Many words are written in the same way and have the same meaning as English words, although they may be pronounced differently. Here are some common ones:

une invention, la police, le bus, une ambulance

Other words are only slightly different and can easily be guessed, e.g.:

danser, le téléphone, l'âge, une difficulté

However, there are a few words which look as if they mean the same as in English, but don't, e.g. *des chips* (crisps). These are known as **false friends** *(les faux amis)*.

Comparing English and French spellings – Reference

The following table sets out the main patterns that occur in English and French spelling.

English	French
Word ends in **-a** propagand**a**	ends in *-e* *la propagande*
Word ends in **-al** individu**al**	ends in *-el* *individuel*
Word ends in **-ar, -ary** popul**ar** summ**ary**	ends in *-aire* *populaire* *le sommaire*
Verb ends in **-ate** to calcul**ate**	ends in *-er* *calculer*
Word ends in **-c, -ck, -ch, -k, -cal** electroni**c** atta**ck** epo**ch** ris**k** physi**cal** (education)	 ends in *-que* *électronique* *une attaque* *une époque* *un risque* *(l'éducation) physique*
Word contains **d** (in) a**d**vance	*d* omitted *(en) avance*
Word begins with **dis**- **dis**courage **dis**agreement	begins with *dé-* or *dés-* *décourager* *un désaccord*
Word ends in -**e** futur**e**	final **e** omitted *le futur*
Word has no final **-e** tent	word ends in **-e** *une tente*
Word ends in **-er** memb**er**	ends in *-e* or *-re* *un membre*
Word ends in **-ing** interest**ing**	ends in *-ant* *intéressant*
Present participles ending in **-ing** while watch**ing**	 ends in *-ant* *en regardant*

English	French
Word includes **-oun-** pron**oun**ce	includes *-on-* *prononce*
Word ends in **-our, -or, -er** (with) vig**our** radiat**or** footbal**ler**	ends in *-eur* *(avec) vigueur* *un radiateur* *un footballeur*
Word ends in **-ous** enorm**ous** seri**ous**	ends in *-e* or *-eux* *énorme* *sérieux*
Word includes **-o-**, **-u-** g**o**vernment b**u**ddhist	includes *-ou-* *le gouvernement* *bouddhiste*
Word includes **s** intere**s**t ho**s**pital	includes circumflex accent *l'intérêt* *l'hôpital*
Word includes **s** **s**chool **s**pace	includes *-é-* or *-es-* *une école* *l'espace*
Word includes **-u-** f**u**nction	includes *-o-* *une fonction*
Word ends in **-ve** positi**ve**	ends in *-f* *positif*
Adverbs ending in -**ly** normal**ly**	ends in *-ment* *normalement*
Word (noun) ends in **-y** quantit**y** entr**y**	ends in *-é, -ée, -e* *la quantité* *l'entrée*
Word (noun) ends in **-y** comed**y** (political) part**y**	ends in *-ie, -i* *une comédie* *le parti (politique)*
verb infinitive to arrive to confirm	adds *-r, -er* *arriver* *confirmer*

Acknowledgements

The authors and publisher would like to acknowledge the following for their use of copyright material:
RATP (p. 38 'Le Cyclobus'); Parc Astérix (p. 86 'Au parc d'attractions').

Every effort has been made to trace copyright holders but the publisher will be pleased to make the necessary arrangements at the first opportunity if there are any omissions.

The authors and publisher would like to thank the following for their contribution to this book:
Dave Carter for writing the assessment sections
Tasha Goddard for editing the materials
Sheila Blackband and Keith Faulkner for the arrangement of the songs

Recorded at Air Edel, London with Marianne Borgo, Evelyne Celerien, Natacha Chapman, Marie-Virginie Dutrieu, Catherine Graham, Matthieu Hagg, Sebastian Korwin, Pierre Maubouche, Daniel Pageon, Sophie Pageon and Pascal Tokunaga; produced by Frances Ratchford, Grapevine Productions.